YUSHUI LIUZE
——CHONGQING LISHI WENHUA YICHAN CUNZHEN

重庆市出版专项资金
资助项目

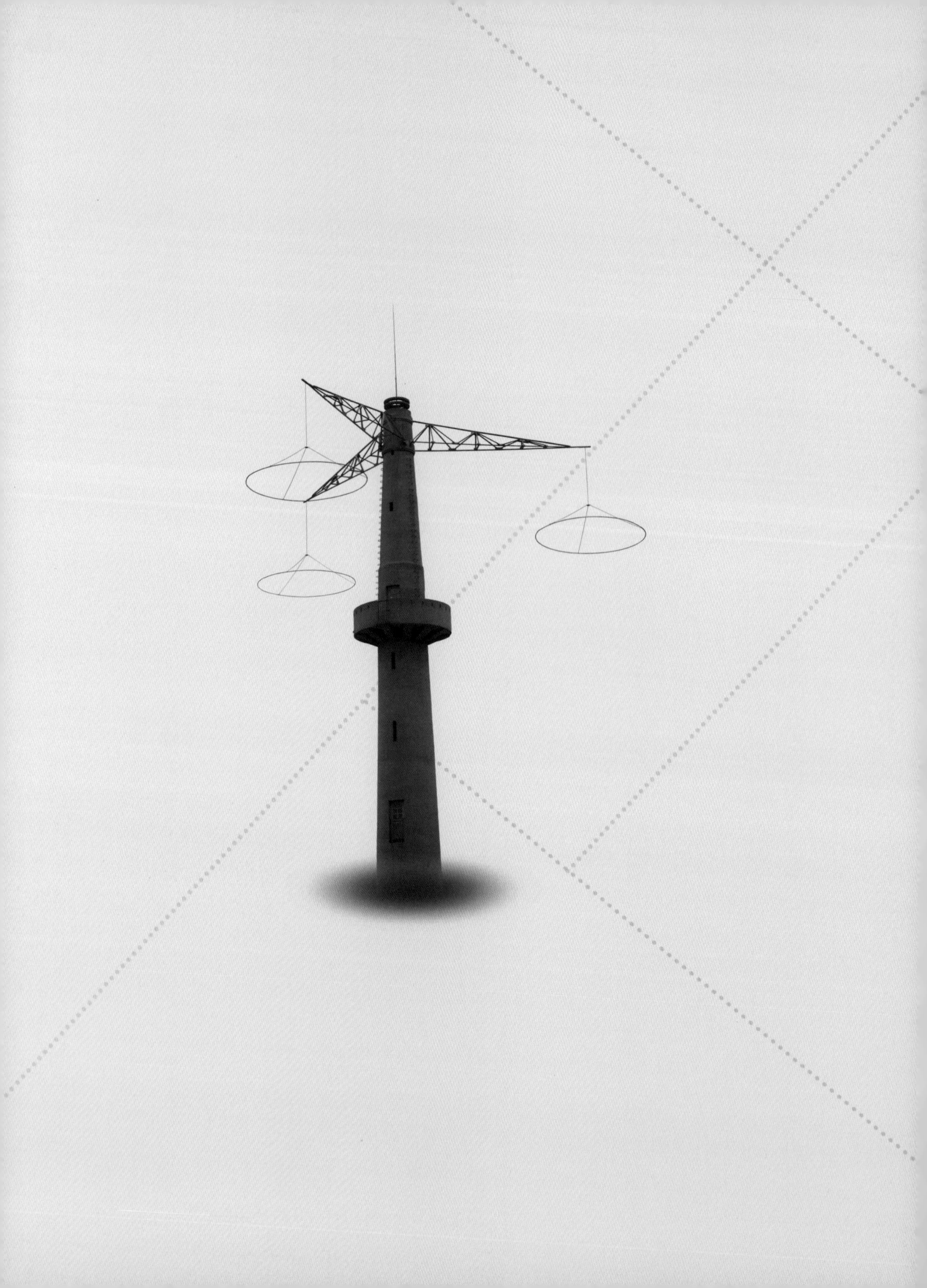

�水流泽
——重庆历史文化遗产存珍（下）

目录(下)

十、诗书传家　和谐人居
　　——历史文化名镇 / 319

1. 宁厂——上古盐都　巫巴故乡 / 320
2. 大昌——大宁河畔　袖珍古城 / 324
3. 龙溪——盐运中转　抗蒙重镇 / 330
4. 西沱——川盐销楚　云梯登天 / 337
5. 龙潭——人杰地灵　武陵之魂 / 343
6. 龚滩——汉复故址　千年古镇 / 351
7. 白沙——黑石白沙　文化重镇 / 355
8. 中山——人文商德　百姓之镇 / 360
9. 塘河——碧水修竹　自然和谐 / 366
10. 松溉——万里长江　一品古镇 / 370
11. 路孔——城寨依旧　梦里水乡 / 374
12. 安居——仰接遂普　俯瞰巴渝 / 382
13. 双江——民宅故居　人文古韵 / 386
14. 涞滩——千年鹫峰　古寨瓮城 / 396
15. 走马——古道驿站　故事之乡 / 400
16. 东溪——千年黄葛　清幽山水 / 404
17. 丰盛——静谧悠远　年丰物盛 / 410

001

18. 龙兴——物丰人泰　泉秀洞幽　/ **418**

19. 偏岩——华蓥故道　工商古镇　/ **425**

20. 磁器口——千人拱手　万盏明灯　/ **430**

十一、西风东渐　都会端倪
—— 开埠以来文物遗迹　/ **437**

1. 立德乐洋行旧址　/ **438**

2. 卜内门洋行旧址　/ **440**

3. 重庆海关监督公署旧址　/ **441**

4. 法国水师兵营旧址　/ **442**

5. 璧山露德堂　/ **444**

6. 大足马跑教堂　/ **446**

7. 重庆若瑟堂　/ **448**

8. 鸡冠石法国教堂（慈母堂）　/ **450**

9. 南川天主堂　/ **452**

10. 菩提金刚塔　/ **454**

11. 西山公园钟楼　/ **458**

12. 北碚红楼　/ **460**

13. 重庆大学近代建筑群　/ **462**

十二、雾都明灯　远东枢纽
—— 反帝反封建斗争与抗日战争文物遗迹　/ **471**

1. 杨沧白故居及墓　/ **472**

2. 邹容烈士纪念碑　/ **474**

3. 张培爵烈士纪念碑及墓　/ **476**

4. 四川革命先烈纪念碑　/ **478**

5. 重庆"三·三一"惨案死难志士群葬墓地纪念碑 / 480

6. 赵世炎故居 / 482

7. 杨闇公故居及陵园 / 484

8. 刘伯承故居 / 488

9. 聂荣臻故居 / 492

10. 王良故居 / 495

11. 綦江石壕红军烈士纪念碑 / 496

12. 城口红三十三军指挥部旧址 / 497

13. 酉阳南腰界红三军司令部旧址 / 498

14. 中国西部科学院旧址 / 500

15. 世界佛学苑汉藏教理院旧址 / 504

16. 中共中央南方局暨八路军重庆办事处旧址 / 508

17. 国民参政会旧址 / 517

18. 国民政府立法院、司法院、蒙藏委员会旧址 / 518

19. 国民政府行政院旧址 / 520

20. 国民政府外交部旧址 / 522

21. 国民政府军事委员会礼堂旧址 / 526

22. 国民政府经济部旧址 / 527

23. 国民政府军事委员会政治部旧址暨张治中旧居 / 528

24. 重庆郭沫若旧居暨国民政府军事委员会政治部第三厅旧址 / 530

25. 中山四路蒋介石旧居 / 532

26. 黄山抗战遗址群 / 533

27. 南泉抗战旧址群 / 543

28. 北温泉抗战遗址 / 546

29. 跳伞塔 / 552

30. 抗建堂 / 556

31. 《大公报》社重庆旧址 / 558

32. 国立复旦大学旧址 / 559

33. 育才学校旧址 / 562

34. 中国乡村建设学院旧址暨晏阳初旧居 / 566

35. 保卫中国同盟总部旧址暨宋庆龄旧居 / 568

36. 陈独秀旧居 / 570

37. 冯玉祥旧居 / 572

38. 梁实秋旧居（雅舍） / 576

39. 寅初亭 / 579

40. 老舍旧居 / 580

41. 卢作孚旧居 / 582

42. 徐悲鸿旧居、石家花园 / 584

43. 沈钧儒旧居 / 588

44. 特园 / 590

45. "六五"大隧道惨案遗址 / 596

46. 张自忠墓 / 598

47. 同盟国驻渝外交机构旧址群 / 600

48. 大韩民国临时政府旧址 / 608

49. 同盟国中国战区统帅部参谋长官邸旧址（约瑟夫·史迪威将军旧居） / 611

50. 苏军烈士墓 / 614

51. 库里申科烈士墓 / 615

52. 重庆谈判旧址群 / 617

53. 抗战胜利纪功碑暨人民解放纪念碑 / 629

后记 / 631

巫溪宁厂古镇坐落在后溪河的深山峡谷之中，南北高山横亘，东西峡谷透穿，街道偏窄，依山傍水，三面板壁一面岩，古称"七里半边街"。

宝源山盐泉，传说是先秦时代发现的盐泉。

十、诗书传家 和谐人居

——历史文化名镇

在住房和城乡建设部、国家文物局公布的第一至第六批"中国历史文化名镇"里,重庆市有18个古镇位列其中,占总数181个的近10%。重庆市人民政府在2002年和2012年两次公布了重庆历史文化名镇、历史文化街区、三峡库区迁建保护的传统风貌镇、亟待抢救的传统风貌镇(街区)等,共46个。这些因悠久历史而充满魅力的知名古镇,散布在重庆山峦重叠、江河纵横的大地上,犹如夜空中的漫天星斗,悠远、奇妙,熠熠生辉。

重庆位于四川盆地的东部,域内主要为低山丘陵地形地貌。大巴山、巫山、武陵山分别横亘在重庆北部、东部和南部,形成了高山深谷地区。境内河流众多,水网密布。由于地理因素,重庆古镇大多依山傍水,选择在取水方便、交通便利、地势相对平坦之处。

重庆古镇的选址和街巷布局,多依山就势,随着地形的曲折起伏而蜿蜒转折。古镇的街巷道路,依据地形地势决定宽窄尺度、起伏坡度,既有对传统风水理论的尊崇,人与自然和谐相处的生态观念,也有对自然环境的改造利用,体现人类巧夺天工的智慧光芒。

重庆古镇,凝聚着巴蜀文化、三峡文化、移民文化、农耕文化、民族文化的深厚积淀,既有丰富的历史内涵,又有鲜明的民族特色与地域特征。从建筑风格与建筑装饰看,既有江浙皖的做派、闽粤赣的风格,又有川滇桂的风骨、秦晋豫的厚重,可谓是东西南北,融会贯通。

重庆古镇留存至今的清代至民国时期的建筑,主要为民居、宗祠、书院、寺庙、会馆等。建筑结构趋于简洁、朴素,满足功能而不尚奢华,就地取材而不劳民伤财。房屋的梁架多为穿斗式,或结合抬梁式。墙壁多是木板壁墙或夹壁墙,也有砖木结合墙壁,力求轻巧。房顶多见硬山或悬山顶,铺小青瓦,少量宗祠寺庙有琉璃瓦。常见以单挑、双挑出檐的屋檐,青砖封火墙等。干栏式建筑十分常见,可谓一大特色。

重庆古镇宅院民居注重中国儒家传统文化的家族血缘、尊卑伦理、孝悌等级等观念,既有北方民居院落的严谨大气,又有南方干栏式建筑般的简约灵动。寺庙、道观不仅是宗教场所,往往还融合了祭祀神灵、祖宗、天地的功能,建筑上崇尚对称、秩序、稳定。祠堂书院寄托了"忠厚传家、诗书继进"的传统教育理念,在乡村和家族融融和睦中,彰显着清风朗朗的文化理想。会馆是移民文化的结晶,最能体现五湖四海不同建筑理念、生活态度的碰撞。

场镇多见风雨廊、凉亭等廊坊式建筑,适应当地的气候特点,利用街道有限的公共空间,给民众提供了休息纳凉、遮风避雨的场所。重重青砖封火墙曲线优美、错落有致,集实用与造型艺术为一体,形成高低起伏的天际轮廓线,似缓急交错的节奏,富有韵律感。窗棂、门扇、檐头、蜀柱、斜撑、雀替、斗拱、房梁、屋脊、挂落等建筑构件,做工细致,雕刻传神;神话故事、传说典故、历史人物、花草鱼虫、祥瑞神兽等栩栩如生,自然灵动,体现了不同地域文化的交流与融合。

何智亚先生在《重庆古镇》一书中非常传神地描绘了重庆古镇的特征:"重庆场镇朴实、古雅,随意之中不乏匠心,简约之间富于人情。由于自古以来场镇之间的交流往来及地形条件的接近,重庆古镇的建筑形态和建筑符号有着许多相似之处。可以说,穿斗房、吊脚楼、栅子门、半边街、过街楼、风雨桥、石板路、戏台子、宫庙、祠堂、会馆,加上进场口的幺店子和黄葛古树,基本就构成了重庆古镇的建筑景观。"

1. 宁厂——上古盐都 巫巴故乡

宁厂古镇位于重庆市东北部的巫溪县。巫溪县与陕西省、湖北省接壤。从巫溪县城顺大宁河上行,在后溪河与大宁河交汇处便是景色幽静、风光秀丽的千年盐场——宁厂古镇。

宁厂古镇历史悠久,据考,距今5000多年前的唐尧时期的巫咸国就位于这片区域。战国时期,这里开始熬制食盐,汉代为此而设县,历史上曾设立郡、监、州、县,可谓因盐而兴。

宁厂有天然的盐泉和大宁河直通长江的航运之便,有过"一泉流白玉,万里走黄金"的美誉和"吴蜀之货,咸荟于此""利分秦楚域,泽沛汉唐年"的辉煌。依山傍水的古镇,吊脚楼、过街楼等古建筑和民居沿后溪河蜿蜒延伸3.5公里,俗称"七里半边街"。古镇留有众多的文物古迹,如古盐场遗址、古民居老街、龙君庙、女王寨等。古盐场遗址分布在沿河的王家滩、衡家涧、麻柳树、沙湾等地,每处面积动辄数千至上万平方米,现存长期沿用的盐灶、厂房及龙头、井架、煮锅等设备。千百年来,宁厂的盐源源不断地输出到各地,深受欢迎。抗战时期,宁厂盐场在日机的轰炸中仍坚持生产,为川鄂提供食盐。新中国成立后,宁厂各家盐场变成国营的盐厂,是四川省重要的盐业生产基地,风云数十年。随着社会发展、技术进步,宁厂传统生产方式逐渐不能满足需求,最终退出了市场竞争,走向终点。

今天的古镇早已没有了昨日的繁华和喧嚣,但它深厚的文化底蕴、古朴的民风民俗、灵秀幽静的山水,依旧透露出"上古盐都,巫巴故乡"的魅力。

2002年,宁厂古镇被公布为重庆历史文化名镇;2010年,被公布为中国历史文化名镇。

宁厂古镇

盐泉

圆锅灶

分卤板

盐厂车间旧址

宁厂民居

盐厂运煤舟

临河而建的民居建筑　吊桥

峡石垒砌的拱桥

赛龙舟

石阶古道

2. 大昌——大宁河畔 袖珍古城

大昌位于巫山县城以北的长江支流大宁河畔。

大宁河流经这里，状如一个"几"字形的回湾，沿河是宽阔的平畴，形成山间盆地地貌。大昌盆地很早就有人类在此居住、生活。自三峡文物保护工程实施以来，这里的双堰塘、林家码头、蓝家寨、张家湾、涂家坝、东坝等遗址，出土了大量夏商周至汉晋时期的文物。

秦灭巴蜀以后，秦昭襄王三十年（前277年）设置巫县，县治便在大昌。西晋时期，巫山县治移到大宁河与长江交汇处（即千百年来巫山县城一带。巫山县城位于三峡水库蓄水线以下，新巫山县城系就地后靠新建而成），这里成了泰昌县的县治。北周时期避文帝宇文"泰"讳，改名大昌。大昌设县一直持续到清康熙九年（1670年）才并入巫山县。从县治所在地的"古城"，变为县级以下的"镇"。

原大昌古镇海拔仅141米，三峡大坝建成以后被淹没。为了完整保存大昌古镇的独特风貌，现已将其整体搬迁至异地原样重建。大昌古镇的新址西包岭依旧位于大宁河畔。30多座民居、2座寺庙、3处城门、南城门上被誉为"库区第一树"的黄葛树等，被一一拆下，搬迁至新址，用原砖原瓦，依照原样重新建造起来。

搬迁前的大昌是宋代以来县治所在地，现存建筑物为明代以后遗构。当年的"三街一坊"及城墙、城门是历任知县主持修筑的。明朝末年，张献忠攻克大昌，城镇遭到破坏。清朝初年，重新修筑新城墙、城门，但是规模不复当年，又多次被大宁河涨水淹没。大昌人称"一灯照全城，四门能通话，堂上打板子，户户能听见"，是一座"袖珍古城"。

历史上的大昌古城是川、陕、鄂重要的物资集散地，商业繁盛，引人瞩目。南北、东西走向的两条呈"丁"字形的街道两旁，分布着民居建筑。重重封火墙勾勒出古城的轮廓。城内北部原是衙署区，有兵营、炮台和九宫八庙等建筑。有东、西、南三座城门。南城门外有石砌台阶直入大宁河，是与外部联系和物资进出的码头。

2002年，大昌镇被公布为重庆三峡库区迁建保护的传统风貌镇。

搬迁后的大昌古镇

大昌古镇位于大宁河边，搬迁后的古镇保持了原有的山水格局

南门外侧，石狮与古树都从原址搬迁而来

南门内侧　　　　　　　　　　　　东门外侧

封火墙优美的曲线与光影　　　　封火墙

街道、民居保持了原有格局

西门上爬满了植物

西门门洞

传统民居

关帝庙

一砖一瓦、一木一石,均从原址搬来

双檐木结构建筑

温家大院

原大昌古镇标志性的南门，又称临济门

城内"丁"字形的街道

搬迁前的大昌古镇

层层叠叠的封火墙,既有防火的作用,又有很好的装饰效果

大昌古镇的湖北黄州会馆

温家大院,建于明末清初

东门

温家大院内的天井

3. 龙溪——盐运中转 抗蒙重镇

龙溪古镇位于巫山县城西北部大宁河畔。大宁河由北向南流经这里，突然折回流向东北，构成一个"几"字形。河流冲刷、淤积，形成一片狭窄的平坝，便于人们在此耕种、生息。

龙溪处于巫山、奉节、巫溪三县接合部。至巫山县城，陆路99公里，顺大宁河下行水路约60公里。至巫溪县城，陆路35公里，溯大宁河上行水路20公里。距奉节县城陆路66公里。

龙溪古镇历史悠久，文化厚重。上古时期，宁厂盐主要通过大宁河运送，龙溪是重要的中转站。

南宋时期，龙溪在历史上留下了浓重一笔。南宋后期，纵横天下的蒙古铁骑屡屡南下，所到之处，一片狼藉。为挽救危局，南宋朝廷委任余玠担任兵部侍郎、四川安抚制置使兼知重庆府，主持抗击蒙古军的大局，诏令他"任责全蜀，应军行调度，权许便宜施行"。余玠广招人才，善纳谏言，重整军民抗战信心。他听取四川播州（今贵州遵义）人冉琎、冉璞兄弟的建议，在四川各地据险筑城，以水路互相关联，形成协同互助的山城防御体系。合川钓鱼城、万州天子城等数十座大大小小的城寨，就是当年联合抗战的见证。龙溪天赐城也是当年抗蒙诸城中的一个，距今700多年，古城的寨墙依旧，仍可见当年雄风。

古镇全景

清代，这里为龙溪堡；民国三十二年（1943年），设龙溪乡。新中国建立前夕，中共领导的川东游击队在这里建立根据地，与国民党反动派做斗争，现留有纪念馆铭记这段历史。

古镇街道，仍保留着青石板。窄窄的街巷两旁，灰墙木楼，古朴宁静。细观各种建筑，清晰可辨明清、民国及抗战时期、解放以后的"大跃进"和"文化大革命"等各个历史时期的文化印记。

明清时期房屋大多为列架屋、穿斗梁、青灰瓦、板壁墙，是巫山县保存最完好的明清民居建筑群。杨氏老屋装饰木雕聚宝瓶、摇钱树等图案栩栩如生。

民国时期所建苏家大院带有欧式风格，门楣上至今还保留着国民党党徽。抗战时期所建六角碉楼至今有人居住。解放初期修建的卫生院墙上留有和平鸽等装饰。"文化大革命"时期的遗迹，主要是墙上的标语和用于"批斗"的台子等。

龙溪镇民风淳朴，保存着划龙舟、耍狮子等传统民俗。传统工艺"造火纸""踩棉花"，传统民歌《薅草歌》《聚宝盆》等为人们所喜爱。

2012年，龙溪古镇被公布为重庆历史文化名镇。

龙溪古镇街道及各时期的建筑　　　　　　　　　　　　大量保留的木结构建筑

堤道　古树苍劲，见证古镇历史

通向码头的堤道,建于清代道光年间.

石阶梯

333

南宋抗蒙(元)遗迹天赐城遗址　　南宋抗蒙(元)遗迹天赐城石刻

苏家大院正立面

清代杨氏老屋装饰木雕——聚宝瓶摇钱树

民国时期的建筑——苏家大院　　和平鸽装饰体现解放初期特点

六角碉楼为抗战时期所建

六角碉楼门洞

原供销社墙上的小孔是为透视检验鸡蛋质亚而凿

1993年镇政府催缴屠宰税的通知依稀可辨

"文革"时期的批斗台

与长江流向垂直,如龙形蜿蜒向上的街道——云梯街

4. 西沱——川盐销楚　云梯登天

西沱镇位于石柱土家族自治县北,坐落在长江南岸,是石柱、忠县、万州交界地,与"长江明珠"石宝寨隔江相望,因地临长江南岸回水沱而得名,已有1900多年历史。

据《水经注》载:"江水东经界滩,是地巴州之西界,益州之东境,故为西沱。"北周时为施州(今湖北恩施)西境,与临江(今忠县)分界,且为"巴州之西界",又名西界沱。明代以后简称"西沱"。

新石器时代这里就有人类在此繁衍生息,战国时期是古代巴人聚居之地。秦汉时期川东盐业兴起,西沱又以经营川盐著称,有"盐镇"之称,成为川东南地区的商业重镇、"川盐销楚"的重要门户,千年的古盐道就是历史见证。唐宋时期,这里逐步成为连接四川、湖北的重要港口、物资集散地和川鄂交通要塞。古镇保留的土家民风古朴,民居建筑独具特色,古镇内有云梯街、紫云宫、永成商号遗址、水文题刻、龙眼桥等历史文化遗存,内容丰厚。

有"万里长江第一街"之称的建筑明珠"云梯街",是西沱古镇的标志性建筑。街道修建于临长江岸边的缓斜山崖上,依山取势,垂直于长江,依崖蛇行从江边一直延伸到方斗山脚下的独门嘴山巅,长达2.5公里。113个台阶,1124步青石梯,曲折回环,像盘旋登天的云梯,因此,又被称为"云梯街"。云梯街上店铺林立,两旁的民居古宅层层叠叠,其间的紫云宫、禹王宫、万天宫、桂花园、生计客栈、万安商栈等,默默地守候着那段辉煌的历史,古老劲虬的黄葛树下那份荫凉,依然透着静谧和安详。

云梯街垂直于长江的独特布局,"秦砖汉瓦宋元楼,千载临风赋江流"的建筑奇观,是罕见的城镇布局典范,被建筑学家称之为"长江沿岸最古老的奇特建筑明珠",在中外建筑史上有着极为重要的研究价值。

2002年,西沱镇被公布为重庆三峡库区迁建保护的传统风貌镇;2003年,被公布为中国历史文化名镇。

禹王宫遗址

西沱古镇

土地庙遗址

传统售货店面，记载着
前店后屋的经营方式

蜿蜒盘旋的石梯

泰和号原址

巴渝穿斗式建筑

川主庙

石梯两旁的民居建筑累累重叠

吊脚楼

长江、石梯、木结构建筑成为云梯街的显著特征

云梯街就建在这样厚实的地基上

340　　　　渐渐消失的瓦屋顶

云梯街的阶梯，既有垒砌的石条，也有在原石上开凿的

龙潭古镇街巷

5. 龙潭——人杰地灵 武陵之魂

龙潭古镇位于酉阳土家族苗族自治县城的东南部,距离县城约30公里。龙潭河自北向南从古镇流过,两侧群山夹峙。

酉阳县及相邻的秀山县地处武陵山区腹地,上古时期属于武陵文化区域。武陵文化是指形成于武陵山地区,自夏商以来由巴、濮、楚、苗、越等"南蛮"各民族共同创造的区域文化。各族人民在这里生息、繁衍,武陵文化给龙潭古镇烙下深刻的印记。自宋至清实行600余年的"蛮不出洞,汉不入境"土司统治政策,造就了千年古镇龙潭独有的民族、民俗文化和建筑、艺术风格。

龙潭古镇原位于梅树村,因伏龙山下的两个余水洞积水成潭,状如龙眼,故名"龙潭"。自蜀汉以来,曾为"县丞""巡检""州同""县佐"所在地,清初因一场大火烧毁。清雍正十三年(1735年)在相距数里的现址重建,迄今已有将近300年的历史。

顺龙潭河而建的龙潭古镇凭借酉水汇入沅江、通往江浙水路大通道的便利,成为明清时期重要的商业集镇和繁荣的山货集散地。特别是雍正末年废除土司制度,取消"蛮不出洞,汉不入境"的禁令后,江浙、湖广、四川等地客商云集龙潭镇,运来大宗食盐、布匹等日用百货,运出桐油、茶、生漆、朱砂、硝石、水银等特产,进一步促进了龙潭镇的繁荣。龙潭镇与龚滩镇等相邻商贸重镇共同带动着武陵山区经济、民生发展,故有"货龙潭、钱龚滩"之称。

千年古镇龙潭规模庞大,保存完好。老街上商行、店铺林立,巷道相互连通,现存3公里的石板街被磨得光可鉴人、青幽如玉。明清以来的建筑以砖木结构为主,建筑工艺各擅胜场:200多座四合院,结构严谨,古朴幽静,高大巍峨的青石大朝门依稀释放出当年的辉煌气度;50余座土家吊脚楼,依山靠坡,姿态各异;川主庙、三教寺、文昌宫、轩辕宫等公共建筑,画栋雕梁、翘角飞檐;江西商人的万寿宫、湖南商人的禹王宫等会馆,杂糅了各地建筑风格,见证了不同地域、不同民族文化的交流、融合。

也许是吸取了老镇曾被大火毁灭的教训,龙潭镇的封火墙建筑特别引人注目。用火砖砌成围墙状的封火墙,高五六丈或七八丈不等,用铁或木料做成三尺长的楔子护墙,内修房舍,一层楼名曰"印子屋",其形恰似一颗方印,这就是古镇独具一格的封火桶子。这一建筑格式确保了古镇免受火灾的吞噬,虽历经数百年,仍发挥重要作用。龙潭镇至今尚存150余堵封火墙。

此外,宋代四方井、摩天石柱、明代万历年间的"第一关"双钩题刻碑等文物古迹,仍完好无损。

抗日战争时期,龙潭古镇成为沦陷区民众避战的大后方,1.5平方公里的小镇上云集了8万人,龙潭一时蜚声全国,被誉为"小南京"。

龙潭古镇山清水秀,人杰地灵。这里是革命先驱赵世炎,孙中山大总统府秘书、同盟会员王勃山,瞿秋白夫人王剑虹等先贤志士的故乡。著名作家沈从文、丁玲,著名戏剧作家田汉等,都在他们的作品里对龙潭古镇的自然风光、人文历史有过生动的记录和描述。

2002年,龙潭古镇被公布为重庆历史文化名镇;2005年,龙潭古镇被公布为中国历史文化名镇。

临河的吊脚楼

老药房

老茶馆

吴家大院

吴家大院一角

吴家大院内天井　西南公寓

万寿宫正门

后殿戏楼左侧的厢房,抗战时期田汉、沈从文等来此居住

后院门

346

前殿

后殿

万寿宫戏楼

万寿宫戏楼下的墙上镶嵌的古代石碑

347

木雕建筑构件

龙潭古镇传统建筑坡面屋顶

搬迁后的龚滩古镇

搬迁复建的龚滩古镇，保持着原址的地势、人与山水等自然环境的关系

民居

川主庙

董家祠堂

"第一关"石刻及关门

冉家院子正堂

西秦会馆，现为重庆市文物保护单位

6. 龚滩——汉复故址 千年古镇

龚滩古镇位于酉阳土家族苗族自治县,坐落于乌江与阿蓬江交汇处的乌江东岸,是一座具有1700多年历史的古镇。

据史料记载,明万历元年(1573年)四月七日山洪暴发,后山坡上凤凰嘴左边岩崩,滚塞乌江形成河滩,此后,乌江货物在此转运逐渐形成集镇,因镇上居民龚姓居多而得名龚滩。

龚滩古镇即蜀汉的汉复县治所。刘琳《华阳国志校注》:"汉复县,三国蜀汉置,属涪陵郡,治所在今酉阳县龚滩镇。"龚滩凭借乌江连通川黔,由涪陵入长江,进而上连重庆、下通万州,水陆交通便利,成为川盐等重要物资的水上转运站,渝川湘黔的物资集散地。清代至民国年间,上水运食盐、布匹、日用百货,下水运桐、茶、漆、朱砂、水银,聚集了十余家盐号和百余家商号,商贸发达,生意兴隆,有"钱龚滩"之美誉。

长约1500米保存完好的古镇老街依山坡而建,宽约3米的青石板街起伏蜿蜒,150余堵封火墙、200多个四合院是保存完好且颇具规模的明清建筑群。特别是支撑于岩石悬崖间纯木结构的50多座形态各异的吊脚楼,独具峡江特色。揽月楼、织女楼、绣花楼、望乡楼等,浸润着独特的情韵;西秦会馆、川主庙、冉家院子、董家祠堂等40余处重点古建筑,凝聚着巴渝文化、移民文化的丰富内涵。

2002年,龚滩古镇被公布为重庆历史文化名镇。

由于乌江彭水电站建设,龚滩古镇被迫整体搬迁。2009年,古镇的搬迁复建工程完成,对游人开放。

"冉家院子"天井

"杨家行"盐号(重庆市文物保护单位),现在开起了客栈

通往江边的石阶梯

搬迁后复建的民居，尽量使用原有的建筑构件、雕花装饰

搬迁前的龚滩古镇

开门见江的传统民居

龚滩古镇标志性场景

通往乌江的小巷　　古镇街巷

川主庙　　石桥

戏楼

吊脚楼

古镇民居

白沙古镇位于长江之滨

7. 白沙——黑石白沙 文化重镇

白沙古镇位于江津区西南长江之滨，距江津城45公里，因江边平坦开阔，河沙细腻白净而得名。在其上游四川合江县、下游重庆巴南区也有白沙地名，分别称为上白沙、中白沙、下白沙。

白沙环境宜人、历史悠久，在这里发掘出土了东汉时期的墓葬和随葬品，证明当时已有人在此居住。唐代，白沙因大圣寺而声名远播，《蜀中广记》等古籍有记载。典籍可稽的建镇年代在北宋前期，距今已有千年的历史。明神宗万历九年（1581年）设白沙水驿。清朝至民国时期，白沙呈现出工商业繁荣景象，成为川东、川南水路要津，川黔驿道和四川省长江沿岸四大经济重镇之一。抗日战争时期，随着部分机关、学校、厂矿、企业等迁建于此，白沙的工业、金融、文化等获得大规模发展，逐渐成为抗战大后方的经济、文化重镇。

朝天嘴码头是长江上唯一保存完好，至今仍在发挥作用的传统老码头；蜿蜒曲折的石板路一眼看不到头；明代倚江而建的吊脚楼，掌形分布在古镇街道上，有历史建筑200多处，保存完好的明清古街道就有13条。白沙镇附近的黑石山是人文荟萃之处，明代始建的土主庙、清光绪年建成的聚奎书院等，是十分重要的文物古迹。

2002年，白沙古镇被公布为重庆历史文化名镇；2010年，被公布为中国历史文化名镇。

朝天嘴码头，明朝万历年间始设水驿。1935年，民生公司在此设置趸船，之后逐渐形成了轮船码头。抗战时期，是川军和抗战物资出川的重要港口

东华街石板路

张爷庙正门

张爷庙又名桓侯宫,始建于清末,是当时屠宰行供奉张飞的场所。1922年至1926年,聚奎书院在此办学;1931年至1950年,白沙镇区立女子初级中学校在此办学。抗战期间,接收过大量流亡师生,也曾做抗战物资仓库

百年老屋

夏仲实旧居又称"德庐"、夏公馆,始建于1929年,土木石结构,复四合院布局。夏仲实,白沙人,国民革命军第七十八军中将军长,在抗日战场上屡建战功

聚奎书院始建于同治十三年(1874年),建成于光绪五年(1879年)。正中大厅为讲学处,四周小屋为师生学习室兼宿舍,前厅两侧原俱立石碑,刻有《聚奎书院序》等;后厅供孔子牌位,两侧小门上书"入德之门""出头之路"。现为聚奎中学行政办公室

聚奎书院内白屋诗人吴芳吉的旧居

白屋诗人吴芳吉墓

九曲池位于白沙镇黑石山，因池堤多弯曲回环而得名。这里自然环境优美，人文内涵丰富。聚奎诗书画"三杰"吴芳吉、邓少琴、张采芹安葬于此；郭沫若、冯玉祥、吴宓、吴芳吉等名人留下题刻。

聚奎书院大门

聚奎书院内绿树成荫

鹤年堂位于白沙镇黑石山，建于1928年，仿西洋古典建筑。抗战期间，陈独秀、梁漱溟、蔡元培等在此登台讲学或演讲，鹤年堂因此被誉为"川东第一大礼堂"。1940年，陈独秀曾在此寓居讲学三个月。冯玉祥发动献金救国，也来过这里

8. 中山——人文商德　百姓之镇

中山古镇位于江津区,渝、川、黔交界处的笋溪河畔。

中山古镇历史悠久。古镇原名龙洞场,据南宋绍兴元年(1151年)《清溪龙洞题名》碑刻记载,龙洞场可考历史距今已有860余年。清康熙三十三年(1694年)设行政办事机构——笋里十二都。清光绪年间将原龙洞场、老场、马桑垭场合并成三合场,古镇老街笋溪河东的清光绪十八年(1892年)张东岩题刻"三合场"三个大字是为佐证。中华人民共和国成立以后,经几次建制调整后为现在的中山镇。

古镇传统建筑老街区为目前西南地区保存最完好的明清商业老街,也是中山历史文化名镇的重要代表作。整条老街以青石板自南向北铺就,沿笋溪河一路延伸,全长1586米,共分为江家码头、观音阁、万寿宫、水巷子、一人巷、卷洞桥、月亮坝、盐店头等8段。民居、商铺建筑为穿斗式木结构或穿斗式与抬梁式混合结构,巧妙利用三合场依山傍水的地形,依靠河岸木桩灵活地做成高低错落的吊脚楼建筑群,建筑多为1~3层,墙体用木桩、木板、竹夹壁做成,屋顶青瓦铺盖,中为骑廊式过街亭,老街雨不湿鞋、日不能晒,冬暖夏凉。古镇上还保留了方家九龄堂中药铺、染房、槽房、冷酒馆、铁匠铺、弹棉花铺、剃头铺、纸火铺、栈房、裁缝铺等传统业态作坊,保存完好的铺面有307间。同济大学教授阮仪三评价其为"西南地区规模最大、保存最完好、最具有民族特色的古建筑群"。

中山古镇

古镇自古以来就是贸易繁荣的水陆码头,贵州、四川等地的物资大都集中于此进行贸易,山货、大米、食盐及其他生活日用品依靠长江水运到龙洞场后,再由马帮运到四川、贵州等地。昔日繁荣的商贸流通,产生了盐帮、马帮、船帮、木帮、米帮等行业帮派,催生了古镇精彩纷呈的码头文化、移民文化、宗教文化、行帮文化、民俗文化。清光绪二十五年(1899年)的"禁卖发水米",清光绪十三年(1887年)的"木帮公罚"以及清乾隆年间的"吴蜀均沾"等碑刻题记,见证了古镇买卖的繁荣以及交易行为的商德规范和公平原则。

古镇人不逾万、户不盈千、方圆不过两平方公里的弹丸之地,居民姓氏却有102种之多。在历史上的大移民中,古镇逐渐形成五湖四海、兼容并蓄的"百姓镇",成为全国罕见的姓氏奇观。

古镇还是古庄园、古寨、古堡、古寺庙、古桥、古墩等古建筑的集中地,有以枣子坪庄园、龙塘庄园为代表的古庄园9处,以双峰寺为代表的古寺庙10余处,以朝天嘴古寨、大岩山古寨为代表的古寨古堡3处。

2002年,中山古镇被公布为重庆历史文化名镇;2005年,被公布为中国历史文化名镇。

笋溪河蜿蜒环绕中山古镇

凉厅子，骑廊式风雨过街楼建筑，运用穿斗结构，将上下两排屋檐连成一片，晴不漏光，雨不湿鞋

民居建筑多为两层吊脚楼，下层为铺面，楼上可住人

清光绪二十五年(1899年)的"禁卖发水米"的题刻碑

吊脚楼

龙塘庄园，又名余家大院

江南水乡风格的狭窄老巷

乾隆年间(1736—1795年)的万寿宫的门联横批，意为江浙、四川互通买卖，平等通商，利益共享

盐店头街位于老街尽头，因盐帮帮主官成安在此经营盐业而得名

老人、老屋、老手艺

半边街

民居建筑

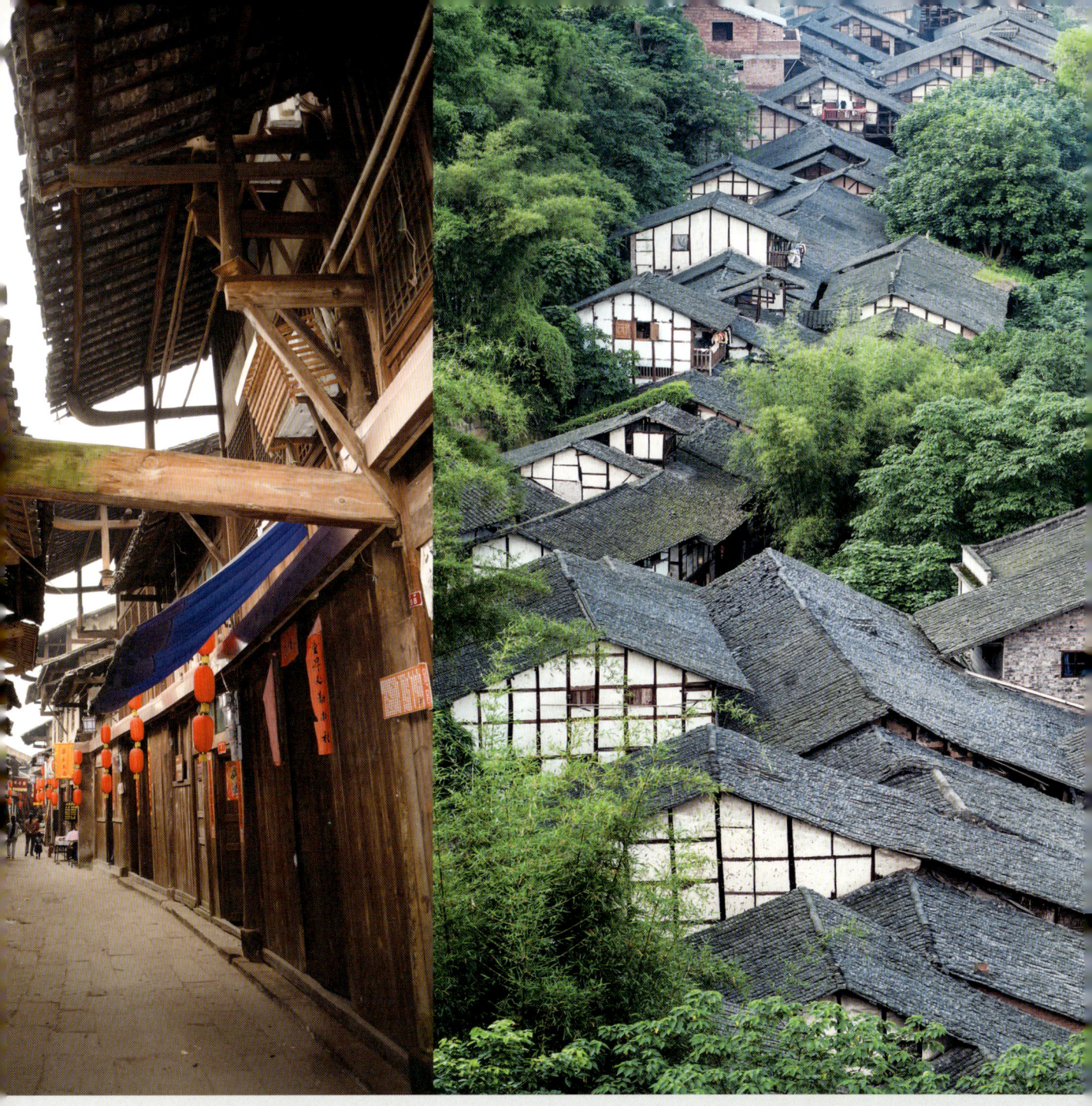

迂回曲折的老街小巷　　　　　　　　　　中山古镇依山势形成纵向长 1000 多米的布局

9. 塘河——碧水修竹 自然和谐

塘河古镇位于江津区的西南部,与四川省合江县接壤,因塘河绕场而过得名。

塘河古镇历史悠久,早在两千年前就有人类聚居,明朝始成为集镇,清朝乾隆时期趋于兴盛,是渝、川、黔交通要冲和物资集散地,形成了舟马不绝、商贾如云的繁荣景象。

古镇依山傍水而建,现有三道寨门。古镇从河畔码头起呈阶梯状蜿蜒上扬布局,长约600米的主街连接着横街子、庙巷子两条小街。拾级而上,沿街是连片的明清时期民居建筑,青石为基、砖木为墙、奇檐斗拱、雕梁画柱、错落有致。重重叠叠的房宇,川东民居、徽派建筑、西洋风格交错混搭,间插其中,别有韵味。寺庙、祠堂等古老建筑,虽然已不复当年盛况,但飞檐翘角,依稀仍可见巍峨壮观。

塘河水似一条弯弯的玉带,呈"几"字形环绕古镇。塘河两岸,翠竹葱茂,绿水悠悠。人与自然和谐相处的人文追求,造就了古镇独特、奇妙的魅力。

2002年,塘河古镇被公布为重庆历史文化名镇;2007年,被公布为中国历史文化名镇。

塘河古镇

斑驳的老墙

塘河古镇清源寺

清源寺内的字库塔

清源寺正门

清源寺内的戏楼

367

塘河古镇正街街景

禹王宫

禹王宫戏楼

拾级而上呈阶梯状蜿蜒上扬的青石路

古镇老街

老街旁层叠的商铺和民居

通向河边的码头

369

10. 松溉——万里长江 一品古镇

松溉古镇位于永川区南部,东接江津区朱扬镇,南临长江,与江津区石蟆镇隔江相望,西靠朱沱镇,北邻何埂镇。以境内松子山、溉水取名松子溉,简称"松溉"。

松溉古镇距今有一千多年历史。清嘉庆《四川通志》记载,南宋著名的经学家陈鹏飞(字少南)因得罪了权臣秦桧,被迫带着家人来到松溉,开馆收徒,教书为生。这是最早的关于松溉的文献记载。

长江是极其重要的航运通道,位于长江边的松溉古镇,是永川、荣昌、隆昌、泸州、铜梁、大足、内江一带商贾来往重庆贩运和做生意的物资集散枢纽。江上来往船只川流不息,水路繁忙;镇内商号林立,市场繁荣。蜿蜒曲折的十里青石板路,保留完好;二十多处典雅的明清四合院,雄伟的雕楼,依山而建的吊脚楼,古朴的建筑群保存完好;始建于明朝洪武年间的罗家祠堂,至今还保存有明皇亲赐的"家法匾"和清乾隆八府巡案题词"罗府宗祠",张家祠堂、樊家祠堂、罗家祠堂、游家祠堂、陈家祠堂,独特的祠堂文化极具观赏和文化价值;古县衙、东岳庙、夫子坟、八景宫、文昌宫、陈公堰等一批历史文化遗迹底蕴深厚。

"一品古镇,十里老街,百年风云,千载文脉,万里长江",松溉古镇律动的建筑遗存、优美的自然景观、丰富的人文遗址以及独特的码头文化,给人们留下了深刻的印象。

2002年,松溉古镇被公布为重庆历史文化名镇;2007年,被公布为中国历史文化名镇。

松溉古镇的永川县衙旧址,面向长江

恬淡幽静的古镇，右上角为永川县衙旧址

陈少南故居陈列馆

陈少南故居陈列馆内院

罗府宗祠

罗府宗祠主体建筑世德堂

玉皇观

传统民宅

罗府宗祠戏楼　　　　　　　　　　　　　　　樊府大院门楣题刻

传统竹篾工艺匠人　　　　　　　　　　　　　悠长老街

老巷　　　　　　　　　　　　　　　　　　　从道观紫云宫眺望长江

11. 路孔——城寨依旧 梦里水乡

路孔古镇位于荣昌区城东,距城区13公里。濑溪河从古镇西南面蜿蜒流过,起伏的丘陵背衬东北。

相传明朝时得道高僧曾傲途径路孔,发现这里山清水秀,树木葱茏,是修身养性的好地方,遂决定在此建庙。他沿河岸进山,发现山坡上有六个孔,估计通往河中,于是就往六个孔中倒糠壳,几个时辰之后,便见糠壳从河里冒出,于是就将河取名为"路孔河"。后被传为路上有孔,路孔镇便由此得名。古镇现名为万灵镇。

濑溪河唐宋时期叫濑婆溪,是古代大足至荣昌、泸州,再由长江到重庆的主要交通运输通道,也是行商者休息中转、堆放货物的水码头,由此发展为乡场。清嘉庆八年(1803年),正式设置有官员管理的集镇。

现存主要的遗迹大荣寨,是在清代嘉庆五年(1800年),为了防御川东白莲教,当地士绅在当时水码头的基础上扩建而成的。四座城门中的狮子门、水洞门几乎保留着原貌。200多米长的老城墙,历经200多年,斑痕累累,城墙上的黄葛树,却依然枝繁叶茂。

明清延续至今的老街,依坡就势而建,长约324米,宽4.8米。拾级而上的青石路面光洁水滑,有阶梯102级。禹王宫、万灵寺等古建筑,多为清代以来的建筑。

路孔镇内还有各具特色的石质古桥7座,这些古桥大都修建于乾隆、嘉庆年间,也有始建于明代又经清代多次补修的。濑溪河段两岸陡峭的石壁上还有数十座东汉岩墓、唐宋时期的佛教石刻等。

2002年,路孔古镇被公布为重庆历史文化名镇;2010年,被公布为中国历史文化名镇。

2013年9月,当地政府决定恢复古镇原名,将"路孔古镇"更名为"万灵古镇"。

路孔古镇

"大荣寨"石刻

万灵镇（又名大荣寨）日月亭

"日月门"石刻

禹王宫

始建于明代的石平桥，是古镇的标志性风景

禹王宫戏楼

石平桥至今是周边居民进出古镇的通道

狮子门

会馆基石上的铭刻

老街　湖广会馆正门

封火墙　　商铺和民居

柱础　　传统民居与店面

雨巷

十八梯

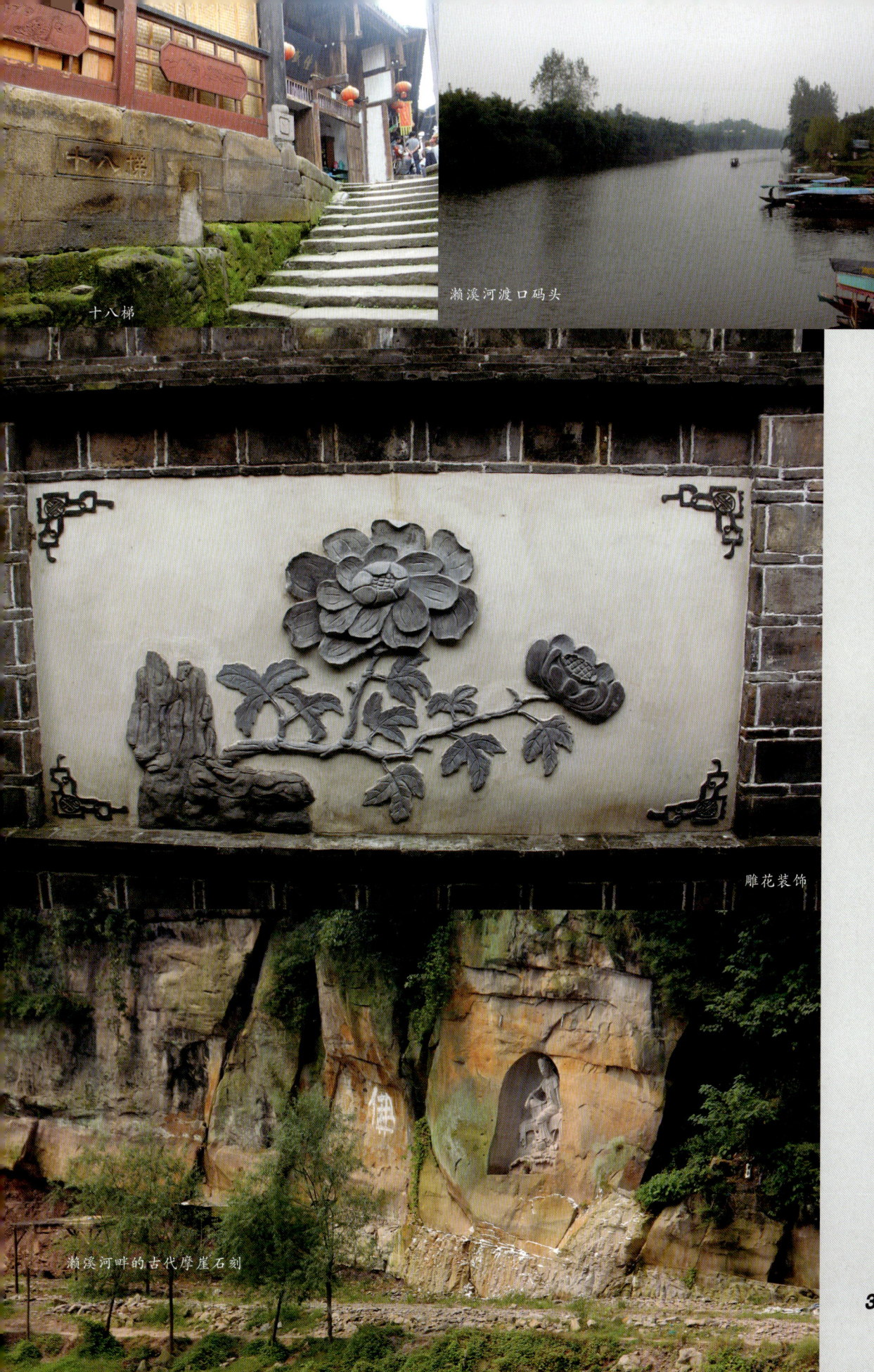

濑溪河渡口码头

雕花装饰

濑溪河畔的古代摩崖石刻

12. 安居——仰接遂普 俯瞰巴渝

安居古镇位于铜梁区城北 20 公里，琼江与涪江的交汇处，水陆交通非常便利。

隋唐时期，安居出现了场镇，因琼江又名大安溪，故名安居。北宋时为铜梁县辖十二镇之一。明朝成化十七年(1481年)割铜梁、遂宁 2 县部分地设安居县，辖 11 个乡镇，置县时间持续 247 年，到清雍正六年(1728年)撤安居县，并入铜梁县。

安居古镇临水筑街，因水成市，明初即为铜梁、大足、合川等县的物资集散地，安居的生丝、棕竹、麻织品等通过水路远销川东和沿海一带。明清时期这里商贾云集，经济繁荣，文化兴盛，会馆、寺庙星罗棋布。"楼郭下船墙蚁聚，两江上渡舟往来"，临江伫立的吊脚楼，沿崖而建，名震川东的"九宫十八庙"一应俱全。明清建筑风格的旧屋老宅因地势而建，结构上都以封闭院落为单位，沿中轴线布置，几重进深，主次分明，有院、有廊、有多重偏院，各院之间有巷相连。临街店铺门窗木雕精工、彩绘精细；巷里民居四合院，天井居中采光排水，通达居住人家。古街的木门依稀可见，残存的古城墙，依旧显现出当年的雄姿和伟岸。引凤门、后河沟、会龙桥、火神庙街、文庙、万寿宫等丰富的历史文化遗存和优美的自然景观具有极其重要的文物保护价值和艺术观赏价值。

古镇背依俊秀的山脉，北临平静而悠远的涪江、琼江，乌木溪穿镇而过，自古便有"安居依山为城，负龙门，控铁马，仰接遂普，俯瞰巴渝，涪江历千里而入境"之说。据《方舆纪览》载，安居镇"东起飞凤山，南绕烟坡包、化龙山，西跨小溪，接冠子山，北面涪江，山势高峻，壁立江岸"。在山与水构成的整体环境中，古镇别具人与自然和谐共融的意向。

2002年，安居古镇被公布为重庆历史文化名镇；2009年，被公布为中国历史文化名镇。

安居古镇全景，左侧是涪江

有着1500多年历史的安居古镇,是当年重庆市北部重要的口岸城镇

始建于明代的"引凤门"(外侧)

引凤门内侧

复建的城门(星辉门)

火神店遗址　　自左至右为齐安公所、湖广会馆、天后宫

湖广会馆戏楼　　不同风格的建筑相映成趣

传统店铺　　通幽

商船公所（下紫云宫）

城隍庙位于城外山坡上

商船公所内的戏楼

近代建筑

抗战时期陆军军官学校旧址

传统民居屋顶

13. 双江——民宅故居　人文古韵

双江镇位于潼南区西北10公里，地处涪江下游，因涪江的两条支流浮溪、猴溪如玉带环绕而得名。涪江可通航上游的遂宁、绵阳和下游的合川、重庆，交通位置十分重要。

古镇始建于清初，隶属于潼川府的遂宁县，民国后改属潼南县。

双江镇以规模宏大、保存完好的清代民居而著称。古镇的老街长约700多米，分布着为数众多的清代民居建筑和少量民国时期建筑，楼台错落，庭院深深，古色古韵，被誉为"清代一条街"。围绕着浮溪、猴溪双江，留存至今重要的清代建筑，如杨氏民居、禹王宫、永绥祠、田家大院、邮政局大院、惠民宫、兴隆街大院、长滩子大院（四知堂）等，计有20余座。

全国重点文物保护单位杨氏民居，在众多古民居中具有突出特色。杨氏民居位于双江镇北街，始建于清光绪四年（1878年），是一组面阔七间，四进，四合院布局，穿斗式结合抬梁式、悬山顶木结构的大型民居建筑，坐南朝北，建筑面积2775平方米。有各种房屋51间，房后有堆成的小花园，天井、栏杆、回

双江古镇老街

廊、花台形式各异。民居四周的封火墙,以青砖砌成,呈驼峰形,线形优美简洁。屋脊、正脊富于装饰美感,窗棂隔扇图案精巧。杨氏民居从设计到修建都具有很高的文化品位,是清代民居的经典之作,被誉为"清代民居博物馆"。

双江镇还是一座具有革命传统的文化名镇。前国家主席杨尚昆出生于长滩四知堂。位于双江正街的杨尚昆故居(清末曾设为邮政局),既是居家的宅院、经商的铺面,实际上也是掩护杨闇公、杨尚昆及其他革命志士从事革命活动的场所。位于双江镇北街的永绥祠,是中共潼南县第一支部的旧址。

1942年,抗战时期,国民党陆军机械化学校由广西迁入双江。古镇现还存有一座蒋介石行辕,俗称中正楼。另有一座白崇禧将军楼。

双江古镇在翠竹掩映下,双溪环绕,老街、祠堂、名人旧居、石桥……构成了自然与人文交相辉映的独特景观,彰显着古镇悠久、多彩和独特的魅力。

2002年,双江古镇被公布为重庆历史文化名镇;2003年,被公布为中国历史文化名镇。

关帝庙

"杨闇公同志故居"位于古镇中心

近年，古镇经过维修，街面焕然一新

"四知堂"得名于杨氏先祖东汉太守杨震"夜拒贿金"的典故，距今有130多年的历史

杨闇公同志故居内的私塾

永绥祠，也叫学楼，是一幢西式建筑，为杨家的学堂

古镇外小河环绕　　　　　　　古镇民居

390　杨氏民居建筑群建于1878年,为全国重点文物保护单位

杨氏民宅厚厚的围墙上，分布着一个个瞭望孔

杨氏民居正门

围墙内第一进大门

梁架彩绘

敞口厅梁架结构　　后花园及封火墙

花厅

脊饰

杨氏民居内景

花窗

小姐绣楼、浴室

镂空雕刻的建筑斜撑

门洞　天井

14. 涞滩——千年鹫峰 古寨瓮城

涞滩古镇位于合川区东南约32公里的渠江边上。古镇分为上场和下场,上场雄傲在鹫峰山上,下场濒临秀美的渠江,上、下场由几百米石梯道连接。

涞滩历史悠久,晚唐即建有寺庙,宋代设立建制镇,清代其场镇及山寨形制基本成形。因有渠江水路运输之便,明清以来,这里即人口聚集,交易兴旺,街市繁荣。古寨三面悬崖绝壁,一面与大路相通,面江临空,险峻天成,历来为交通要冲和军事关隘。清同治元年(1862年),为防御太平军,在城寨四面加修了瓮城,增强山寨的防御能力。涞滩古镇的瓮城呈半圆形,面积约400平方米,用半米多长的条石砌成,共设(四生四死)8道城门。

城内青石铺就的老街长约400米,宽3~5米,街边多为穿斗板壁房。街市巷道、民居院坝、茶馆酒肆、戏楼寺院、青瓦、木桩、板壁、雕窗、四檐外伸、翘角当空,具有典型的清代建筑风格。

涞滩三面悬崖峭壁,天然完整的山岩为大规模开凿摩崖大佛提供了条件,现存有佛龛42间,小石佛像1700余座,寺内石刻的十六罗汉是十八罗汉至五百罗汉塑像演变的始祖。禅宗六祖造像在全国石刻中是唯一的一组全家合影塑像。高12.5米的主佛释迦牟尼雕工精细,气势恢宏,仅次于乐山大佛和潼南大佛,故称"二佛","二佛寺"由此得名。

涞滩古镇依山修建于晚唐时期的摩崖石刻群雕,是二佛禅宗文化的深刻表现,也为寺内摩崖造像之冠。涞滩古镇深邃的佛教文化,精美的摩崖石刻造像,保存完好的古代军事防御设施,完整的老街,古朴的民风,是古镇价值所在。

2002年,涞滩古镇被公布为重庆历史文化名镇;2003年,被公布为中国历史文化古镇。

街巷的店铺,檐下的石阶,街道的石板,毗连相间

由半米多长的条石砌成的寨墙

涞滩瓮城城门

古庙建筑群,始建于唐,兴盛于宋,据传古镇附近原有九宫(庵)十八庙之多

古镇老街

东门

小寨门　　　　　　　　　　　　　　　　　鹫峰禅寺(上殿)

二佛寺下殿山门

文昌宫,现存的戏楼为清咸丰、同治年间重建

二佛寺,分上、下殿

鹫峰屹立、渠江蜿蜒、芳草青青

15. 走马——古道驿站　故事之乡

走马古镇位于九龙坡区，西邻璧山，南接江津。古镇地处一座形似奔马的山冈之上，自古以来，被当地人称为"走马岗"，随着集市的形成，走马镇因此得名。

走马古镇的历史，最早可追溯到汉代，明代中叶达到鼎盛。《巴县志》记载："(重庆)正西陆路八十里至走马岗交璧山县界，系赴成都驿路。"成渝古驿道上南来北往的商贾、力夫络绎不绝，走马驿是个重要驿站和交通要冲。它与璧山县来凤驿之间大山横亘，过往客旅多在此集结成队而过。

走进走马古镇，青石拱成的街门迎面而立，街门两旁石柱上镌刻一联，联云："入世多迷途由此去方为正道，现时讲团体关了门即是一家。"门楣上书："走马场。"青石板路穿场而过，黄葛古树夹道侍立，树冠遮天蔽日。古街巷上客栈、酒楼、茶馆、铁匠铺等一应俱全；武庙、禹王庙、南华宫、万寿宫、文昌宫等喷漆涂金，精妙绝伦；民居建筑雕阁画屏，朴实典雅；古戏楼凤檐龙柱，栩栩如生。由于特殊的驿站历史和交通位置，走马镇曾是三教九流汇聚之地，山歌故事、野史稗闻代代相传，走马古镇积淀下深厚的驿道民间文化。

1996年，联合国教科文组织授予走马镇"故事之乡"。
2002年，走马古镇被公布为重庆历史文化名镇；2009年，被公布为中国历史文化名镇。

走马民间有祭祀关公的习俗，在关武庙请一黄绳，系在大黄葛树上，以示其女侍父母，不远嫁，历代相传，此树曰凤树

武庙木结构梁架

武庙戏楼始建于明代中叶,现存建筑为清代重修,建筑面积约100平方米,砖木结构

青石板路穿场而过

武庙正殿

武庙内供奉关羽塑像　　　　　　　　　　武庙内"乾坤正气"匾

一品客栈建于民国初年，砖木结构

陈家酱园，始建于清末　　　　　陈海银药铺，始建于清末

义园茶楼,始建于民国十三年(1924年)

利源客栈,始建于清代

万寿宫,原名江西会馆,始建于清乾隆年间

16. 东溪——千年黄葛　清幽山水

东溪古镇位于綦江区城南50公里的琵琶山麓,为渝黔交通的必经之路,自古即为一处重要的水陆贸易商埠和川黔边境土产山货的集散地,销往黔东的食盐多由此运转,因此也有"盐道"之称。据记载,东溪古镇原名万寿场,建镇1300多年,建场2200多年。唐高祖武德二年(619年)在此设丹溪县,唐太宗贞观十年(636年)撤丹溪县为镇,明初置东溪里。民国年间,先后为南区、四区、二区驻地。解放后为东溪区公所驻地,现为东溪镇政府所在地。

古镇山水自然清幽意远,有"川东第一山水古镇"的美誉。古镇的峡谷、瀑布和姿态各异的黄葛树群构成了古镇独特的自然生态景观。5000多棵黄葛树枝繁叶茂、盘根错节,将古道、古街掩映其间,阅尽世态炎凉、沧海桑田。綦江、东丁河、永久河,山环水抱、逶迤多姿,太平古渡至金银洞沿途溪水潺潺、飞瀑如帘,古镇布局以自然山水为基础,达到了古镇、人、自然三位一体的完美结合,构筑之完美、变化之丰富、色彩之老辣、聚散之适度,川中无二例可与之媲美。

明清街区建筑错落有致,形成了富于变化又整体协调的复合空间格局。开辟于西汉时期的盐茶古道穿场而过,书院街、朝阳街、背街,太平桥街既是贸易往来、宗教活动、行业聚会之地,也是家庭起居、邻里交往、休闲娱乐的场所,一连串旌旗翻扬的幺店子,苍劲、凝重的水码头太平古渡,依旧能感受到昔日客商络绎不绝、人头攒动的盛况。

具有典型川东民居建筑风格的穿斗结构吊脚楼,形成"小桥、流水、人家"的清幽意境;琵琶古寨、贞节牌坊、蜀人会馆、南华宫、龙华寺、万天宫、观音阁、麻乡约民信局等,是古镇曾经辉煌的历史见证。太平天国将领石达开在此策划了历史上的"东溪事件",抗战时期国民政府军事参议院旧址"双桂园"以及抗战将领"抚我孑遗"的自省碑等著名的历史人物、事件、建筑等,为古镇增添了厚重的历史内涵。

2002年,东溪古镇被公布为重庆亟待抢救的传统风貌镇;经抢救保护,2005年被批准为重庆历史文化名镇;2007年,被公布为中国历史文化名镇。

东溪峡谷边的民居

古镇老街

东溪三合楼川盐古道

溪水、黄葛、古道、人家

古桥、溪水、老树与古镇人家和谐共生

川黔古盐道是古代通往贵州、云南的运盐要道，如今青石板犹存

黄葛古道

麻乡约民信局始建于清同治年间，距今有一百四五十年的历史，创始人为陈洪义。麻乡约主要业务是邮递信件和汇兑

观音阁，建于清康熙十八年（1679年）

龙华寺始建于清雍正四年（1726年），由于寺后有一条昂首远视的石刻盘龙而得名

南华宫始建于清乾隆元年(1736年),距今有280多年的历史,是两广移民的会馆

南华宫正殿屋顶

南华宫戏楼

万天宫始建于清康熙二年(1663年),距今350多年

南华宫内的戏楼木雕

太平桥始建于明初，建造者为讴歌"太平盛世"而取名太平桥。太平桥全长30米，宽5米，桥南北两头各有圆雕坐狮一对

万天宫正殿

永久桥将河对岸的人家与场镇的集市紧紧联系在一起

太平桥头的石狮虽已残破，但雄姿依然

太平桥横卧在川流不息的东丁河上

17. 丰盛——静谧悠远　年丰物盛

丰盛古镇位于巴南区东北部，与涪陵、南川区相邻，有"一夫当关，万夫莫开"的要塞之势，因而旧时的丰盛又有"封门"之称。

古镇兴起于宋代，明末清初始建场镇，逐渐繁荣。清乾隆《巴县志》载："丰盛乡，世称峰门，位平原众埠之中，大镇也。"丰盛，镇如其名，为巴县境内盛极一时的丰饶之地。这里曾经商贾云集，商号林立，商贸兴旺，物流丰盈，是重庆府去南川、涪陵的重要驿站，素有"长江第一旱船埠"之称。

丰盛保存较完整的有石板路、福寿街、十字街、半边街等。老街两侧均为2~3层全木质穿斗结构的店铺，铺后多为青砖黑瓦四合院。四合院布局、天井、回廊以及构件装饰工艺中的镂空、浮雕，具有典型的徽派风格。徽派建筑的大量遗存，是丰盛繁荣富庶的最好见证，也是其移民文化的真实记录。

丰盛的碉楼建筑为防御匪患、保障商贸繁荣而筑，分布于古镇重要路口和宅院中。碉楼建筑亦中亦西，不仅是特定历史条件和地域环境下的重要遗构，也是巴渝古镇建筑遗产的重要组成部分，蕴含着独特的文化信息。天平寨、共山寨、老鸦寨、铁瓦寨、关山寨、升平寨等古寨遗址，历经数百年风雨，依旧守望在丰盛的山巅，成为那个时代永恒的记忆。

丰盛古镇展现了多元文化的交会，以及川东民居和乡村古镇建筑理念的演变与发展，忠实地见证了地域文化的延续和交融、抵御匪患的战火硝烟。千百年来，成就了古镇典型的地域特色、时代标志和独具审美价值的建筑类型。

2002年，丰盛古镇被公布为重庆历史文化名镇；2009年，被公布为中国历史文化名镇。

丰盛古镇

古镇通向涪陵的场口

清代民居曾义堂，又名曾家大院

石板路

古镇上最长的十字街,历经宋元明清,直至民国,一直是古镇政治经济和商业活动的中心

徽派风格四合院内的天井,廊檐精美的雕刻,安然的老人

"十全堂"是民国时期绅士刘祝山的宅邸

413

建于清代的欧式碉楼,高约十米,内分三层,可居住也可防守,楼上的观察孔、射击孔依然可见

碉楼遗迹

禹王宫遗址,据考始建于明代,现正殿梁脊上有"大清咸丰年秋月修补"字迹

禹王宫廊道横梁上精美的雕刻

禹王宫大殿瓶形梁柱

禹王宫内的石雕残件

沿街店铺的木结构板房

从"临街商铺生意忙,背后客栈打拥堂"的传言,可窥见古镇昔日的繁荣

封火墙

祥和的古镇

古镇民居

18. 龙兴——物丰人泰 泉秀洞幽

龙兴古镇位于渝北区东南部,距今已有600多年的历史。

据《江北县志》记载,此地元末明初已有小集市,清初商品经济发达,置隆兴场。据传,明朝建文帝朱允炆曾避乱于镇上一小庙中,后人将建文帝脱险的小庙加以培修扩建,命名为"龙藏寺"。场镇由此开始兴旺起业,隆兴场也因而更名为"龙兴场",并沿用至今。

龙兴古镇是一处商贸繁盛的旱码头,由于与苍翠的铁山山脉和婀娜的御临河相依,五条大道由远而近汇集于此,四周浅丘为森林屏蔽,所以,人们形容其"汇五方物丰人泰之瑞气,纳四邻泉秀洞幽之逶迤"。场镇上商肆繁荣,客栈云集,文化多元,民间有"五马归巢之宝地"的美誉。

龙兴场长长的青石板路蜿蜒绵长,街道两旁的商铺、住宅,高低层叠,布局合理,结构严谨。方圆不到一公里的古镇老街区,矗立着龙兴寺、禹王宫、福音堂等道观、寺庙、教堂,这些建筑与老街、民居和谐相处,给人以启示。道教、佛教、基督教三教信仰宗旨、教义教规的差异,并不影响彼此数百年来相安无事共同发展,显示了宗教文化的独特魅力。

祠堂街上的华夏宗祠(大夫第)、刘家大院、明氏祠堂、包氏祠堂等建筑,结构严谨、做工精细,彰显着主人的尊严和荣耀。风雨廊、凉亭、楼阁梨园,体现出古镇人们的精神追求与人性关怀。

2005年,龙兴古镇被公布为中国历史文化名镇。

巴渝民居建筑

传统店铺

刘家大院建于清咸丰年间，是当地集商业、地主为一体的富豪刘登吉的宅邸

包氏祠堂

祠堂街

华夏宗祠(大夫第)内的厚德堂

古镇街巷

古井长春

龙兴寺(原名禹王宫),于清乾隆二十四年(1759年)筹建,嘉庆九年(1804年)初建成正殿和乐楼,道光二十五年(1845年)及光绪年间相继培修

老茶馆

凉亭

龙兴寺(禹王宫)

明氏祠堂

基督教福音堂

422

龙兴寺（禹王宫）外部

龙兴寺（禹王宫）内景

双龙桥

因镇北上场横街处有一处30米高的岩壁倾斜高耸，悬空陡峭，人们将此处称为"偏岩"

19. 偏岩——华蓥故道　工商古镇

北碚区偏岩古镇在清代称为"接龙场",清康熙年间就有幺店子零星分布,因常有山洪暴发酿成灾害,民间传说有孽龙兴风作浪,遂将此地取名"接龙",祈盼因此平安吉祥。

古镇坐落在华蓥山脉西南面的两支余脉之间,丘陵地貌,东北高,西南低。因镇北上场横街处有一岩壁30米高,悬空倾斜,人们因此将此处称为"偏岩"。清道光二十四年(1844年),重庆府江北厅正式将"接龙场"更名为"偏岩场",沿用至今。

这里地处邻水、合川、江北的交通要冲,是旧重庆华蓥故道上的一座工商古镇,昔日商贾云集,商贸繁荣,名播川陕湖广。长约400米的古镇老街,沿黑滩河而建,岸边百年黄葛老树掩映着傍水而筑的民居,街道两侧的店铺多为民国年间硬山顶或悬山顶老屋。街中部的老合栈,以及横街的禹王庙和戏台,都保留了清代建筑风格。

偏岩虽经数百年的时代变迁,但其街道、建筑、民风、市情仍然保留着昔日古朴、优雅的风貌。老树、小桥、流水、人家……古镇在沉着、静谧、古老中渗透着恬淡和宁静。

2002年,偏岩古镇被公布为重庆历史文化名镇。

石阶梯通往黑滩河

临河而建的半边街

黑滩河边绿树掩映古镇

古镇上的夫妻打铁铺

禹王庙是古镇的公众集合之地。禹王庙为一纵向木质穿斗大当式建筑，灰瓦粉墙，朴素大方，堂内曾供禹王牌位与塑像。禹王庙前为戏台，戏台上层空间开敞，四周梁柱间饰以雕刻精美的古代戏剧图案，戏台下为暗层，专供杂勤之用。节庆之时，周围乡邻与来往客商云集于此，看戏娱乐，热闹非凡

勤劳的居民在中摆椅，供用餐美味溪水，奇绝古河滩上游客口下脚堪称

古镇老街蜿蜒数百米

跳蹬可供人们在枯水期过河

石平桥方便古镇居民出行

20. 磁器口——千人拱手 万盏明灯

磁器口地处沙坪坝区的东北部,濒临嘉陵江畔,背靠歌乐山麓。

磁器口历史悠久。其建镇始于宋朝真宗咸平年间(998—1003年),因山上有白色巨石崖壁,当时取名白崖场。传说明朝建文帝朱允炆曾隐修于镇上宝轮寺,故又名龙隐镇。清乾隆年间,瓷器生产和转口贸易繁荣,因"瓷"与"磁"相通,故得名磁器口。

千年古镇磁器口是古重庆的北大门。得嘉陵江水运之便,明朝以来,这里逐渐成为嘉陵江下游重要的商业货运码头,江上船只穿梭,镇内商贾云集,商铺鳞次栉比,商号、客栈、茶楼、酒肆林立,"白日里千人拱手,入夜后万盏明灯",故有"小重庆"之美誉。

磁器口历史文化底蕴深厚。石板路与沿街民居相依和谐;佛、道、儒教三教并存的寺观殿宇庄严肃穆,气势恢宏;商贾大户宅第雕梁画栋,窗花户棂图案精美;明清四合院结构严谨,古朴大方;临街铺面

板墙黑瓦、丛林溪流下的古镇磁器口,素雅清淡,韵味无穷

依山就势,随曲而折;山崖吊脚楼,布局自由,结构紧凑,虚实结合,自然空灵。这里有古朴、粗犷,极具巴渝遗风的川东民居,有川剧清唱、铁水火龙,有古风犹存的茶馆、传统手工作坊,有独特的码头文化,抗战遗址和红岩烈士的活动场所、川东地下党联络地点分布其中。抗战时期,随着国民政府迁都重庆,大量机关、学校、工厂、企业、银行、钱庄迁于此地,郭沫若、巴金、冰心、陶行知、沈钧儒、范长江、白杨、徐悲鸿、傅抱石等一大批教育、文艺、新闻出版、科技人才以及社会名流云集于此,著名美籍华人科学家、物理学诺贝尔奖获得者丁肇中曾就读于磁器口嘉陵小学。巴渝文化、宗教文化、沙磁文化、红岩文化、民间文化各具特色,鲜明的地域特点和民族特色,使古镇彰显出旺盛的生命力和强大的魅力。

古镇磁器口在城市现代化进程中,较好地保留了历史建筑格局和传统文化脉络、川东房屋建筑木质穿斗夹壁结构的特色,成为典型的山地城市体系的范本,是重庆巴渝山地民居建筑的天然博物馆。

2002年,古镇磁器口被公布为重庆历史文化传统街区。

一条石板路，千年磁器口

古镇磁器口有12条街巷，街道两旁大多是明清风格的建筑

万商云集的街市，拥挤不通的人流

古镇磁器口

码头上从早到晚，水陆两路，商旅川流不息；装卸搬运，络绎不绝；行商坐贾，批零量购，货畅其流

宝善宫原为道教宫观,抗战时期改为嘉陵小学。诺贝尔物理学奖获得者丁肇中曾在此就读过

鑫记杂货铺是解放前地下党重要的秘密联络点,渣滓洞、白公馆的难友与外界交换信息的重要窗口

院,是慈禧太后身边的内务府采办钟云庭的老宅地。建于晚清,距0多年。其建筑风格既汲取了北方四合院的设计精髓,又继承了巴居手法,院落精巧,回廊环绕,空间流畅,具有较高的建筑艺术价值

钟家院的正堂屋,"德明族旺"牌匾纹饰打破了"龙在上,凤在下"的模式,具有鲜明的时代特征,见证了慈禧时代的女性权威

433

宝轮寺始建于北宋真宗年间，原名白崖寺，又名龙隐寺。历代皆有增修。明末清初的战火烧毁了宝轮寺的大部分建筑，唯正殿保存完好，是重庆地区少有的明代建筑实物，对研究重庆地区的建筑艺术、佛教建筑的演变具有重要的参考价值

翰林黄钟音旧居。黄钟音字毅甫,家住龙隐镇。中举人后在此住家、读书及教学。清道光十一年(1831年)进翰林院为翰林学士,授职编修、监察御史

重庆大学理学院

十一、西风东渐　都会端倪

——开埠以来文物遗迹

1840年爆发的鸦片战争，打开了中国封闭的大门，中国数千年的封建社会走向终结。

明清时期，重庆是川东、长江上游乃至中国西南地区的区域性政治中心和军事重镇。1840年以后，重庆逐步由政治、军事堡垒向区域经济中心转化。1890年，中英《烟台条约续增专条》将重庆列为通商口岸。

在近代化历程中，西方经济、文化及政治给重庆这座西南重镇带来了全面而深刻的影响，注入了新的元素。西方的影响，主要是通过商人的经济活动，外交领事官员的政治活动，教会、传教士的宗教活动等，逐渐渗入重庆的经济、社会、文化等许多方面。

据《巴县志》记载，英国于1890年在重庆设立领事馆。1896年3月，法国在重庆设立领事馆；同年5月，日本设领事馆；同年12月，美国设领事馆。1904年，德国设领事馆。清政府在通远门内划出一块区域，作为"领事巷"，专设外国领事馆。1901年，日本强迫清政府在重庆南岸王家沱设立日本租界。

1891年至1911年间，英、美、法、德、日等国先后在重庆开设洋行、公司、药店等商业机构51家。据《重庆海关1902—1911年十年调查报告》记载，1911年在重庆的这类外国商业机构达28家。重庆开埠伊始，立德乐就在下陕西街设立办事处，成立了外国人在渝的第一个商行——立德乐洋行。

西方宗教势力也随之进入。教会在重庆修建教堂，开办医院、救济院、孤儿院等机构，若瑟堂、观音山法国教堂等至今尚存。在修建教堂、传教过程中，重庆民教冲突、教案迭起，反洋教的斗争此起彼伏。1888年至1890年间，余栋臣率众数千人在大足三次捣毁外国教堂。

传教、经商、开设领事馆等活动，给古老的重庆城带来了一些新的变化，重庆出现了许多新建筑，传统建筑中也出现了一些新的元素。这一时期重要的新建筑往往都跟商业、传教有关，如税关、官钱局、厘金总局，以商业利益为重的各国领事馆、教堂、中国商号店铺、外国洋行、各种会馆公所建筑等。这些新的城市建筑一方面具有鲜明的商业风貌，同时又体现着中外文化的差异。洋商、洋行、领事馆、教堂及租界，从经济形态、社会管理到建筑样式，都与本土文化形成鲜明对比，使重庆本土传统建筑风格发生了巨大变化。一方面，中外建筑样式的猛烈碰撞，重庆的土地上，出现了西式建筑，打破了数千年的传统建筑样式；另一方面，西式建筑与中式建筑互为借鉴，甚至融为一体。这一时期的建筑风格各异，花样繁多，但中西建筑理念又互相吸收，并在一定程度上形成合璧的趋势。

1. 立德乐洋行旧址

英国人立德乐是首位驾驶机动轮船闯川江来到重庆的外国商人。

立德乐洋行位于南岸区上新街，是一组由别墅、办公室、仓库等7栋楼组成的建筑群，占地面积650平方米，建筑面积2000平方米，楼体为中西式砖木结构建筑。

立德乐别墅是主体建筑，保留较多当年建筑特征。背山面江，坐南向北，分为主楼和辅楼两部分。主楼为三层楼砖木结构，辅楼是木结构建筑，主楼的二层和辅楼间由一架空曲廊连接。建筑顺应地形，通高约16米、面阔17米、进深17米，建筑面积约600平方米，主楼屋面是中式重檐歇山式屋顶，"如意式"宝顶，西式的壁炉烟囱，中西结合。临江面二楼的挑廊栏杆上镶嵌有龙纹卷草绿釉砖雕、木质雕花撑拱等建筑部件。房屋门前是鱼池假山、花台盆景，屋后花园里有一棵枝繁叶茂、高大挺拔的百年银杏树。

立德乐洋行建筑风格典雅，以中式为主，又将西方的一些建筑特点运用于建筑中，对研究重庆开埠以来西方文化的传入具有重要的科学、历史价值。但是，由于年久失修，旧址建筑物毁坏严重。建筑物周边拆迁之后，环境杂乱，该建筑亟待抢救保护。

2009年，立德乐洋行旧址被公布为重庆市文物保护单位。

立德乐别墅旧址前曾开设旅游餐饮点　　2015年拍摄的别墅旧址

中式建筑常
见的撑拱

别墅旧址右侧立面

临江面二楼的挑廊栏杆上镶
嵌有龙纹卷草绿釉砖雕

屋顶

别墅旧址内景

2. 卜内门洋行旧址

卜内门洋行旧址位于南岸区南滨路。

洋行为一栋两楼一底中西式建筑，砖木结构，外围廊，圆拱形窗，建筑坐北朝南，通高约25米、面阔21米、进深18米，占地面积约370平方米，建筑面积约1107平方米，旁边是仓库。正大门门头上方石刻外文和"1915"几个大字。

重庆开埠后，南岸沿江一带是外商在重庆的商贸集中地之一，当时外国的商行、公司纷纷建立于此。1915年，英国卜内门洋碱公司在此开设洋行，经营各色染料，占了四川以至大西南15%的市场份额，是一艘名副其实的化工"航母"，也是当时重庆最著名的洋行之一。

卜内门洋行旧址建筑造型独特优美，具有很高的艺术价值，同时为研究开埠时期重庆商行、文化史具有很高的科学价值、历史价值。

2009年，卜内门洋行旧址被公布为重庆市文物保护单位。

卜内门洋行旧址，位于长江南岸，屋面建筑样式是中式建筑特征

旧址周边已被高楼包围

拱形廊柱，凸显出仿西洋式建筑特征

爬满野草的洋行旧址，等待全面维修

室内木楼梯　　室内石砌楼梯栏杆

3. 重庆海关监督公署旧址

重庆海关监督公署旧址位于渝中区解放东路,属于原重庆下半城的海关巷,紧邻巴县衙门、湖广会馆等诸多历史文化古迹。重庆开埠后,下半城聚集着各国的商贸公司、洋行等,是商业繁华地带。

清光绪十六年(1890年),中英《烟台条约续增专条》签订不久,清政府就开始筹建重庆海关。1890年11月4日,重庆海关税务司霍伯森到达重庆,与兼任重庆海关监督一职的张华奎共同筹建重庆海关。

1891年3月1日,重庆海关正式成立。重庆海关监督公署初设于朝天门内糖帮公所,1905年迁于太平门顺城街(海关巷)。现旧址共有三栋楼房,占地面积487平方米,建筑面积1683平方米。每栋均为三楼一底,进深约为18米、面阔27米,为中西式砖木结构建筑。

自民国以后,重庆海关监督公署机构、职责及关址迭有变动。海关本是国家行政管理机构,代表本国政府征收关税,监督、管理出入境的货物,查禁走私等。自1853年英、法、美夺取上海海关的管理权后,又陆续侵夺各地海关的管理权、关税征收权,从而使海关变为帝国主义侵略中国的一种特殊工具。重庆海关成立后,就被英国人控制,英籍海关总税务司赫德委派英人霍伯森任重庆关税务司,当时的中国海关监督形同虚设。

重庆海关监督公署旧址,一方面是我国近代屈辱历史的一个缩影;另一方面,其建筑风格带有西式建筑的特点,是重庆早期的中西式结合建筑,反映了重庆建筑开始从古代走向近代化的进程。

2009年,重庆海关监督公署旧址被公布为重庆市文物保护单位。

重庆海关监督公署旧址及环境

重庆海关监督公署旧址现状

4. 法国水师兵营旧址

法国水师兵营旧址位于南岸区弹子石。1896年3月,法国在重庆设立了领事馆。1902年,法国海军军官虎尔斯特率领测量队乘法国军舰以系统探测川江水运为由驶入重庆,并在南岸弹子石建立法国水师兵营,人称"奥当军营"。

旧址位于长江右岸,坐东向西,总建筑面积3800平方米,呈内院加回廊的四合院布局。大门位于建筑一角,为中国传统的牌坊式建筑,三重檐歇山式顶,门柱则为砖混结构。内院左边为平房,其余三面为三层楼房,屋顶有露台与阁楼。临江建筑走廊外壁为西式拱形柱廊,护栏为十字空花,拱形窗,既有欧洲中世纪城堡式的建筑风格,又有中国传统门楼建筑、雕刻艺术等,构成一组中西混合式建筑。

旧址内原存有石碑二通,其一刻有"故舰长武荡纪念"铭文,嵌于三楼栏杆;另一为水兵墓志,现保存于重庆中国三峡博物馆。法国水师在此居住20余年,主要从事河道测绘,绘制出长江宜昌—重庆—乐山段和嘉陵江重庆—合川段的河道图,为川江航运提供了准确可靠的测绘资料。

目前,旧址处于封闭状态,等待维修保护。

2000年,法国水师兵营旧址被公布为重庆市文物保护单位。

爬满野草藤蔓的旧址建筑

2015年拍摄时状况　　法国水师兵营的中式大门

位于长江南岸的法国水师兵营老照片

法国水师兵营内庭，三楼栏杆上石刻为中法文对照"故舰长武荡纪念"

水兵墓志拓片，原石现陈列于重庆中国三峡博物馆

独特的建筑风格颇受游客瞩目，临江建筑一度被用作餐厅，左侧平房被用作历史陈列

旧址外侧，异域风格的建筑，吸引了众多慕名而来者

屋顶有露台与阁楼

5. 璧山露德堂

露德堂位于重庆市璧山区正兴镇金堂湖畔。清光绪五年（1879年），法国天主教传入璧山，先在正兴传教，后来又在县城等地建教堂。露德堂是1899年由法国人提供图纸，马神父和一些当地教友开始修建的，于1902年完工，为仿四合院布局的哥特式建筑教堂。整个建筑群包括了教堂大厅、两个钟楼、神父楼和附属建筑以及较为宽敞的花园等。

教堂坐南向西，占地面积2025平方米，建筑面积4765平方米。

教堂入口大门上方横书"天主教"三字。进门一长石板路直通第二道门，跨入第二道门槛，便是露德堂。正中间为经堂，哥特式建筑，门正中上方直书"露德堂"三字。经堂的两边分别建有一座四方形的钟楼，钟楼狭小，垂直向上。经堂外周呈乳白色，用厚重的石材筑墙，同时厅内前部和顶棚采用拱形建筑设计，使声音能均匀地传到教堂内的各个角落，巨大顶棚的拱形是由楠木弯曲而成。尽管教堂内有十多个高大的石柱，却看不到它们在地面的投影。

教堂富丽精致，是保存完好的典型哥特式建筑，反映了中外宗教文化交流的历史，是研究重庆开埠以后西式建筑的重要实物资料。

2009年，露德堂被公布为重庆市文物保护单位。

露德堂大门

经堂内

柱头雕刻风格古朴

钟楼

经堂

6. 大足马跑教堂

马跑教堂由法国神父罗兰主持修建，1909年钟楼、小经堂建成。教堂坐南朝北，为四合院格局、法国哥特式建筑，是中西合璧的建筑群落。庭院幽静，古树参天，占地面积7000多平方米，建筑面积3000多平方米。

教堂前排由一楼一底砖石房屋和四层楼的钟楼组成，面阔70米，共有大小房间17间。钟楼高25米，顶部为哥特式尖顶，上有十字架。经堂为教堂的主要建筑，为典型的欧式建筑，正面立有8根围柱，柱径0.65米，柱高约9米。圆柱之上为三角形屋顶，三角底面有"上天之门"四个大字，三角尖顶立有十字架。经堂建筑高15米、面阔14.4米、进深36.35米。

2013年，有关部门对教堂进行维修，保持了基本格局和建筑风貌。

2000年，马跑教堂被公布为重庆市文物保护单位。

左侧为钟楼等建筑，右侧为经堂

前排建筑正中是高达25米的钟楼，下面是大门

经堂

透过经堂二层的花窗看钟楼

经堂内高大的柱子，给人神圣感

经堂西侧古树参天

7. 重庆若瑟堂

若瑟堂坐落于渝中区民生路。始建于 1893 年，因奉圣若瑟作主保，故而取名为若瑟堂。

若瑟堂坐北朝南，占地面积 1700 平方米，为砖木结构建筑，分经堂和钟楼两大部分。经堂为平房，面积为 500 平方米，可容纳 1000 余人。经堂内两排大柱托着乳黄色厅顶，正中有彩塑耶稣、圣母、若瑟像，两壁有十四耶稣苦修油画像。陈设典雅华丽，气氛庄重肃穆。钟楼是 1917 年由法国神父孟东主持修建的，高约 30 米，呈正方形，长宽各 7 米。内置吊钟三口，大时钟一座。1943 年经堂被日机炸毁，1946 年重建。

若瑟堂是重庆天主教传教的主要教堂之一，其建筑风格为典型的欧式风格，钟楼是至今保存较为完好的哥特式建筑。2015 年，有关部门对若瑟堂进行了保护维修。

2000 年，若瑟堂被公布为重庆市文物保护单位。

若瑟堂钟楼　2015 年，修缮中的若瑟堂钟楼

若瑟堂

若瑟堂原貌，中间高耸的是钟楼，两侧的平房是经堂

若瑟堂钟楼顶部　　钟楼顶部的尖顶，是哥特式建筑的显著特征

8. 鸡冠石法国教堂（慈母堂）

鸡冠石法国教堂又名观音山法国教堂、慈母堂，位于南岸区鸡冠石镇，坐南朝北，呈三合院布局，占地面积约53336平方米，总建筑面积3420平方米。

教堂有大小房屋80余间，主体建筑礼拜堂高约18米，大厅为穹隆顶，花玻璃窗五颜六色，圆柱上雕刻花草纹浮雕，耶稣塑像放在礼拜堂正中央，整个礼拜堂显得宽敞明亮，庄严肃穆。院内树木葱茏，环境幽静，现尚存六棵伊拉克枣树，高约6.6米，为重庆市珍稀树种。修院后的山峦上，松树成林，郁郁葱葱，松脂溢香满山。

该建筑造型优美，既有西方建筑的特点，也有中国传统建筑手法，是中西式结合建筑，对于研究开埠时期重庆宗教史、文化史和近代建筑的发展具有很高的价值。

2009年，鸡冠石法国教堂被公布为重庆市文物保护单位。

慈母堂大门

慈母堂主体建筑礼拜堂

礼拜堂穹隆顶

欧式意味浓厚的花窗与门饰

尖券门

9. 南川天主堂

南川天主堂位于南川区东城后街。1914年,由法籍神父甘品高主持修建。天主堂坐南向北,仿哥特式建筑,占地面积3000平方米。前为堂门,后为钟楼和经堂(圣堂),建筑面积500多平方米,其他附属建筑和空地1150平方米。

天主堂堂区大门为排式两层建筑,立面的尖券窗具有典型哥特式教堂特征。从平面看,门洞呈"八"字形,门楣处有类似"雀替"的装饰,是中国传统建筑的样式。

钟楼4层高28米,立面高耸的体量、尖券窗、尖拱状的线脚装饰,以及顶部尖塔和十字架,两侧还有对称的小十字架,是重庆少有的仿哥特式教堂。钟楼与经堂连为一体,成纵向排列。建筑基础为石砌台基,主体外墙用砖,屋面青瓦。经堂面阔14米、进深32米。经堂中厅高于两边的侧廊,各有采光的尖券窗。室内采用拱券建构,2排16根八棱石磴砖柱,柱径0.6米、柱高14米,支撑着层次高低大小跨度不同的弧形拱架,通高16米。中厅后侧为磨石大祭台,半圆形,高2米。左右另有同型小祭台,墙龛上绘彩色圣像。

随着城市发展,原来僻处郊外傲然耸立的天主堂,已经被城市高层建筑包围,成为建筑森林中的洼地。

2009年,南川天主堂被公布为重庆市文物保护单位。

教堂大门具有哥特式教堂的显著特征

圣堂

钟楼大门、尖券门窗和尖拱状线脚，都是哥特式建筑的风格

钟楼正立面，教堂周边高层建筑对教堂形成包围

钟楼两侧的角柱，柱顶的白菜装饰，据研究为重庆地方建筑吸取外来建筑因素的表现；顶部的尖塔和十字，则是宗教建筑的典型标志

经堂侧立面，上层为中厅，下部为侧廊，各有采光窗户

堂门与经堂大门形成前后正对

堂门顶部的尖塔十字与钟楼两侧的十字

453

10. 菩提金刚塔

菩提金刚塔位于渝中区观音岩金刚塔巷。

1929年2月,潘文华出任重庆市首任市长,把通远门到上清寺一带开辟为新市区,清理了七星岗的全部坟墓,从而获得大片土地,使重庆城区面积扩大了一倍。为了超度和安抚亡魂,1930年,潘文华、潘昌猷等出资修建了藏式菩提金刚塔,请西藏诺那活佛主持了佛塔开光和超度亡灵的仪式。近百名西藏喇嘛和重庆众多的信徒参加了仪式。

金刚塔为喇嘛式石塔,实体,共三层。塔下为一方形台座,东、南、西、北四方各有圆形石柱。柱上分别镌刻"尊胜庄严""大清静幢""成就菩提""犹如金刚"汉字。塔底四周刻《佛说阿弥陀经》《往生咒》和碑记等。第二层正面隶书"菩提金刚塔"五个大字,其余三面皆镌刻藏文经言。上面是覆钵式塔身及相轮、伞盖和宝瓶顶。金刚塔建在"凸"字形台基上,甚为壮观。金刚塔的建成推动了藏传佛教在重庆的传播和发展。

2000年,菩提金刚塔被公布为重庆市文物保护单位。

菩提金刚塔原貌

菩提金刚塔

覆钵式塔身上面是相轮、伞盖和宝瓶顶

塔底部刻着《佛说阿弥陀经》《往生咒》等

2009年的菩提金刚塔

塔柱

藏文经言

11. 西山公园钟楼

钟楼位于万州区西山公园内。

万州西山公园初建于1924年，位于原万县城的最高处。钟楼于1930年始建，次年竣工，中西结合式建筑。由于地势高，轮船驶过江面，远远便可见雄伟壮观的钟楼。钟楼是万州的标志性建筑和长江上游的重要景观，曾与上海海关钟楼齐名。

钟楼为正方形，边长10.2米，通高50米，占地面积100多平方米。底层大厅高约10米，有螺旋形铁梯可上楼顶。楼顶为双层盔顶，八角形。楼上四周嵌有时钟。

底层大厅中间竖一长方形石碑，高约5米，宽约3米，用铁栅栏围护。碑面四周原题刻处世格言、人生警句等，言简意赅，浅显易懂，被当地人用作规范、教育子女的教材，广为流传。20世纪60年代，原碑文被毁，题刻毛主席语录。

西山公园钟楼建筑典雅，是长江沿岸保存完好的钟楼之一。三峡大坝蓄水后，水位抬升，当年位于城中高处的钟楼，现在已经临近江边，仍不失挺拔雄姿。

2000年，钟楼被公布为重庆市文物保护单位。

耸立在长江边的西山钟楼

楼顶为双层盔顶　　钟楼上的亨得利铜钟　　西山钟楼

钟楼下中心竖碑　　螺旋形铁梯与中竖长方形石碑

12. 北碚红楼

红楼位于北碚区北碚公园内。

红楼是著名实业家卢作孚于1932年在北碚主持修建的,是北碚开发建设初期的标志性建筑。红墙黑瓦掩映于苍翠郁绿之中,翘角飞檐,优美动人。

红楼为中西式砖木结构,歇山顶,建筑面积1498.5平方米。三层楼房加一阁楼,有房18间,通高14.2米。

抗战时期,红楼为国民政府中央银行北碚办事处所在地。美国副总统华莱士于抗战初期来渝,到北碚检阅滑翔机表演,蒋介石到北碚都曾在此下榻。1945年,原北碚民众图书馆、西部科学院图书馆、民生公司图书馆合并组成"北碚图书馆",并成立理事会,晏阳初、卢作孚等15人为理事,张从吾为馆长。1954年北碚图书馆迁入红楼。红楼作为图书馆,最多时珍藏有文史古籍30多万册。

红楼是重庆民国时期建筑的重要代表,同时承载了抗战陪都的许多重要历史记忆。北碚图书馆搬迁后,红楼先辟为卢作孚纪念馆,免费对外开放。卢作孚纪念馆迁移后,红楼改为北碚区美术馆。

2009年,红楼被公布为重庆市文物保护单位。

红楼正面

红楼现为重庆市北碚区美术馆

红楼正门入口处

楼梯

飞檐翘角直插蓝天

后立面

13. 重庆大学近代建筑群

重庆大学位于沙坪坝区。校园东临滔滔嘉陵江，北倚巍巍歌乐山，环境优雅，绿树成荫，花繁叶茂，景色宜人。但是，刚成立时的重庆大学并不在这里。

1929 年 10 月 12 日，重庆大学在菜园坝杨家花园开学，宣告正式成立，分文、理两院，川军名将刘湘为第一任校长。1933 年 10 月，重庆大学才迁入现址。在东西长 82 米，南北长 98 米，总面积 8032 平方米范围内，建有理学院、农学院、工学院楼各一座，图书馆一座，教员院一座，学生宿舍两座，运动场一个。1942 年，重庆大学被确定为国立综合大学，发展成为包括文、理、工、商、法、医六大学院的知名大学。当年的建筑物现存有重庆大学校门、工学院、理学院、文字斋和图书馆大楼等。

重庆大学校门建于 1930 年，现存建筑由国民政府主席林森题写校名，至今仍在使用。

工学院大楼 1930 年创建，曾为重庆隆贸洋行。由西方建筑师莫利生设计，仿西方古典建筑风格，墙体全用条石砌筑，主体 4 层，局部 3 层。平面呈"L"形，左右对角线对称布局。建筑面积 2456.56 平方米。抗战时期曾遭日机轰炸受损，现房屋基本结构保存完整，目前作为重庆大学教学楼和管理用房。

重庆大学校门
（校名为林森题写）

理学院大楼建于1930年至1933年，为重庆高校的第一座教学楼，建筑面积3322平方米，由沈懋德设计，中国式建筑风格，"工"字形平面，中轴对称，主体为双层带阁楼，层次为重檐歇山形式。屋面坡度较陡，屋脊正中起重檐八角攒尖亭。现仍保留青砖灰瓦红柱回廊建筑格局，结构完整，为重庆大学办公用房。

文字斋呈"工"字形平面，中轴对称。砖木结构，穿斗式梁架。正房面阔5间，建筑面积873平方米。目前为重庆大学人文社会科学高等研究院。

图书馆建于1930至1935年，中国式建筑风格，砖木结构，主体一层，中部为两层。"十"字形平面，对称布局。周边歇山式屋顶，中部则为高起的攒尖屋顶。

重庆大学近代建筑群既有西方古典建筑风格，又有显著的中国古代建筑特点，中西结合，古朴大方，比例协调，为重庆同时期建筑中所少见，为研究重庆近代建筑的发展演变、西方建筑风格对本地建筑的影响提供了难得的实物资料，同时为研究重庆大学校史、重庆高等教育的发展提供了见证。

2009年，重庆大学近代建筑群被公布为重庆市文物保护单位。

工学院大楼

工学院正门拱形门洞

工学院一层中庭楼梯

工学院后侧面

工学院正门拱形门洞

工学院一层中庭及右侧廊道

工学院后侧面

理学院为中式传统建筑

理学院正立面中段

理学院正面左侧屋顶

理学院一层左侧廊道

理学院后面左侧

早期理学院楼

文字斋局部

图书馆屋顶为中式的歇山式

图书馆入口

石材基础之上，砖木结合的中式建筑

红岩村中共中央南方局暨八路军重庆办事处大楼

十二、雾都明灯　远东枢纽

——反帝反封建斗争与抗日战争文物遗迹

　　重庆具有光荣的革命传统,为了推翻封建统治,反抗外国侵略者,一代代志士仁人不断探索。19世纪末,资产阶级民主革命在中国兴起,18岁的重庆青年邹容投身孙中山领导的民主革命斗争,在上海写下了号召推翻清王朝专制统治的《革命军》,提出了建立"中华共和国"的构想。这是第一个在近代史上产生重大影响的重庆籍人士。

　　1911年10月10日,武昌起义爆发,各地响应。杨沧白、张培爵等重庆同盟会会员于11月22日起义,成立重庆蜀军政府,并通电全国,杨庶堪为蜀军政府顾问、张培爵为都督、夏之时为副都督,标志着清政府在重庆封建专制统治的覆灭,揭开了重庆历史新的一页。

　　1920年2月27日,周恩来、赵世炎等在欧洲创建了统一的共产主义组织——旅法共产主义小组(又称旅欧共产主义小组)。1922年6月,"旅欧中国少年共产党"召开第一次大会,赵世炎、刘伯坚、肖朴生、聂荣臻等12人出席,通过了党纲党章,赵世炎被推选为书记。赵世炎、聂荣臻是走出家乡重庆从事革命的代表人物。

　　杨闇公等人则是在家乡创建地方党组织的杰出人物。1926年2月,中国共产党重庆地方委员会建立,杨闇公任书记、冉钧任组织委员、吴玉章任宣传委员。同年4月,中共利用吴玉章、刘伯承在川军中的威望,拟订在顺庆(今南充)、泸州、合川起义,史称"顺泸起义"。虽然这次起义失败了,但在一定程度上阻止了四川军阀出川侧击武汉国民政府,有力地配合了北伐战争。1927年3月24日,中共重庆地委和国民党(左派)四川省党部决定由"重庆工农商学兵反英大同盟"出面,于3月31日在重庆打枪坝召开群众大会,抗议英美舰炮击南京的罪行,支援北伐战争,遭到军阀刘湘、王陵基等人大屠杀,史称"三·三一"惨案。漆南薰当场牺牲,杨闇公、冉钧被捕后牺牲。

　　全面抗战爆发后,国民政府为坚持抗战,决定以重庆作为战时首都。重庆至今仍保存着许多抗战时期的文物建筑、历史遗迹,既有国民政府及各部、各委员会旧址,也有重要事件发生地、知名人士故(旧)

居等,还有世界反法西斯同盟国美、苏、英、法、加、新、澳、荷等三十多国驻华使领馆,世界著名通讯社、报社以及数十个反法西斯反战国际机构的旧址。这些遗址遗迹,充分体现了重庆作为中国抗战指挥中心、世界反法西斯同盟国中国战区指挥中心的地位与作用。重庆还是国共两党团结合作,组织各族各界人民共同抗战的统一战线的重要舞台,八路军驻重庆办事处及中共中央南方局旧址等相关文物得到妥善保护。

重庆人民为抗战胜利作出了极大的牺牲。日军对抗战后方进行了长期的野蛮空袭,陪都重庆成为其主要的轰炸目标。据不完全统计,在1938年2月到1943年8月长达5年半的狂轰滥炸中,日机共炸死市民11 889人、炸伤14 100人,炸毁房屋17 608幢。1941年6月5日,日机空袭重庆,市民涌进位于较场口的大隧道躲藏,一夜之间因窒息挤压而死伤的市民达数千人,造成震惊中外的"较场口大隧道窒息惨案"。

1945年8月,历经十四年艰苦奋战,中国人民终于取得抗日战争的伟大胜利。蒋介石三次电邀毛泽东到重庆谈判,"共定大计"。8月28日,毛泽东、周恩来、王若飞等中共代表团成员在张治中将军和美国驻华大使赫尔利陪同下,乘飞机到达重庆,受到各界代表欢迎。林园、桂园、中山四路36号(原中四路德安里101号、103号)、上清寺四新路19号……这些普通的重庆地名,见证了43天谈判历程,见证了国共双方于10月10日在桂园客厅签署《政府与中共代表会谈纪要》(史称"双十协定")。

重庆这座历史文化名城,不只拥有几千年来的丰厚历史积淀,更有近百年来无数革命前辈前赴后继、奋斗牺牲、用鲜血凝成的光荣革命传统。而今,巴渝大地上众多文物遗址,有许多已辟为纪念馆,展示着先辈们的生活道路、奋斗足迹,成为历史的记载和爱国主义教育的重要基地。

1. 杨沧白故居及墓

杨沧白故居位于巴南区木洞镇,墓园位于巴南区东温泉镇东泉村。

杨沧白(1881—1942年),名庶堪,字品璋,1881年10月出生于巴县木洞镇。1903年创立四川第一个旧民主主义革命组织"公强会",1905年参加同盟会,1909年任重庆府中学堂监督(校长),将同盟会的机关设在校内,同时引入张培爵、向楚等革命同志,在府中学堂任教,同熊克武等组成乙辛学社,成为同盟会重庆支部的组织核心。历任四川省、广东省省长,孙中山大元帅府秘书长,国民党临时中央执行委员,国府委员等职。

正门正对着长方形的天井　　　　　　　　　　　　　　室内复原陈列——书房

室内复原陈列——堂屋　　　　　　　　　　　位于巴南区东温泉镇的杨沧白墓

杨沧白墓地前的简介　　　　　　　　　　　杨沧白像

　　杨沧白不仅是一位卓越的民主主义革命家,同时又是一位才华横溢的诗人。著有《天隐阁诗集》《邠斋文存》及英文著作《译雅》等文集。1942年8月因病逝世,国民政府主席林森书挽联"高风亮节,自成千秋"以示纪念。

　　1943年7月19日,国民政府在杨沧白事业发源之地重庆府中学堂旧址建立了"杨沧白先生纪念堂",并将其所在的炮台街改名为沧白路,以纪念这位辛亥革命的功臣。

杨沧白故居位于长江和五布河交汇形成的半岛之上的木洞镇。这里是杨沧白诞生的地方，为巴渝传统的穿斗式木梁架夹墙房屋。2005年，相关部门按照"修旧复旧"的原则对故居进行了全面修复。修复后的故居呈三合院布局，坐南朝北，总占地面积约480平方米。正房面阔5间，木结构单檐悬山式屋顶，穿斗式梁架，三穿用七柱，为素面台基，阶梯式踏道2级。左右厢房面阔4间，前有围墙院门。

故居内展示了杨沧白的生平事迹，供观众了解、缅怀杨沧白先生反对封建专制的波澜壮阔的一生。

位于巴南区东温泉镇东泉村的墓园，坐东北向西南。平面呈长方形，宽18.5米、长22米，占地面积为407米。坟茔前端有一壁堡坎，封土堆条石错缝砌成，正面呈拱形挡墙，平面为长方形，长4.6米、宽3米。左侧立红色大理石碑一块，刻有杨沧白的生平简介。

2000年，杨沧白故居及墓被公布为重庆市文物保护单位。

2. 邹容烈士纪念碑

邹容烈士纪念碑位于渝中区菜园坝南区公园内。

邹容（1885—1905年），原名绍陶，字蔚丹，出生于渝中区夫子池洪家院子（今邹容路）。1902年自费留学日本，积极参加革命活动。1903年4月被迫离开日本，回到上海，寄居于"爱国学社"，结识了章太炎、章士钊等革命志士。邹容在上海积极参加反帝爱国运动，撰写《革命军》一书，于1903年5月在上海出版，自署"革命军中马前卒邹容"。

《革命军》为推翻清王朝的统治呐喊，被誉为革命的"义师先声"、警醒世人的"雷霆之声"，使得清王朝极度恐慌。1903年6月30日，清政府勾结沙俄制造"《苏报》案"，逮捕了章太炎。7月1日邹容自往入狱，1905年病故狱中，年仅20岁，遗骸葬于上海华泾。在此后短短数年内，《革命军》一书便翻印了二十几版，总印数超过110万册，影响深远。1912年，中华民国临时大总统孙中山追赠邹容为大将军。

1941年3月，国民党中央执行委员会第八次会议决定，为四川籍辛亥革命烈士建立纪念碑。1946年1月26日，邹容烈士纪念碑开始动工修建，同年6月落成。

纪念碑为八角形塔式石碑，通高5.53米，碑座高1.17米。碑上部为八角形锥体碑柱，四面刻写"邹容烈士纪念碑"。碑身呈八面，每面宽0.83米，上镌章炳麟所撰墓表铭文，记载了烈士生平。落款："重庆市市长张笃伦敬立　中华民国三十五年五月□日。"

2000年，邹容烈士纪念碑被公布为重庆市文物保护单位。

邹容烈士纪念碑

落款中的"张笃伦"三字曾被铲掉

章炳麟撰写的墓表

3. 张培爵烈士纪念碑及墓

张培爵烈士纪念碑位于渝中区沧白路，墓园位于荣昌区昌元街道海棠公园内。

张培爵（1876—1915年），字列五，荣昌荣隆场人。幼入私塾，23岁中秀才，1906年加入同盟会，1908年在川南各县发动起义，继转重庆。1909年参与组织"乙辛学社"，成为同盟会重庆支部的核心。1910年，经杨沧白介绍任重庆府中学堂学监，以三民主义教育青年学生，发展同盟会员，策划革命活动。在杨沧白领导下，参与了推翻清朝川东政权的武装起义，是辛亥革命时期重庆起义主要领导人之一。

1911年10月10日，武昌起义爆发，张培爵等发动革命党人，充分做好武装起义准备，并主动派人前往简阳迎接起义新军夏之时部东下。11月22日重庆起义，夏之时新军入城。当天张培爵等人向全国通电：宣布重庆脱离清政府而独立，成立蜀军政府，并发布《蜀军政府政纲》《对外宣言》《对内宣言》，张培爵被推举为蜀军政府都督。蜀军政府成立后，积极推动革命活动的开展，紧接着川东、川南、川北相继宣布脱离清政府而独立。

1913年，张培爵被袁世凯调入北京担任总统府顾问。"二次革命"后，张培爵冲破重重阻力，辞去职务，来到天津，以开办实业为掩护，秘密从事反袁斗争。1915年1月，天津军警以"血光团"骨干罪名将张培爵逮捕，并于3月将其杀害。1934年，张培爵遗骨经数千里辗转归葬故乡荣昌。

1941年3月，国民党中央执行委员会第八次会议决定，为张培爵等四川籍辛亥革命烈士修建纪念碑，1945年12月张培爵烈士纪念碑建成。纪念碑面向嘉陵江，用青石砌成，碑身正面、背面均为弧形，碑主体高8.15米，碑座长1.2米、宽1.4米、高0.8米。正面碑顶上正中饰有国民党党徽，徽记下方镌刻有"张烈士培爵纪念碑"大字，背面刻有记述烈士生平事迹的碑文28行，每行19字。

墓园占地170平方米。墓高1.9米，直径5米，碑文为于右任题写，碑高3.3米、宽3米。碑前有一小平坝，两旁有石栏杆和石梯，其下左有国民政府公函记载，右有墓表。

2000年，张培爵烈士纪念碑及墓被公布为重庆市文物保护单位。

烈士墓园，前方两侧是国民政府和国民党中央的训令和烈士墓表

张培爵烈士纪念碑位于渝中区沧白路

辛亥重庆首义蜀军政府都督

张 培 爵

（1876—1915）

位于陵园前方的
张培爵烈士塑像

烈士陵墓

4. 四川革命先烈纪念碑

四川革命先烈纪念碑位于渝中区人民公园内。

1946年,按照国民党中央执行委员会1941年的决定,在陪都重庆为1911年4月27日在广州黄花岗起义中牺牲的三位四川籍革命先烈喻培伦、饶国梁、秦炳建立纪念碑。

1911年4月27日,孙中山先生领导的同盟会在广州发动武装起义。革命党人与清军奋战一昼夜,终因寡不敌众,不幸失败。牺牲的七十二烈士的遗体后被合葬于广州黄花岗,其中喻培伦、饶国梁、秦炳三位烈士属四川籍。

喻培伦,四川内江人。1905年加入同盟会,从此立志为国献身。1911年3月29日,黄兴率领一百多人在广州起义,清军重兵堵击,喻培伦身负重伤,寡不敌众被擒。在临刑前,他慷慨激昂地说:"头可以杀,学说是杀不了的,革命尤其杀不了。"后英勇就义,时年25岁,名列黄花岗七十二烈士榜首。中华民国建立后,南京临时政府追赠其为"大将军"。

饶国梁,四川大足(今属重庆)人。1906年考入四川陆军速成学堂,毕业后被任命为17军65标见习官。1909年加入同盟会。1911年,他受黄兴之命,赴香港、广州参加武装起义,不幸被俘,英勇就义,时年23岁。

秦炳,四川广安人。1906年参加同盟会,在短短的四年中,他参加了三次武装起义,直到最后献出了宝贵的生命。

四川革命先烈纪念碑

1941年3月，国民党中央执行委员会第八次会议决定，在重庆为献身辛亥革命的四川籍先烈建立纪念碑。1943年"筹建四川革命先烈纪念碑委员会"组成。1946年，四川革命先烈纪念碑建成。

碑呈四方形，通高6.61米。碑身高4.71，宽、厚均1.23米。须弥座高1.9米，宽、厚均2.22米。碑座四周刻有碑文，碑正面镌篆书"喻饶秦三烈士纪念碑"九字。碑身背面刻有纪念铭文一通，记述黄花岗之役及烈士事迹，落款："中国国民党中央执行委员会立，中华民国三十三年三月二十九日。"

2000年，四川革命先烈纪念碑被公布为重庆市文物保护单位。

纪念碑背面刻纪念铭文和烈士事迹

碑首刻中国传统的云纹

纪念碑正面铭刻"喻饶秦三烈士纪念碑"

5. 重庆"三·三一"惨案死难志士群葬墓地纪念碑

重庆"三·三一"惨案死难志士群葬墓地纪念碑位于江北区五里店，为纪念在"三·三一"惨案中殉难的20名烈士而建。

1927年3月24日，北伐军攻占南京，当地民众举行庆祝集会，竟遭英美军舰开炮轰击，打死打伤民众2000余人。消息传到重庆，3月31日，重庆市民在中共四川省委书记杨闇公领导下，在通远门打枪坝以"重庆工农商学兵反英大同盟"名义，举行"重庆各界反对英帝炮击南京市民大会"，遭到四川军阀屠杀镇压，死137人，伤千余人。大会主席团总主席、著名经济学家、国民党左派漆南薰，国民党左派将领陈达三当场牺牲。杨闇公在跳墙脱险后，准备赴武汉向中共中央汇报惨案情形，不幸于4月4日凌晨在"亚东"号轮船上被捕，6日被敌人割舌、剜目、断手，最后身中三枪，壮烈牺牲于佛图关。这就是震惊中外的重庆"三·三一惨案"。

1987年3月29日，重庆"三·三一"惨案死难志士群葬墓地纪念碑在江北五里店落成。墓地为园林式布局，正面是大理石纪念碑，高9米、宽3米、厚0.6米。碑前塑铜像：一位悲怆的母亲将死去的孩子抱在膝上，做无声的抗议。碑背面刻有原国家主席杨尚昆所题"重庆三·三一惨案死难志士群葬墓地"。纪念碑后侧是陈列馆，为一楼一底的扇形建筑，通高7米，建筑面积380平方米。

2000年，重庆"三·三一"惨案死难志士群葬墓地纪念碑被公布为重庆市文物保护单位。

"三·三一"惨案纪念碑正面

纪念碑下方铭刻烈士英名

纪念碑前铜像

纪念碑背面铭刻杨尚昆题词

陈列馆内展览展标

481

6. 赵世炎故居

赵世炎故居位于酉阳县龙潭镇。

赵世炎（1901—1927年），字琴生，号国富，曾用名施英，出生于酉阳县龙潭古镇。自幼酷爱读书，是中国共产党早期杰出的无产阶级革命家、卓越的马克思主义理论传播者、著名的工人运动领袖。1920年赴法勤工俭学，1922年任中国共产党旅欧总支部负责人。1924年回国后任中共北京地方执委会委员长、中共江浙区委组织部部长兼上海总工会党团书记等职，1927年5月在中共五大上当选为中央委员。同年7月19日被国民党杀害于上海枫林桥，年仅26岁。

故居始建于清代，砖木结构，复四合院布局，占地面积1605平方米，建筑面积710平方米，共有房屋32间。朝门向东，正房坐北向南，木结构硬山式屋顶用封火筒子。堂屋穿斗式梁架，面阔五间、进深六间。东两间是赵世炎的卧室，南墙边是赵世炎的书房。院内的两个小天井，一前一后。正门照壁呈凸形，上有一幅松鹤壁画，光彩夺目，恰与中堂所悬"琴鹤世家"鎏金匾相互辉映。旧居大门上方为邓小平手书"赵世炎同志故居"木匾。

赵世炎烈士纪念馆位于故居西南，2010年4月扩建完成，重塑烈士全身像，并新增游客接待中心。

2001年，赵世炎故居被公布为全国重点文物保护单位。

邓小平题写的匾额

正房坐北向南

硬山顶与封火墙

碾子

院子内陈列的农具

位于故居前的赵世炎烈士塑像

扩建的赵世炎烈士纪念馆坐落于故居西南侧

纪念馆内的展览

复原的场景展示

483

7. 杨闇公故居及陵园

杨闇公故居位于潼南区双江镇正街,陵园位于潼南区城郊石碾村尖山子。

杨闇公(1898—1927年),又名尚述,诞生于潼南县双江镇。18岁参加革命活动。1924年1月,与吴玉章等在成都创立中国青年共产党,出版机关刊物《赤心评论》。同年冬加入中国共产党,是中国共产党四川党组织的第一任书记。1926年2月底,中共重庆地方委员会成立,杨闇公被选为书记。他领导重庆地方党组织,大力发展工农运动,同时开展军事斗争。1927年"三·三一"惨案后,杨闇公受到敌人的追捕,于4月4日在"亚东"号轮船上被捕,4月6日夜晚被敌人秘密虐杀。

故居占地约1600平方米,建筑面积1100平方米,坐西向东,木结构悬山式屋顶,呈一字横排,穿斗式梁架(四穿五柱),高6米,面阔五间19米,进深四间6.8米。旧居内陈列着杨闇公烈士的生平业绩资料和场景复原,展现了他的童年生活和革命生涯。

杨闇公烈士陵园于1987年竣工,2011年修葺、扩建。园内花木丛生,苍柏肃立。陵园前面有一座浮雕墙,墙后园中有杨闇公石雕像,高3米。雕像两侧是碑廊,右侧陈列着邓小平、江泽民、朱德、李鹏、杨尚昆、聂荣臻、张爱萍、廖汉生、吴玉章、任白戈等人的题词;左侧是反映杨闇公烈士生平和光辉业绩的浮雕墙。塑像后方是杨闇公烈士的墓茔。墓茔为长方形,黑色大理石砌成。墓茔前树立着朱德题写的"杨闇公同志之墓"红色大理石墓碑。墓茔后侧的大理石墙上,铭刻着邓小平题写的"杨闇公烈士永垂不朽"大字。陵园左侧是杨闇公烈士夫人赵宗楷的墓茔。阶梯下是为解放潼南而牺牲的解放军烈士和潼南籍革命烈士的合葬墓群。

2000年,杨闇公故居及陵园被公布为重庆市文物保护单位。

杨闇公故居大门外广场

故居内的私塾

正堂

父母卧室

私塾与杨闇公兄弟卧房之间的天井

故居内布置了杨闇公生平事迹展览

杨尚昆幼年种植的柚子树

永绥祠

故居内复原的当年售货柜台

烈士陵园大门

陵园正中是红色花岗岩雕成的高大的烈士雕像

位于陵园前部的浮雕墙

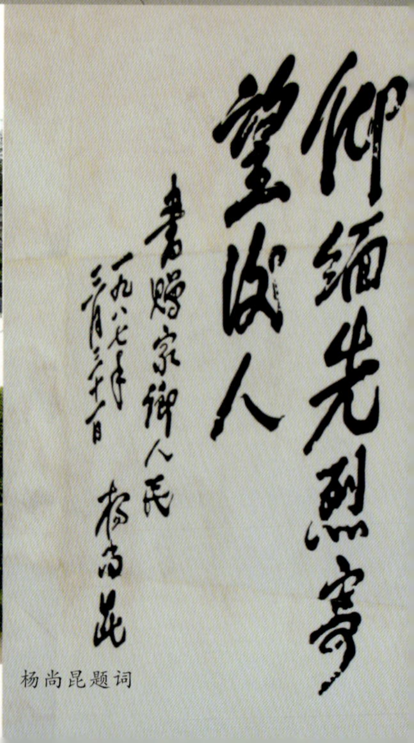

杨闇公烈士永垂不朽 邓小平

邓小平题词

仰缅先烈寄望後人
书赠家乡人民
一九八七年三月三日 杨尚昆

杨尚昆题词

杨闇公烈士雕像位于陵园浮雕墙后方

题词墙

烈士墓茔

杨闇公生平事迹墙

烈士生平事迹石刻

8. 刘伯承故居

刘伯承故居位于开州区赵家街道。

刘伯承(1892—1986年),学名刘明昭。中华人民共和国元帅。1911年辛亥革命爆发,入学生军,参加了护国、护法战争。1926年5月13日,在重庆加入中国共产党。1926年12月5日,在中共重庆地委组织下,奉命与杨闇公、吴玉章、朱德在川军中策动"泸(州)顺(庆)起义"。1927年7月,与周恩来、贺龙、叶挺、朱德领导了南昌起义。1949年12月,与邓小平率二野和中共中央西南局领导机关进驻重庆,任西南军政委员会主席、西南局第二书记。先后担任中央红军总参谋长、八路军一二九师师长、第二野战军司令员、中国人民解放军军事学院院长兼政委、中央军委副主席等职。

故居坐南向北,四合院布局,占地面积2000平方米,正屋为土木结构,面阔三间、进深一间,左厢房两间,右厢房三间。刘伯承5~19岁在此居住生活。

故居经整修复原,按原状复原了刘伯承居住的卧室、父母居室、灶房及堂屋,展示相关文物及保存完好的石水缸、加工谷物的石碾盘等。故居旁五棵遮天蔽日的大黄葛古树下,是元帅当年读《三国志》《水浒传》的小乐园。周边原有通往河边码头的古道,童年刘伯承在河边放牛的麻柳林、私塾遗址等。邓小平1986年亲笔题写的"刘伯承同志故居"匾,挂在故居正堂屋大门上方。

刘伯承同志纪念馆位于开州区汉丰街道盛山公园内,于1992年12月4日刘伯承100周年诞辰纪念日正式开放。由主展馆、雕塑、题字碑和刘帅功勋柱广场等组成。

2013年,刘伯承故居被公布为全国重点文物保护单位。

故居堂屋正门上邓小平亲笔题写的匾额

复原陈列的童年刘伯承居室

川渝地区常见穿斗式民居建筑

复原的灶屋

故居及其院落

故居屋旁的石碾盘　　故居内的陈列，勾勒出刘帅传奇的一生

刘伯承同志纪念馆

纪念馆及广场上的刘伯承元帅

纪念馆前的刘伯承元帅塑像

纪念馆内的陈列

纪念馆序厅的刘伯承元帅塑像

491

9. 聂荣臻故居

聂荣臻故居位于江津区吴滩镇郎家村。

聂荣臻（1899—1992年），字骈福。中华人民共和国元帅。1922年在比利时沙洛瓦大学加入旅欧中国少年共产党，1923年转为中国共产党党员，1925年回国，先后任黄埔军校政治教官、中共广东区委军委特派员、中共湖北省委军委书记、中共广东省委军委书记。全面抗日战争爆发后，任八路军第一一五师副师长；解放战争时期，任华北军区司令员、北平市市长等职。1950年初任人民解放军代总参谋长，1954年任中央人民政府人民革命军事委员会副主席，1956年11月任国务院副总理，1983年至1988年任中央军事委员会副主席。1992年5月14日病逝于北京。

故居原名石院子，坐西向东，建筑面积600平方米，共有房屋17间，其中5间当年为聂家居住。

聂荣臻青少年时代在此生活了15年，居中一间为其出生地。右侧三间为土墙瓦房，极简陋。1914年，聂荣臻全家迁往邻近的狮山院子佃居。1923年秋，石院子遭土匪焚烧，仅存西北角两间偏房。

1989年，旧居得以修复，并按照原貌布置陈列，以实物和图片展示了聂荣臻元帅的生平，展出的实物有衣物、玩具、书籍、砚台、笔筒、墨迹、成绩表、信函等。门楣上方是江泽民题写的"聂荣臻元帅故居"牌匾。

聂荣臻元帅陈列馆位于江津区几江镇艾坪山下，1999年建成开放，由展览大厅、雕塑广场、武器广场和文化长廊等组成，江泽民题写馆名。

2013年，聂荣臻故居被公布为全国重点文物保护单位。

青年聂荣臻塑像

故居正门

正堂

复原陈列：少年聂荣臻卧室、书桌

灶间

内天井

巴渝地区常见的穿斗式民居建筑

馆前雕塑

聂荣臻元帅陈列馆
江泽民题写的馆名

反映聂荣臻元帅收养日本孤儿的陈列内容

聂荣臻与我国国防科学技术工作密不可分，馆外陈列与馆内陈列都紧扣这一主题

反映我国火箭发展成就的陈列

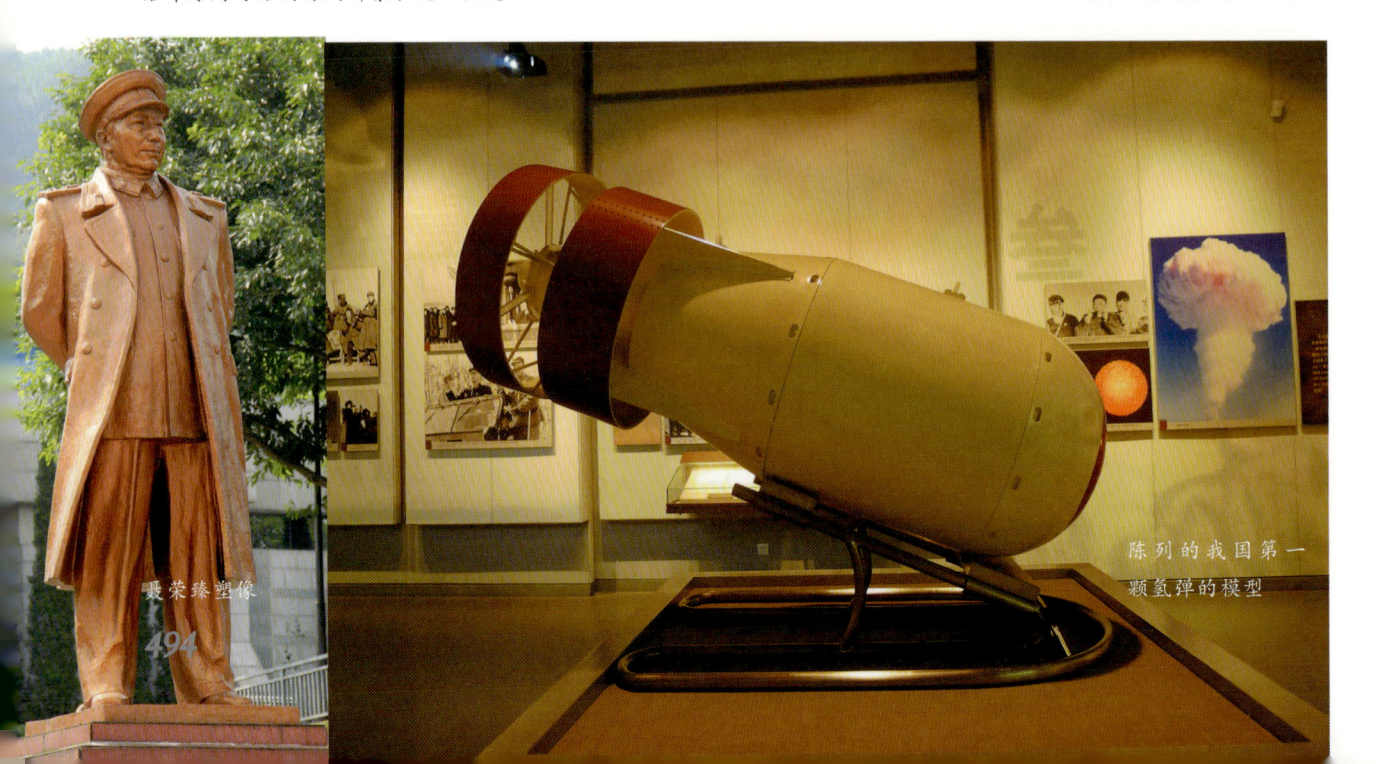

聂荣臻塑像

陈列的我国第一颗氢弹的模型

10. 王良故居

王良故居位于綦江区永城镇。

王良（1905—1932年），綦江永城镇人，1905年8月5日出生，1926年9月考入广州黄埔军校第五期，1927年8月加入中国共产党，同年9月参加湘赣边界秋收起义，是中国工农红军创建初期著名的军事指挥员，在中国工农红军中历任见习参谋、连长、营长、纵队司令员、师长、红四军军长。1932年6月13日，王良率红四军回师赣南根据地，遭敌阻击，壮烈牺牲，年仅27岁。

王良故居始建于清末，坐北朝南，现存建筑面积1188平方米。四合院布局，正房及左右厢房均保存完好，一楼一底。正房硬山顶，穿斗式木结构，面阔五间25.1米，进深一间11.2米，通高7.2米。木板门、菱形花窗，梁架平板枋上有云卷式驼峰，梁柱撑拱上浮雕戏剧人物。左右厢房穿斗式结构，面阔三间18米，进深一间9.1米，通高8.1米，雕花门窗；素面普通踏道7级，长0.92米。

王良故居的建筑结构、菱形花窗、梁架和梁柱上的雕刻，体现了古代巴渝民居的建筑风格及装饰艺术，且保存较完整。

2009年，王良故居被公布为重庆市文物保护单位。

王良将军像

巴渝地区传统建筑穿斗式梁架

王良故居呈三合院布局

石壕红军烈士墓

11. 綦江石壕红军烈士纪念碑

石壕红军烈士纪念碑位于綦江区石壕镇石壕村。

1935年1月，遵义会议后，红一军团直属队和一、二师共8000多人于21日从贵州松坎出发，经过綦江的羊角乡、羊叉乡，宿营石壕镇。时有四名战士因伤势过重而牺牲，还有一名掉队的红军战士在与敌人拼搏中被残杀，烈士的遗骸被当地农民就近偷偷掩埋。1981年至1983年，綦江县委、县政府在石壕苗儿山麓修建红军烈士墓，将五位烈士的遗骨迁葬于新墓中，并立碑纪念。

纪念碑为五角形台基与碑座，上立五角形碑柱，通高15米。碑柱正面题写"石壕红军烈士纪念碑""人民英雄永垂不朽""碧血酬马列，丹心胜长征""怀先烈，功勋照日月；举红旗，遗愿化宏图"。1991年，中共綦江县委、县政府又对石壕红军烈士墓进行了修葺、扩建，碑上刻有聂荣臻、张爱萍题写的"继承先烈遗志发扬长征精神""红军烈士永垂不朽"等大字。

2000年，石壕红军烈士纪念碑被公布为重庆市文物保护单位。

石壕红军烈士纪念碑

红三十三军指挥部旧址

指挥部旧址全景

12. 城口红三十三军指挥部旧址

红三十三军旧址位于城口县坪坝镇五星村龚家院子。

城口地处重庆东北部，是当年川陕革命根据地的重要组成部分。1929年，李家俊在城口、万源开展武装起义，点燃了革命星火，创建了全国较早的游击根据地。1933年10月，红四方面军进攻城口，开辟了城口苏区，建立中共城口县委和城口县苏维埃政府。1934年5月，红三十三军曾在此设立前沿指挥所。1935年3月，红军撤离城口。

据统计，共有3000多名城口儿女参加红军和游击队，500多人参加了长征，470多人在作战和长征途中光荣牺牲。李先念、徐向前、王维舟、李家俊、许世友等在城口留下了足迹。

旧址占地约120平方米，砖木结构，悬山式屋顶，穿斗梁架，面阔五间15米，进深三间6.25米，通高7米。2011年，城口县按照房屋原布局和风貌对旧址进行修复，并布置陈列展览，公开展出。

2009年，红三十三军旧址被公布为重庆市文物保护单位。

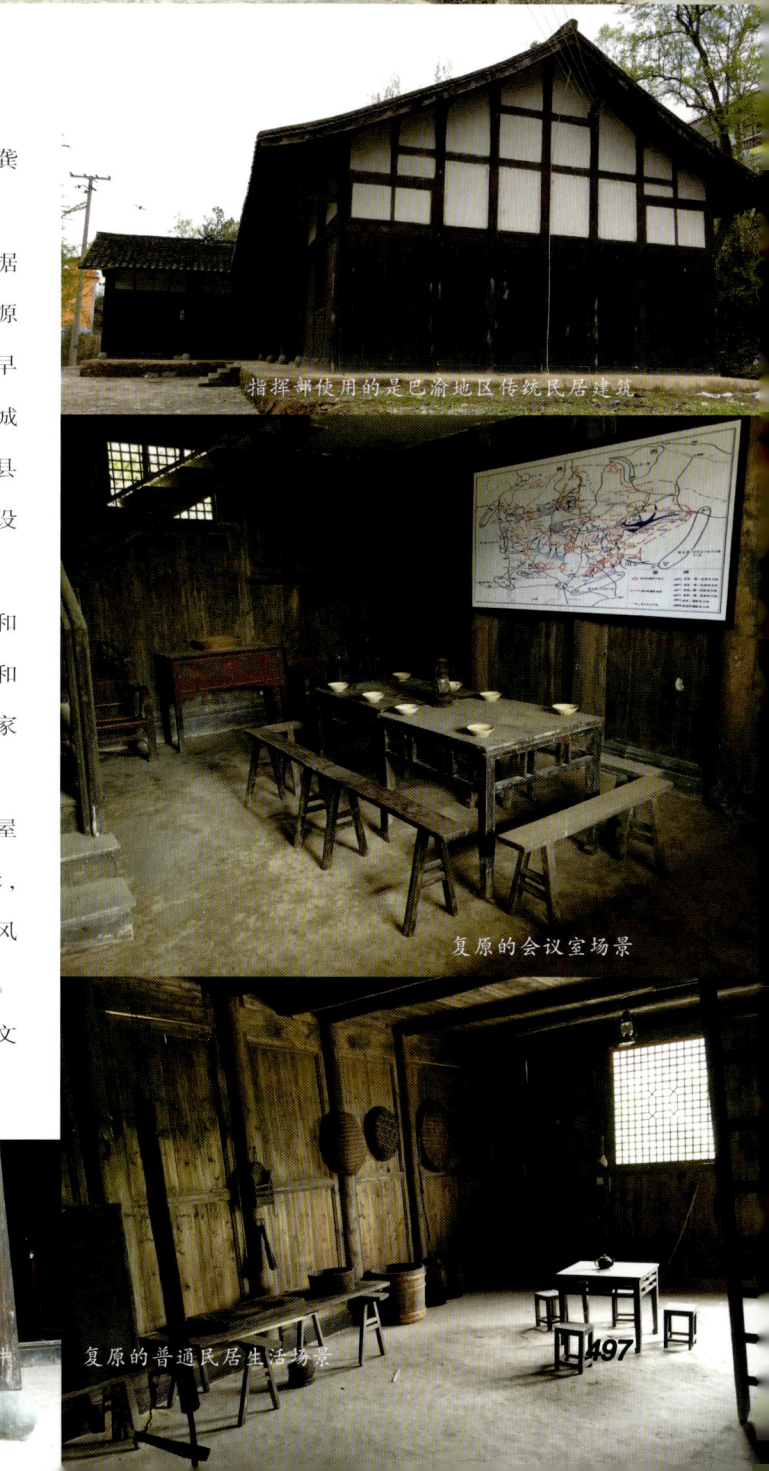

指挥部使用的是巴渝地区传统民居建筑

复原的会议室场景

石磨是普通人家常备的物件

复原的普通民居生活场景

13. 酉阳南腰界红三军司令部旧址

南腰界地处酉阳土家族苗族自治县东南部,这里是重要的革命根据地,境内保存有红军战斗遗迹、红军烈士墓、红二、六军团会师大会会址、八一军民会址、大坝场祠堂红军政治部旧址以及红军大学、红军医院等56处文物点。

1931年,红二军团缩编于红三军,贺龙任红三军军长。1934年6月4日,贺龙率红三军进入南腰界,入住余家桶子大院,并将该院作为红三军司令部办公地,贺龙办公室和寝室也设于此。以南腰界为中心的苏区,在南腰界、唐家溪、大坪盖、龙池4个地方相继成立苏维埃政权。同年8月1日,南腰界区苏维埃成立大会召开,苏维埃就设在红三军司令部。10月27日,任弼时、萧克、王震率领的中国工农红军第六军团转战到达川黔边区,与红三军共8000余人胜利会师。南腰界苏维埃政权为拓展湘鄂川黔革命根据地,策应中央红军长征做出了重大贡献,在中国革命史上写下了光辉的篇章。

旧址原系清代秀才、后任总镇的余兰成私宅,坐西向东,占地450平方米,为四合院布局。正堂砖木结构,面阔五间、进深五间,阶梯式踏道五级;房屋四周用条石、火砖砌成围墙,高2.8米、长278米。院坝中有两棵花红树是当年贺龙亲自栽种。与正堂相对的墙上有"福"字。砖墙外侧有红军标语:"活捉冉瑞廷替为革命而牺牲的工农群众复仇。消灭冉联武装工农自己!红三军宣。"

2013年,南腰界红三军司令部旧址被公布为全国重点文物保护单位。

红三军司令部旧址全景

红三军司令部旧址大门

旧址东面外墙上的红军标语

红军烈士墓

湘鄂西中央分局会议室

14. 中国西部科学院旧址

中国西部科学院旧址位于北碚区文星湾。

中国西部科学院是由实业家卢作孚邀集在渝的学者和科研学术机关，于1930年10月筹建的西南第一个民办科学研究机构。

卢作孚（1893—1952年），重庆市合川区人，实业家。1926年创办民生公司，毕生发展民族航运业，享有"中国船王"之誉。卢作孚是北碚的开拓者，1927年出任嘉陵江三峡峡防团务局局长，奠定了北碚的开发和建设基础，成绩卓著。1930年10月，在其"乡村建设"实验区——北碚筹建、创办了中国西部科学院，卢作孚任院长。院址初设火焰山东岳庙。1934年院部及理化所迁往文星湾。1943年，抗战期间，该院联络西迁入渝的中央地质调查所等十余家科研机构，在北碚文星湾兴建了中国西部博物馆。中国西部科学院下设生物、理化、地质、农林四个研究所和图书馆、博物馆等，从事科学研究及人才培养工作，从这里走出了许多对中国科学研究做出杰出贡献的学者、科学家。

旧址现存主体建筑有惠宇楼、地质楼、卢作孚旧居和地磁测点碑等。总占地面积19 700平方米。

2006年，中国西部科学院旧址被公布为全国重点文物保护单位。

中国西部科学院主体建筑惠宇楼

惠宇楼占地708平方米,建筑面积1406平方米,小青瓦歇山顶,砖木结构,共分三层,一楼一底加阁楼。中西合璧的建筑式样,造型美观,颇有气势

惠宇楼是卢作孚向杨森劝募2万元,于1934年建成的。曾是中国西部科学院的主楼。杨森字子惠,故此楼取名"惠宇"

惠宇楼后立面

地质楼，1938年建成，占地324平方米，面积648平方米，一楼一底，砖木结构。抗战时期是国立中央地质调查所办公楼。

卢作孚旧居，1944年建成，占地面积128平方米，建筑面积256平方米，一楼一底，中西合璧式建筑。原为中国西部科学院、中国西部博物馆办公楼，卢作孚曾在此居住办公。

卢作孚旧居东南侧

中国西部科学院旧址大门

15. 世界佛学苑汉藏教理院旧址

世界佛学苑汉藏教理院旧址位于北碚区缙云寺内。

世界佛学苑汉藏教理院是由中国佛学会会长太虚法师于1930年倡议筹建的，得到川军军长刘湘等人赞助。学院选址缙云寺，于1932年秋正式开学。太虚法师任院长，何北衡任院护，潘文华、潘昌猷、王缵绪等数十人任院董，刘文辉任名誉董事长，刘湘任名誉院长。分专修科两年和普通科四年制，课程以藏文、佛学为主，兼授历史、地理、法律、农业等学科。1937年国民政府教育部拨款在该院设立藏文编译处。抗战期间，该院师生积极支持抗战，参加抗日爱国活动。历经近20个春秋的汉藏教理院，共招生7届，是四川开办的第一所高等佛学教育的学府。1950年6月停办。

缙云寺始建于南朝刘宋景平元年（423年），唐至清康熙年间多次重建和维修，现存殿宇为清康熙三十一年（1692年）重修。现存天子殿（双柏精舍）、大雄殿（正殿）、天王殿（山门殿）、闻慧殿（后殿），以及碑亭、世界佛学苑汉藏教理院碑、大雄殿前左右碑记、正殿后石碑和太虚台等。

汉藏教理院（缙云寺）全景

缙云寺大雄殿是当年汉藏教理院校舍之一

天子殿(双柏精舍,因为门前有两株柏树而得名),坐南向北,为四合院布局,主体建筑占地约100平方米。天子殿是汉藏教理院主要授课地点和藏文编译馆。由代院长法尊主持,编有汉藏合璧教科书十余种,供青海、西藏等地学校用作藏文课本。太虚的《佛学概论》、法尊的《现代西藏》、大勇的《菩提道次第略论》等佛学书籍就是在这里出版的。

大雄殿(正殿)、天王殿(山门殿)等,都曾是汉藏教理院校舍。闻慧殿(后殿)是汉藏教理院的教室和图书馆,同时也是缙云寺藏经楼。碑亭建于1938年,亭内有《世界佛学苑汉藏教理院记》碑,碑文为太虚院长亲笔撰写,碑额由林森题书"华藏总持",1989年为大风所毁,1990年按原样修复。

太虚台位于狮子峰顶,是1938年全院师生为纪念太虚大师50寿辰而建。为方形石台,四方各有圆拱门,内嵌太虚台碑,台正面嵌有"太虚台"三字,台顶为平台,四周有石栏,游人可登台观景。

2013年,世界佛学苑汉藏教理院旧址被公布为全国重点文物保护单位。

山门殿也是汉藏教理院校舍

双柏精舍是主要授课地点和藏文编译馆　　闻慧楼是当年的教室和图书馆

国民政府主席林森题写碑额

汉藏教理院碑

太虚大师之塔

太虚台

16. 中共中央南方局暨八路军重庆办事处旧址

抗日战争期间,八路军在重庆开设了办事处。中共中央南方局是秘密机构,依托八路军驻重庆办事处进行活动。1939年1月,中共中央南方局、八路军驻重庆办事处相继成立。化龙桥红岩嘴大有农场主人饶国模提供了土地,供办事处建设办公楼,这就是现在的红岩村。由于红岩村地处郊外,进城办事有所不便,办事处便以周恩来的名义租用曾家岩50号,人称"周公馆"。这两处地方,就是中共中央南方局和八路军重庆办事处在陪都重庆积极开展统战工作、推动全民族抗战的主要场所。

红岩村

红岩村位于渝中区化龙桥。

1939年5月中旬,在征得原红岩嘴大有农场主人饶国模女士的同意后,原大有农场一幢三层楼房被重建为中共中央南方局、八路军重庆办事处的办公楼(图见第470页)。

这幢看似极为普通、外似两层、内三层的深灰色大楼,坐北向南,土木结构,占地800平方米。楼高17米,共有大小房屋43间。底楼为公开的第十八集团军(八路军)重庆办事处("皖南事变"前,这里还是新四军驻重庆办事处)。二楼为秘密的中共中央南方局使用。南方局的组织部、宣传部、统一战线工作委员会、青年运动委员会、妇女运动委员会、经济组、秘书处和图书室均设于此。三楼为机要科使用,南方局和八路军重庆办事处的秘密电台设于此,主要负责与延安和各地联系及机要文件的传送。三楼巷道狭窄、房屋矮,似鸽楼,被戏称为"鸡鸭行"。机要科的人员为了保密,很少离开这幢楼,工作和生活条件非常艰苦。

抗日战争时期,周恩来任南方局书记,全面领导共产党在国民党统治区的工作。周恩来领导南方局和八路军重庆办事处的同志,积极发展进步势力,争取中间力量,孤立顽固势力。坚持抗战、团结、进步,反对投降、分裂、倒退,为国共合作和抗战胜利做了很多工作。此外,还有党的其他领导人董必武、叶剑英、吴玉章、王若飞等常驻于此,在这里开展统战工作。1945年8月到10月,毛泽东到重庆谈判期间也曾住于此。1946年5月,周恩来率中共代表团去南京后,吴玉章、王维舟主持的中共四川省委、中共代表团驻渝联络处和《新华日报》重庆分社等曾驻于此。1947年3月,八路军办事处被迫返迁延安后,饶国模在这里创办红岩小学。后来,陶行知先生的育才学校也曾将其用作校舍。

1950年6月,饶国模将此处土地与各种建筑物,全部无偿捐赠给党和政府。1953年,重庆市博物馆工作人员整理、复原了部分旧址,向观众公开展示。1958年建成重庆红岩革命纪念馆,现为重庆红岩革命历史博物馆。

1961年,红岩村被公布为全国重点文物保护单位。

董必武题写的"大有农场"门牌

被称为"阴阳树"的黄葛树，左侧下行去往国民参政会夹楼；右侧上行，就到了八路军办事处

办事处正门

复原陈列

复原的图书室场景

复原的周恩来办公室

复原的毛泽东办公室

509

大有农场主人
饶国模旧居

位于八路军办事处下方的国民参政会大楼，中华人民共和国成立后曾用作育才学校和西南革大

国民参政会大楼入口处

红岩革命纪念馆

曾家岩周公馆

周公馆位于渝中区中山四路曾家岩50号。

当年，曾家岩50号地处街巷尽头，右侧为国民党军统局局长戴笠的公馆，左侧是警察局的一个派出所，工作环境非常险恶。但周恩来领导南方局的同志从容不迫地开展工作，与敌人周旋，为抗日民族统一战线的发展、壮大和巩固而不懈努力。

周公馆为中西式砖木结构建筑，坐北向南，一楼一底，通高12米，占地364平方米，建筑面积882平方米。中共中央南方局军事组、文化组、妇女组、外事组和党派组均设在这里。二楼有董必武和叶剑英的办公室，周恩来、董必武、叶剑英、王若飞、吴玉章、邓颖超等常在此办公和住宿。院内，主楼的底层和三楼的全部以及二楼东边的三间房屋为南方局租用，其余分别租给了时任国民党中央抚恤委员会主任秘书刘瑶章和国民党上层人士端木恺以及时任重庆市市长贺耀祖的夫人倪斐君领导的"难民服务团"。住在这里的国民党人士同中共中央南方局和八路军重庆办事处人员共同进出一个大门，同在一个屋檐下活动，亦不失为抗战期间国共合作的一段佳话。1946年5月，周恩来、董必武率中共代表团去南京后，这里便成为中共代表团驻渝联络处和中共四川省委（书记吴玉章）的办公地点。

1953年，重庆市人民政府在这里筹建纪念馆。1958年5月1日，将其与红岩村原中共中央南方局和八路军重庆办事处旧址共同建成红岩革命纪念馆，对外开放。

1961年，周公馆旧址被公布为全国重点文物保护单位。

周恩来铜像立于曾家岩50号（周公馆）

餐桌兼运动桌

周恩来夫妇办公室兼卧室

曾家岩50号

利用阁楼内狭窄空间创办的图书角

复原的办公室兼卧室

防空洞

《新华日报》馆及营业部旧址

《新华日报》营业部旧址位于渝中区民生路。

1938年1月11日,《新华日报》在武汉创刊。同年10月26日武汉失守,《新华日报》社迁重庆。1947年3月返延安。

《新华日报》是抗战期间在国民党统治区唯一公开出版的中国共产党的报纸。成立之初,系中共中央长江局的机关报。报社迁重庆后,受中共中央南方局领导,由周恩来兼任董事长,南方局副书记董必武分管,潘梓年任社长,熊瑾玎为总经理。先后有华岗、吴克坚、章汉夫和夏衍等任总编辑。《新华日报》热情报道前线将士和后方民众同仇敌忾、共赴国难的种种事迹,把共产党的影响带到国统区,传播到世界各地,成为共产党在国统区联系群众的一个中心,成为人民心目中照亮夜空的灯塔。

1941年1月,"皖南事变"发生后,国民党宣布新四军为"叛军",取消新四军番号,将军长叶挺交"军法审判",并通过中央社编发消息,强迫各报在第二天刊登。当时《新华日报》所写的揭露"皖南事变"真相的消息被国民党新闻检查所扣押。当晚周恩来亲笔写了"为江南死国难者志哀"的题词和"千古奇冤,江南一叶,同室操戈,相煎何急?!"的挽诗以明事件真相。19日,报社又赶印出《新四军皖南部队被围歼真相》的传单,散发到各界人士手中,使真相大白于天下。

1939年5月3日、4日,日机对重庆进行大轰炸,将原设在市区苍坪街和西三街的《新华日报》馆址炸毁。受中共中央南方局的指示,《新华日报》全社人员在化龙桥虎头岩下建起了两排简易的办公室、厂房、8间宿舍及附属设施,于1939年8月13日在此恢复发行该报。该楼为土木夹壁房,一楼一底,建筑面积250平方米,楼高10米、面阔15.5米、进深8.4米。楼的后方石洞中有《新华日报》印刷所仓库,现修复并对外开放。

1939年"五三""五四"大轰炸后,《新华日报》的营业部从报社分离出来,迁民生路(今民生路240号)。旧址坐北朝南,为中西式砖木结构黑色楼房。三楼一底,共有房屋6间,面阔7.2米、进深9.65米、通高约18米。门额横书"新华日报"四字,系国民政府监察院院长于右任所题。

2001年,《新华日报》营业部旧址被公布为全国重点文物保护单位。

《新华日报》总馆旧址于近年得到修复

总馆旧址内布置了相关内容的陈列展览

《新华日报》营业部旧址

于右任题写的"新华日报"

营业部旧址三楼室内

营业部旧址室内楼梯

中共代表团驻地旧址

中共代表团驻地旧址位于渝中区中山三路。

该处原为中国银行的宿舍。1945年12月16日,以周恩来为首的中共代表团来重庆出席中国政治协商会议,国民政府将此拨给中共代表团使用。1946年1月10日至31日,政治协商会议在重庆召开,国民党、共产党、民主同盟、青年党和无党派人士共计38人参加了会议。大会通过了《政府组织案》《国民大会案》《和平建国纲领》《军事问题案》《宪法草案》等5项决议。1946年中共代表团迁南京后,此房成为中共四川省委工作人员的驻地。同年11月交还国民政府。旧址坐西向东,中西式砖柱土墙结构建筑,面阔44.6米、进深10米、通高13米。

2001年,中共代表团驻地旧址被公布为全国重点文物保护单位。

中共代表团驻地旧址

17. 国民参政会旧址

国民参政会旧址位于渝中区中华路。

国民参政会成立于1938年,到1947年6月结束,其间共召开4届13次会议。除第一次成立大会在汉口举行和最后一次大会在南京召开外,其余11次大会均在重庆召开。

国民参政会是抗战时期国民政府的最高咨询机关,其参政员由国民政府聘请,包括了全国各抗日党派的代表。共产党代表毛泽东、林祖涵(林伯渠)、吴玉章、董必武、陈绍禹(王明)、秦邦宪(博古)、邓颖超7人被聘为国民参政员。国民参政会成立之初,由于大家的共同努力,对于发扬民主,推动全面抗战起了很好的作用。1941年"皖南事变"后,中国共产党从维护团结抗战的大局出发,在参政会上与国民党顽固派进行了坚决的斗争,参政员董必武等为抗议国民党的反共政策,曾经几次拒绝出席参政会会议。抗战胜利前夕,国民党为准备发动内战,抢夺胜利果实,在参政会内排挤进步人士,维持一党专政,抵制中国共产党提出的联合政府的主张。抗战胜利后,国民参政会完全丧失了在广大民众中的影响和作用,1947年6月宣告结束。

国民参政会旧址是一座别致的西式砖木结构建筑,两楼一底,坐西朝东,总建筑面积908.14平方米,面阔18.1米、进深19.3米、通高15.3米,共有房屋21间。

2013年,国民参政会旧址被公布为全国重点文物保护单位。

国民参政会旧址

18. 国民政府立法院、司法院、蒙藏委员会旧址

国民政府立法院、司法院、蒙藏委员会旧址位于渝中区中山一路观音岩。

该楼原为李义铭私人创办的义林医院，抗战时期为国民政府立法院、司法院和蒙藏委员会办公地。

1937年，国民政府主席林森抵渝后，立法院院长孙科、司法院院长居正也率员抵渝。按照当时市政府的安排，林森下榻李子坝刘湘公馆，国民政府设在大溪沟重庆高级工业中学校内改建的新国府大楼，立法院、司法院和蒙藏委员会就设在义林医院大楼。

立法院为国民政府最高立法机关，司法院为最高司法机关，蒙藏委员会为中央主管蒙藏事务的最高机关。1937年，国民政府立法院和以后陆续迁来的司法院、蒙藏委员会在此办公。从1938年开始，日本对重庆进行了疯狂的大轰炸，在重庆市区的各机关纷纷疏散到郊区办公。立法院、司法院和蒙藏委员会也迁移到郊区（今沙坪坝），义林医院大楼仅设办事处，负责通信联络。1946年，立法院、司法院和蒙藏委员会迁出，大楼回归房主李义铭。重庆解放后为重庆市外科医院，现改名为中山医院。

大楼坐北朝南，中西结合式砖木结构，屋顶为翘角的中式大顶，墙体为西式青砖墙，弓形窗，共9层，楼宽35.6米、进深15.7米、楼高28.8米。

2013年，国民政府立法院、司法院、蒙藏委员会旧址被公布为全国重点文物保护单位。

位于渝中区的国民政府立法院、司法院、蒙藏委员会等机构旧址，现为医院

位于渝中区的国民政府立法院、司法院、蒙藏委员会旧址的屋顶为翘角的中式顶,墙体则为西式的青砖墙。

位于沙坪坝区的国民政府蒙藏委员会旧址

19. 国民政府行政院旧址

国民政府行政院旧址位于渝中区中山四路36号，现中共重庆市委大院内。

行政院是国民政府五院之一。五院起源于孙中山的"五权分立"学说。"五权"是孙中山借鉴欧美宪法，在"三权"的基础上加进他认为中国旧体制中独有的"考试权"及"监察权"所构成。他的这一学说在他担任临时大总统及北洋军阀统治年代，一直没有得到推行。1927年北伐完成，国民政府宣告统一，8月，国民党召开二届五中全会，蒋介石宣布从会议之日起，军政时期告一段落，训政时期开始，并决定依照孙中山遗教，实施"五院制"，五院各自独立，相互制衡。国民政府行政院与其他"四院"一起在这种历史背景下成立。

行政院为国家最高机构，下设内政、外交、财政、经济、教育、交通、农业、社会、粮食等部，另设蒙藏、侨务、赈济、水利等委员会。在抗日战争时期，行政院是国家动员的总枢纽。

抗战时期行政院迁重庆，旧址原是法国天主教堂和重庆明诚中学所在地。坐北朝南，仿巴洛克式建筑，砖木结构，两楼一底，面阔23.3米、进深24.7米、通高19.4米，共有房屋19间。

2013年，国民政府行政院旧址被公布为全国重点文物保护单位。

国民政府行政院大楼是一栋仿巴洛克式建筑

旧址现位于中共重庆市委办公区内

国民政府行政院旧址原貌

侧门入口阶梯

20. 国民政府外交部旧址

国民政府外交部为行政院下属部门,管理国际交涉及在外侨民、居华外国人、中外商业的一切事务。先设总务、亚东、亚西、欧洲、美洲、条约、情报7司,后增设礼宾司。1941年到1945年,宋子文为外交部长。抗战时期外交部在重庆做了很多工作,是国民政府在陪都重庆最重要的部门之一。如1942年1月,中国与美、英、苏等26国发表共同宣言,宣布每一国之政府不与敌国单独缔结停战协定或和约。

国民政府外交部旧址在重庆现存两处。

一是位于人民公园南侧的旧址建筑,始建于清末民初,初为巴县衙门之巴县议会用房的左楼,后为国民党左派四川省党部。1929年,在刘湘支持下,开设重庆高中。国民政府移驻重庆后,将其选址为外交部办公楼,这里成为外交部常设的办公地点。

二是位于解放东路的旧址,坐西向东,共有6层,面积5069平方米。原为聚兴诚银行,是在重庆创办的第一家私人银行,1915年3月16日开业。由重庆富商杨文光及其族人出资创办,也是川帮银行中唯一无军政背景的民族资本银行。历届董事长、总经理、协理都由杨氏族人担任,杨文光、杨与九、杨粲三、杨季谦、杨晓波等人先后出任。1938年至1945年,国民政府外交部借用部分楼层办公,将其作为外交部的又一处驻地。

聚兴诚银行旧址,作为重庆抗战金融机构旧址群的一部分,于2013年被公布为全国重点文物保护单位。

国民党左派四川省党部暨重庆高中旧址于2000年被公布为重庆市文物保护单位。

2013年,国民政府外交部旧址被公布为全国重点文物保护单位。

国民政府外交部(国民党左派四川省党部暨重庆高中)旧址正面

国民政府外交部旧址正面进门处

国民政府外交部旧址背立面

聚兴诚银行(国民政府外交部)旧址正立面

正门前的阶梯护栏

聚兴城银行旧址正门前的立柱、地面都保留着当年的工艺做法

进入正门后，右侧有木楼梯通往楼上

大楼的正立面和侧立面

大楼内有两个这样的天井

21. 国民政府军事委员会礼堂旧址

国民政府军事委员会礼堂旧址位于渝中区解放西路，现由重庆日报报业集团维护管理。

军事委员会最初成立于1925年7月，隶属于国民革命军总司令部，主席为汪精卫，1928年8月撤销。1932年3月，国民政府重新成立军事委员会，委员长为蒋介石，副委员长为阎锡山、冯玉祥。1937年11月底，国民政府移驻重庆，蒋介石率军事委员会统帅机关也于12月7日撤离南京迁至武汉。1939年1月，军事委员会驻重庆。

在重庆期间，国民政府军事委员会又经过不断的调整，所属机构虽有变化，但以军政部、军令部、军训部、政治部、后方勤务部、军法执行总监部、海军总司令部、航空委员会、抚恤委员会、军事参议院为主体的结构基本上确立并保留下来，其以军事为主要任务的性质也始终未变。1945年9月4日，毛泽东、周恩来等出席了蒋介石在军事委员会礼堂举行的庆祝抗战胜利茶会，并和蒋介石进行了单独交谈。9月18日，国民参政会也在此举办纪念"九一八"茶会，毛泽东、周恩来等中共中央领导应邀出席。抗战胜利后，国民政府于1946年5月撤销了军事委员会，随之成立国防部。

军事委员会旧址大部都已拆除，现仅存礼堂旧址。礼堂的两侧也已拆除，仅存大门。礼堂为平房，坐北朝南，砖木结构，面阔17.7米、进深25.1米、通高8.2米。两侧靠里有2个楼梯通向上方的看台，屋内正中两边各8个小间，正中为大型讲台，通长14.63米。门前有垂带式踏道12级。

2000年，国民政府军事委员会礼堂旧址被公布为重庆市文物保护单位。

22. 国民政府经济部旧址

国民政府经济部旧址位于渝中区新华路。

国民政府经济部成立于1938年春，部内设秘书、参事、技术三厅，总务、管制、矿业、工业、电业、商业、企业七司，会计、统计两处，另设有各种委员会十余个。经济部部长为翁文灏。经济部于1938年7月31日迁来重庆，设于原川盐银行内，抗战胜利后离渝。

抗战之初，经济部的主要任务就是组织中国沿海工业内迁和对中国西部地区的开发、建设。1938年1月，经济部拟订的《西南西北工业建设计划》明确新的工业基地"其地域以四川、云南、贵州、湘西为主"，并组织4条迁移路线。据1938年底统计，经第一途径迁移的厂矿有134家，机件32 328吨；经第二、三两途径迁移的有118家，机件5913吨；经第四途径迁移的有20家，机件1011吨。内迁厂矿的目的地以四川为主，特别是重庆。至1940年，翁文灏领导下的经济部共协助政府内迁厂矿448家，机器材料70 900吨。其中迁四川的占内迁厂数的57%，而迁至重庆的就有243家，占内迁厂数的54%，占迁川厂数的93%。内迁的厂矿70%以上完全复工。

经济部旧址大楼是民国时期建筑，为钢筋混凝土结构，坐南朝北，总建筑面积10 200平方米，前楼9层，后楼8层，面阔34米、进深37.5米、通高32.5米，有房屋223间。1949年，该建筑曾抵挡了重庆"九二"大火灾。1986年，此建筑被改建，但外形尚基本保持原貌。现为重庆饭店使用。

2009年，国民政府经济部旧址被公布为重庆市文物保护单位。

国民政府经济部（前楼）旧址，现为宾馆

国民政府经济部（后楼）旧址

23. 国民政府军事委员会政治部旧址暨张治中旧居

国民政府军事委员会政治部旧址位于沙坪坝区土主镇三圣宫村,原为清代寺庙"三圣宫"。

1938年国民政府军事委员会政治部迁驻于此,直至抗战胜利离渝。国民政府军事委员会政治部是1938年初第二次国共合作时期在武汉成立的,其中第一厅主管军队政训,第二厅主管民众组训,第三厅主管宣传,总务厅主管人事经理,秘书处主管文书,设计委员会是一个安置客卿及闲员的机构。该部成立之初,组成人员除国民党各派系人物外,还有周恩来以及在共产党领导下的进步人士,呈现出团结抗战的勃勃生气。抗日战争胜利后,军委会改组为国防部,在国防部内设新闻局,取代政治部。

抗战期间,政治部部长、二级陆军上将张治中来渝后虽居住于桂园,但经常往来于"三圣宫",为此,政治部特在此专为其辟卧室一间。在此期间,张治中将军十分关心和注重与文化界进步人士的交流,积极支持进步文化运动,做了大量维护和平、一致抗日的工作。在以郭沫若为首的政治部第三厅即将遭到解散之际,他力主在原第三厅的基础上设立一个文化工作委员会,请郭沫若主持,安置和接纳进步文化人士。

"三圣宫"是为数不多的儒、释、道三教合一的古寺庙,距今已有200多年历史。坐南朝北,呈多进四合院布局,总占地面积800平方米。山门为石结构,单檐悬山式顶,高2.5米、宽1.5米。门柱上有对联"觉路愿同登平平大启皈依路"、"法门期共入朗朗宏开忏悔门",横额"三圣宫"。院内有戏楼、主殿、水池、厢房等。

2013年,国民政府军事委员会政治部旧址被公布为全国重点文物保护单位。

国民政府军事委员会政治部旧址暨张治中旧居,旧居前有张治中将军塑像

政治部旧址原为清代寺庙"三圣宫"

张治中将军塑像

巴渝传统建筑

水池

戏楼

529

天官府8号楼已破败不堪,即将落架大修

建筑虽然……依然可以让人感受到当年的建筑风貌

天官府8号

24. 重庆郭沫若旧居暨国民政府军事委员会政治部第三厅旧址

国民政府军事委员会政治部第三厅旧址位于渝中区天官府8号和沙坪坝区西永街道赖家桥。

国民政府军事委员会政治部第三厅于1938年4月1日正式成立,郭沫若任第三厅厅长。1938年10月25日武汉失守后,第三厅由武汉迁重庆。1940年9月,奉蒋介石旨意,军事委员会以改组政治部为名,撤销了第三厅。但政治部部长张治中又另设文化工作委员会,主任委员由郭沫若担任,副主任委员由阳翰笙、谢仁钊担任,茅盾、沈志

赖家桥旧址

马识途题写的匾额

远、田汉、洪深等 10 人为专任委员，老舍、陶行知、邓初民、王昆仑等 10 人为兼任委员。下设国际问题研究组、文艺研究组、敌情研究组。

郭沫若在渝期间，在国际反侵略运动大会中国分会、中华全国文艺界抗敌协会及其所属电影界、戏剧界、诗歌界等各种界别的抗敌协会，全国慰劳总会，中苏文化协会，东方文化协会，重庆市文化界精神总动员协进会等社会团体中都负有重任，但主要职务是政治部第三厅厅长。

赖家桥旧址前的郭沫若塑像

1938 年至 1943 年，侵华日军常对重庆市区进行轰炸，为了躲避日机的空袭和工作方便，郭沫若经常往返于渝中区天官府 8 号和郊外赖家桥村居住与办公。

渝中区天官府 8 号旧址坐北朝南，为中西式砖木结构建筑，两楼一底。郭沫若于 1938 年刚到重庆时常在此办公和住宿。

赖家桥旧址坐南向北，呈三合院布局，单檐悬山式屋顶，穿斗式梁架，总占地面积为 640 平方米。周恩来、邓颖超等也曾来过此地。

2013 年，重庆郭沫若旧居和国民政府军事委员会政治部第三厅暨文化工作委员会旧址被公布为全国重点文物保护单位。

25. 中山四路蒋介石旧居

蒋介石旧居位于渝中区中山四路36号,现中共重庆市委大院内。原为德安里101号(尧庐)。

抗战时期国民政府迁都重庆,蒋介石于1938年12月从桂林飞重庆,在渝共有尧庐、黄山别墅、小泉总裁官邸、林园四大官邸。

蒋介石(1887—1975年),名中正,原名周泰,曾用名志清,浙江省奉化人。国民党当政时期的党、政、军主要领导人。早年就读于保定军官学校和日本陆军士官学校。1924年任黄埔军校校长,后兼任国民革命军第一军军长。1927年发动"四一二"政变,导致第一次国共合作破裂。1938年任国民党总裁。1948年在国民大会上当选"总统",1949年1月21日宣布"引退",1950年3月在台湾复任"总统"。1975年4月5日卒于台北。

旧居位于上清寺,当年为第七区上清寺德安里101号。地处渝中半岛中心,原为张群公馆。旧居周围绿树成荫,并有严密的防护体系,是抗战时期蒋介石在重庆市区的官邸,同时也是蒋介石处理政务的主要办公地之一。抗战时期,从曾家岩到上清寺是政界要人、重要机关集中的中心地带,有行政院、周公馆、戴笠公馆、桂园、范庄孔祥熙住宅,民主人士鲜英和张澜、梁漱溟等也居住于此。

旧居坐南朝北,为一楼一底灰色的中西式砖木结构建筑,面阔22.4米、进深21.9米、通高10米。正面为圆弧形宽阔门廊,西式圆柱支撑。上层为西式圆弧形大阳台,小楼的一端为八角楼阁。1945年国共谈判期间,中共谈判代表周恩来、王若飞同国民党谈判代表张群、邵力子、张治中、王世杰在此进行谈判。

2013年,蒋介石旧居被公布为全国重点文物保护单位。

蒋介石旧居(尧庐)的八角阁楼

蒋介石旧居(尧庐)后面

云岫楼正门处

云岫楼后侧

复原陈列的会议室

复原陈列的蒋介石办公室

26. 黄山抗战遗址群

黄山抗战遗址群位于南岸区南山街道黄山。

黄山原为重庆白礼洋行买办黄云阶所有,故名"黄山"。抗日战争时期,为避日机轰炸,蒋介石的侍从室将黄山购来为蒋介石修建官邸,面积约26.7万平方米。沿马蹄形山脊分布在丛林绿浪之中的建筑,分别有蒋介石官邸——云岫楼,宋美龄旧居——松厅,宋庆龄旧居——松籁阁,孔令俊旧居——孔园,张治中、蒋经国、马歇尔旧居——草亭,何应钦旧居——云峰楼,美国军事顾问团驻地——莲青楼,抗战阵亡将领子弟学校——黄山小学,空军司令部及周至柔住所,侍从室用房等。此外,还有望江亭、长亭、半月亭、六角亭、防空洞和布置在大炮顶、望江亭一带的防空炮兵阵地的炮位等。

除云岫楼为局部三层外,其余皆为一至二层的民居式建筑。孔园有正房26间,建筑面积达1135平方米,在黄山抗战遗址群中可谓最为豪华的建筑。

黄山抗战遗址群现已建为重庆抗战遗址博物馆。

蒋介石旧居

蒋介石旧居又称云岫楼。蒋介石1938年12月8日由桂林飞重庆,八年全面抗战期间他的主要活动和居住地都在重庆。蒋介石除了市内官邸德安里101号,还在原南山镇黄山居住,除了消夏避暑,也为了对日防空,躲避敌机轰炸。云岫楼坐东向西,建筑面积399平方米,为两楼一底半中半西式的砖木结构三层楼房,底楼7间、一楼7间、二楼6间,面阔16米、进深15.8米、通高10米。

宋美龄旧居

宋美龄旧居又称松厅。宋美龄（1897—2003年），海南文昌县（今海南文昌市）人。1927年与蒋介石结婚。1936年初担任国家航空委员会秘书长。抗战时期居住于此。松厅坐西向东，为中西结合围廊式平房，砖木结构，大门悬挂蒋介石亲笔书写"松厅"的二字匾额。建筑面积259平方米，面阔5间、通高6米。

松厅为中西结合回廊式建筑

松厅

蒋介石题写的"松厅"

松厅后侧

前部拱形廊柱

前部为攒尖顶楼阁式

宋庆龄旧居

宋庆龄旧居又称松籁阁。蒋介石在黄山专备松籁阁为宋庆龄所用。松籁阁坐北朝南,为一楼一底亭阁式建筑,前部攒尖顶,砖木结构,底楼7间、一楼7间,建筑面积296平方米,通高10米。1945年,宋庆龄来此短暂居住。此外,位于渝中区两路口的保卫中国同盟总部旧址也是宋庆龄旧居。

松籁阁后侧

松籁阁

防空洞洞口

防空洞内部

防空洞洞口

防空洞

防空洞建于 1940 年，为蒋介石及随从躲避日军空袭的隐蔽所。钢筋混凝土洞穴，顶部为拱状，平面为"人"字形，分别有三个洞口经两条走道可进入洞中，其中东侧的两个走道相互连接。洞高 2.63 米，内有通风口、休息室。休息室尽端设有一砖体结构的壁炉，四壁皆有灯台。

周至柔旧居

周至柔旧居

周至柔为国民党空军司令，抗日战争时期曾在此居住。旧居为一栋两坡顶单层建筑，坐东朝西。占地面积约196平方米，建筑面积约268平方米，建筑平面呈矩形，为三开间，前檐有回廊，室内带阁楼，两坡顶仰合瓦屋面，为土木结构。底层共六间，设有壁炉、吊顶。客厅正面分别镶嵌有《陈母蒋夫人懿行碑》和《蒋司令山堂赋记》石碑。

《陈母蒋夫人懿行碑》

《蒋司令山堂赋记》

莲青楼

　　莲青楼为抗战时期美国军事顾问团所在地。为两层中西式楼房，坐北朝南，建筑面积 572 平方米，底楼 7 间、一楼 7 间，面阔 23.7 米、进深 11.6 米、通高 15 米。

孔园

莲青楼悬山顶

孔园

孔令俊是孔祥熙的二女儿，人称"孔二小姐"。抗战时期，孔令俊也随蒋介石、宋美龄等迁黄山居住，居所称为"孔园"。孔园主楼为一楼一底中西合璧式砖木结构，底层7间、二层5间，面阔20.6米、进深14米、通高13米。

草亭

1945年12月25日,马歇尔作为美国总统杜鲁门的特使,来华调停国共争端,旅寓草亭。蒋经国、张治中也曾在此居住。旧居坐北朝南,建筑面积209平方米。因屋顶盖的是茅草,故名草亭。为一排围廊式中西式平房,土木结构,面阔3间、通高6米。

黄山小学旧址正面　　黄山小学旧址后侧

黄山小学

　　黄山小学是为抗战阵亡将领子弟举办的学校。旧址坐东朝西,占地面积约385平方米,建筑面积约420平方米。其中主体建筑面积约282平方米,为土木结构,基础为规整的条石砌筑,通高为7.5米;东西两侧各有三个房间,每侧的房间与房间相互贯通。附属建筑面积约135平方米,为土木结构,基础为规整条石砌筑。

何应钦旧居

　　何应钦旧居又称云峰楼,与松籁阁相距几十米,为中西合璧式两层楼房,建筑面积366平方米,是何应钦的住处。

云峰楼后侧　　云峰楼

望江亭

望江亭建于20世纪30年代，地处黄山之巅，为一栋八角攒尖顶单层观景亭。20世纪60年代被毁，现依原样复建。

侍从室

侍从室共有两栋相似的建筑，是抗战时期国民政府军事委员会委员长蒋介石参谋机构和行政侍服机构的办公地。

2013年，黄山抗战旧址群被公布为全国重点文物保护单位。

望江亭

远眺望江亭

通往望江亭的小道

侍从室

27. 南泉抗战旧址群

南泉即重庆南温泉，抗战旧址群主要位于巴南区南泉街道。

南温泉位于花溪河畔，这里山清水秀，鸟语花香。南面群山绵延，以建文峰为最高；北有打鼓坪山，与建文峰隔溪相望。花溪河溪水易涨易落，形成多级瀑布。其山多为石灰岩地貌，多天然溶洞、悬崖深渊，风景独具一格，闻名中外。

抗战期间，国民政府迁渝，划南泉一带为迁建区，随即部分军政机关迁来南泉。当时的国民党要人林森、孔祥熙、何应钦、陈立夫、陈果夫、蒋介石等也在此营建别墅，以避敌机轰炸和工余休憩之用。现存抗战旧址主要为：林森别墅（听泉楼）、孔祥熙官邸（孔园）、校长官邸（小泉总统官邸）、"二陈"官邸（竹林别墅）、中央政治学校研究部（彭氏民居）等五处。

蒋介石官邸坐落在原南泉镇西小泉，又称校长官邸、小泉总统官邸。原房已坏，为板条结构，重建时改为砖石结构，面积为272平方米。坐南朝北，房屋通高约7米，有大小厅室17间。官邸周围有侍从室，沿花溪河岸岩边辟有防空洞。抗战期间蒋介石曾在此居住，此处为蒋介石在重庆的四大官邸之一。

国民党中央政治学校（后改为中央政治大学）位于校长官邸附近。原为彭氏民居，又称彭家大院。坐东向西，回廊式四合院布局，占地面积5320平方米，建筑面积3260平方米，有大小房屋77间。彭氏民居始建于清代晚期的1822年，民国以后彭家衰落，这里成了存古学堂。1938年以后，中央政治大学迁入这里办公，后迁至新落成的小泉校舍，研究部留于此处。

校长官邸旧址

学校原有大礼堂,名中正堂,占地面积1900平方米。前有主席台,后有楼厢,并有化妆室、休息室等设施,可容3000余人。门外为阅兵台,台下为大操场,列队可容8000余人,为当时重庆最大礼堂之一。该处为当时国民党培养行政官员的最高学府,蒋介石曾亲临礼堂训话讲演,国民党一些重要会议也曾在此召开,可惜这些建筑已经被拆除。

中央政治大学教育长陈立夫、教务长陈果夫的别墅位于小泉,名为"竹舍",又名"竹林别墅"。原为阮姓地主的房屋,后被"二陈"据为官邸。此楼两层,坐南朝北,砖柱土木结构,共有大小房屋14间,下面及左侧有走廊,前面有露天温泉游泳池一个。此房与蒋介石官邸相邻,为"二陈"抗战期间常住之地。

南温泉抗战旧址群,在抗战时期是陪都政治、军事中心地之一,是研究抗战历史、陪都文化的重要见证。

2013年,南泉抗战旧址群被公布为全国重点文物保护单位。

校长官邸旧址后侧

中央政治学校研究部旧址(彭氏民居)　　中央政治学校研究部旧址(彭氏民居)

中央政治学校研究部旧址(彭氏民居)全景

竹林别墅

28. 北温泉抗战遗址

北温泉位于北碚区，地处嘉陵江小三峡中段，温塘峡西岸，北濒嘉陵江，南倚缙云山，是国家级风景区——缙云山风景区的重要组成部分。古刹温泉寺始建于南朝刘宋景平元年（423年），距今约1600年。1927年，卢作孚创办嘉陵江温泉公园，1948年改名为北温泉公园。抗战时期一些社会机构迁设于此。

国民政府军政部陆军制药研究所1939年5月迁于益寿楼。抗战时期这里还建立了北温泉博物馆、北温泉图书馆等。1929年民生公司股东捐资兴建的磬室为中西合璧式平房建筑，砖木结构，因背靠嘉陵江，江水击岩，声鸣如磬，故名磬室。国民政府主席林森曾来磬室小住，故其又被称为"主席避暑山庄"。可惜都已毁坏不存。如今保存完好的与抗战有关的文物遗址仅存数帆楼、竹楼、柏林楼、观音殿等。

观音殿是温泉寺的一部分。1938年迁来的中国辞典馆，设于观音殿，编有《北泉丛刊》《世界百科全书》及国史稿等。1944年，由杨家骆主持建立了北碚修志委员会和北碚修志馆，主持编撰了《北碚九志》。

数帆楼为中西结合式木石结构，两楼一底，建筑面积200多平方米，共有房屋17间，通高8米。数帆楼为1930年卢作孚捐资所建，因在临江走廊上扶栏瞭望，可数江中帆船而得名。抗战时期曾作为中国旅行社的贵宾招待所，周恩来、朱德、董必武、郭沫若、刘伯承等革命前辈和蒋介石等国民党军政要员曾在此住过。

竹楼原为竹墙、竹柱，木楼、小青瓦屋面、庑殿顶，中式建筑风格，一楼一底。苍翠碧绿，美观别致。总面积为200多平方米，共有房屋17间，通高8米。该处曾为北温泉图书馆馆址，解放后北温泉图书馆合并至北碚图书馆。郭沫若、阳翰笙、夏衍等剧作家曾在此下榻、创作。1983年维修，改建为砖混结构，外墙仿竹木造型。

柏林楼建于1929年。因卢作孚筹办民生公司时，军阀陈家农的家庭教师王伯宁出有大力，卢作孚以王伯宁名字的谐音，取名为柏林楼。该楼为两楼一底，砖木结构，小青瓦斜山顶，底楼有柱栏回廊，建筑呈"凹"字形。总建筑面积600平方米左右，通高11.5米。

2009年，北温泉抗战遗址被公布为重庆市文物保护单位；2013年，作为嘉陵江三峡乡村建设旧址群的一部分，被公布为全国重点文物保护单位。

北温泉观音殿，中国辞典馆工作人员曾在此办公

掩映于绿树丛中的柏林楼

北温泉公园

三层楼房、中西合璧式的柏林楼

数帆楼

两楼一底，凭栏可眺望嘉陵江

竹楼。现外墙为仿竹木造型

站在阳台,嘉陵江小三峡一览无余

竹楼底层室外

抗战时期，郭沫若曾在此创作

竹楼共有两层

29. 跳伞塔

跳伞塔坐落于渝中区两路口大田湾体育场内。

抗日战争时期,重庆遭到日本侵略军的狂轰滥炸,中国空军几乎没有抗御能力。为了培养空军人才,提升防空及作战能力,国民政府克服困难,采取了多种措施,1941年,在重庆成立了中国滑翔总会。1942年2月15日,我国第一个滑翔机场在重庆北碚落成。同年4月4日,我国第一座跳伞塔在两路口建成,当天举行了庆祝跳伞塔落成暨"开塔盛典"。下午3时,落成典礼与中国滑翔总会成立周年纪念大会在两路口合并举行,白崇禧、张治中、谷正纲及特邀到会的国民党元老于右任等500余人参加。

跳伞塔由时任滑翔总会常务理事、航委会副主任、教育部长陈立夫负责筹建,我国著名建筑学家杨廷宝(解放后为中国科学院学部委员)设计。塔为钢筋混凝土结构,呈圆锥形,通高38米,实际跳距28米,底部直径3.35米,顶部直径1.52米,下部周长为13米。三个跳伞钢支架可同时进行训练。这不仅是中国也是亚洲的第一座跳伞塔。此后很长时期,跳伞塔发挥了培育军事人才的作用,也鼓舞了市民坚持抗战到底,直至取得胜利的信心。

为纪念跳伞塔落成,在塔下立有石碑,高1.17米、厚0.13米。碑上镌刻陈立夫亲笔题写的《陪都跳伞塔记》,碑文为:"孙子曰:善攻者动于九天之上,斯官也。自有空军降落伞兵种而邻于事,实储经武卫国之能者所不可忽也。本会用是创建跳伞塔于陪都,以谋普及此新战术之基本训练,且以激励国民之志气也。他日风行四方,鹰扬八表,庶以此为韧也欤。陈立夫敬书,民国卅一年四月四日。"碑今藏重庆中国三峡博物馆。

半个多世纪过去了,跳伞塔仍然矗立于大田湾体育场,成为重庆陪都史的重要史迹而保存下来,是我们研究重庆抗战历史和我国跳伞运动发展史的重要见证。

2000年,跳伞塔被公布为重庆市文物保护单位。

经维修复原的跳伞塔钢支架

塔身中段的观察窗

跳傘塔現狀

底部直径 3.35 米

跳伞塔通高 38 米

陈立夫撰写碑文的《陪都跳伞塔记》石碑，现陈列于重庆中国三峡博物馆"重庆：城市之路"展厅

554

塔身中间的采光窗

跳伞塔老照片

抗建堂大门

30. 抗建堂

抗建堂位于渝中区中山一路。

抗日战争时期，重庆成为大后方戏剧运动中心，众多知名的作家、导演、演员云集重庆。为了解决当时重庆戏剧界名家荟萃而剧场奇缺的困难，1940年4月，国民政府军事委员会政治部第三厅厅长郭沫若兼任中国电影制片厂所属的中国万岁剧团团长后，决定修建抗建堂。

抗建堂建在重庆市区纯阳洞高达275级石梯的半坡上，由著名导演史东山的夫人华旦妮具体负责改建。"抗建堂"寓抗战必胜、建国必成之意，由国民政府主席林森题写。

1941年4月到1945年，抗建堂共上演了33出大型话剧，郭沫若的《棠棣之花》《虎符》，曹禺的《北京人》《雷雨》，吴祖光的《牛郎织女》等经典话剧在这里首演，抗建堂被誉为中国话剧的圣殿，在话剧运动史上留下了不可磨灭的一页。日机狂轰滥炸，使重庆市民无法正常生活工作。然而作为"雾都"，重庆每年10月至次年5月的雾季期间，经常大雾弥漫，使日机无法寻找目标空袭，陪都文艺界遂利用此段时间，举行大规模的盛大演出，史称"雾季公演"。1941年10月到1942年5月，为重庆首届"雾季公演"。此后，直到1945年，重庆"雾季公演"在日机轰炸的间隙中坚持了4届。"雾季公演"创造了重庆话剧运动，成为中国话剧的黄金时代。

中共中央南方局和周恩来很重视这些演出，他们常常到抗建堂来看戏。周恩来不仅多次观看了《棠棣之花》的演出，还为《新华日报》出版的《棠棣之花》特刊题字。1942年2月，周恩来在阳翰笙陪同下，在抗建堂观看了《北京人》的演出，并会见了导演张骏祥。当时的抗建堂除了做演出之用外，同

从中山路方向看,白色建筑为抗建堂

抗建堂现为重庆市话剧团办公排练场地

抗建堂内外都有了很大变化

时也是文化界集会之所。1940年11月7日,为庆祝文工会的成立,就在刚落成还未安装座椅的抗建堂举行了盛大的招待晚会,陪都文化界、新闻界及各民主党派领导人、国民党部分著名人物宾主共400余人出席了这次招待会。

抗建堂现为重庆市话剧团所在地。

2000年,抗建堂被公布为重庆市文物保护单位。

31.《大公报》社重庆旧址

《大公报》社重庆旧址位于渝中区李子坝正街。

《大公报》于1902年在天津创刊,1936年4月创办上海版,经营重心南迁,报纸在津沪两地同时发行,行销全国。日寇入侵后,津沪两版随着天津、上海等大城市的相继失陷而被迫停刊。1937年9月18日,《大公报》开办汉口版。1938年8月,报社迁到重庆。同年10月武汉失陷,12月1日,《大公报》重庆版发行。

《大公报》重庆版最初由张季鸾主持,1941年张季鸾病逝后,由曹谷冰负责,王芸生接任总编辑主持社评。抗战期间,报社同仁与重庆市民一起经受了包括"重庆大轰炸"在内的严峻考验,无论条件怎样艰苦,从未停止出报。1941年夏,经理部、编辑部大楼被炸,屋顶裂开,员工们在暴雨中露宿,仍坚持在低矮潮湿的防空洞里,在印刷机的轰鸣声中工作。《大公报》日报发行量最多时达9.15万多份,晚报发行量最多时达3.2万多份,创当时重庆报业的发行纪录。

报社旧址坐南朝北,一楼一底,中西结合式砖木结构,共两栋,面阔35.06米、进深11.17米,建筑面积571.86平方米,占地面积396.17平方米。原使用单位于近年迁出后,报社旧址等待维修保护。

2009年,《大公报》社重庆旧址被公布为重庆市文物保护单位。

《大公报》社旧址由两栋楼组成

报社旧址位于嘉陵江边山地上,随地形起伏,两楼高低略有差异

原使用单位迁出后,旧址亟待保护维修

32. 国立复旦大学旧址

国立复旦大学旧址位于北碚区东阳街道夏坝。

1938年,复旦大学由上海迁入重庆。学校倡导"学术独立、思想解放",设有文、理、商、农等学院及中文、外语、新闻等22个系及2个专修科。师生高举抗战、团结、进步大旗,开展抗日救亡运动。菊社、话剧社、文摘社、新民主主义青年社等进步团体,《文摘》《夏坝风》等刊物和壁报,使复旦名扬大后方。夏坝与重庆沙坪坝、成都华西坝齐名,成为战时后方文化民主的"三坝"之一。1946年复旦大学迁回上海。1946年至1950年相辉学院在此继续办学。

复旦旧址现存登辉堂,是以老校长李登辉之名命名的楼房,砖木结构,建筑面积605平方米。中间主楼两层,两侧为平房。楼房高12米,平房高6米,是当时复旦大学标志性建筑,现为抗战时期复旦大学校史纪念馆。

孙寒冰教授墓园现位于登辉堂左后侧200米处。孙寒冰(1901—1940年),江苏南汇人。美国华盛顿大学学士,哈佛大学硕士。归国后,任复旦大学教授,教务长、法学院院长等,是《文摘》半月刊的创办者。1940年日机空袭北碚,复旦大学校舍中弹,孙寒冰教授等师生不幸遇难,时年39岁。全校师生和各界人士同声悲恸,将孙教授遗骨安葬于复旦大学后山。

1987年12月11日,北碚区人民政府将孙寒冰教授墓从夏坝后山迁至现址。墓为长方形,墓基两层,左侧墓碑为汉白玉石嵌入水泥磨石之内,碑文白底黑字,记录孙寒冰教授生平。墓前建有八角形石台,直径为16.1米。右侧为青石碑,碑高1.85米、宽1.01米、厚0.15米,碑文记载复旦大学师生罹难一事。

2009年,国立复旦大学旧址被公布为重庆市文物保护单位。

复原的复旦大学大门

登辉堂中间为两层的主楼，两边为平房

登辉堂是以老校长李登辉的名字命名的

于右任题字位于登辉堂一层正厅

登辉堂主楼二层

登辉堂内景

复旦大学校史陈列

复旦大学校史陈列

《复旦大学师生罹难碑记》位于孙教授墓园一侧

孙寒冰教授墓园。墓碑由全国人大常委会原副委员长、复旦大学原校长周谷城题写

33. 育才学校旧址

育才学校旧址位于合川区草街街道古圣村凤凰山古圣寺内。

古圣寺原名虎声寺,建于明隆庆年间(1567—1572年),清康熙四十九年(1710年)重建寺庙时,因掘得明隆庆年间"洪钟""残碣",更名古圣寺。清咸丰元年(1851年)再建。

1939年7月,著名教育家陶行知来此地创办育才学校。育才学校设有自然、社会、文学、绘画、音乐、戏剧、舞蹈七组。建校初期,有学生70余人,后达到300余人。抗日战争期间,学校得到中共中央南方局的大力支持,聘请了贺绿汀、翦伯赞、郭沫若、田汉、茅盾、周谷城、姚雪垠、秦邦宪等知名人士任教和讲学。1940年,周恩来、董必武、吴玉章、郭沫若等曾来校指导,周恩来、邓颖超分别为师生做了《一代胜似一代》《未来属于孩子们》的报告,给育才师生以极大的鼓励。1945年秋,中共中央南方局在此开办农村干部见习班。六年间,育才学校为国家培养了人才,为抗日救国输送了力量。

古圣寺坐北向南,现存有牛王殿、观音殿、大雄殿三大殿,外有藏经楼及厢房十余间,总占地面积为2667平方米。原牛王殿、观音殿为育才学校教室和读报室,两侧为办公室;大雄殿正中为礼堂,两侧为教室;余房为师生宿舍,陶行知曾住在西厢房内。1948年,育才学校迁重庆红岩村;1949年后迁谢家湾,改名为重庆第二十中学;1981年,恢复校名至今。现旧址交文物部门管理。

2006年,育才学校旧址被公布为全国重点文物保护单位。

绿树掩映着的古圣寺

古圣寺山门　　　　　　　　进入山门，右侧一株黄葛树，见证了百余年来的沧桑

古圣寺的主体建筑——大雄殿　　　　　左为大雄殿，殿前石阶梯下是牛王殿

大雄殿背面通廊，中间有阶梯和廊道通往观音殿

音乐组教室(牛王殿)内景

牛王殿为音乐组教室，入口处，嵌着一块石碑，正面是"恩沛佛门"，背面是重修庙记

大雄殿通往观音殿的廊道

伍必端创作的版画
——《人民教育家陶行知先生》

戏剧组教室

社会组教室

"陶行知先生纪念馆"建于古圣寺侧

陶行知先生塑像

纪念馆正门

当年育才学校的学生、原中央美术学院教授伍必端创作的版画——《关怀》

34. 中国乡村建设学院旧址暨晏阳初旧居

中国乡村建设学院旧址暨晏阳初旧居位于北碚区歇马街道。

晏阳初（1893—1990年），四川巴中人，著名的平民教育家。早年在香港求学，1918年从美国耶鲁大学获得博士学位后，抱着教育救国的志向回国，发起乡村平民教育运动，1923年创建中华平民教育促进会。全面抗战爆发后，迁居重庆，于1940年10月在重庆北碚创办私立中国乡村建设育才院，后更名为中国乡村建设学院，自任院长，住在学院内。学院先后设有教育系、社会系、水利系、农学系等。1943年，在纽约纪念哥白尼"地动说"（亦称"日心说"）400周年大会上，晏阳初与爱因斯坦等并列，被百余所大学和科研机构的代表评为"现代世界最具革命性贡献的十大伟人"。1950年他受聘为国际平民教育委员会主席，寓居美国，1951年创立国际农村建设委员会。1985年和1987年，两度回到中国考察。1990年病逝于纽约寓所。

中国乡村建设学院旧址及晏阳初旧居为三合院布局，穿斗式平房，前有围墙，总面积为700平方米，有大小房屋17间。现为"晏阳初纪念馆"。

2013年，中国乡村建设学院旧址暨晏阳初旧居被列入嘉陵江三峡乡村建设旧址群，公布为全国重点文物保护单位。

晏阳初先生塑像位于院子正中

三合院布局

复原陈列

中国平民教育及晏阳初生平展览

旧址位于北碚区歇马镇

35. 保卫中国同盟总部旧址暨宋庆龄旧居

保卫中国同盟总部旧址暨宋庆龄旧居位于渝中区两路口。

宋庆龄（1893—1981年），海南文昌县（今文昌市）人，1913年毕业于美国威斯里安女子大学。孙中山遗孀。两次当选为国际反帝同盟名誉主席，是20世纪举世闻名的伟大女性。

1938年6月，在香港，由宋庆龄组建的保卫中国同盟正式成立。"保盟"吸收了国内外各党派、各阶层人士参加，广泛动员和争取海外华侨与世界各国人民支持中国的抗日战争，并以援助中国共产党领导的抗日部队为主要目标。1940年3月31日，宋庆龄在宋霭龄、宋美龄两姊妹的陪同下第一次来到战时首都重庆，用行动实践其团结、统一、联合抗战的号召，引起各界人士的关注，5月9日飞回香港。

1941年12月10日，宋庆龄在廖承志的帮助下，从香港来到重庆。宋庆龄到重庆后先暂住大姐宋霭龄家，为便于开展工作，在弟弟宋子文的帮助下，租用两路口一幢小楼居住。宋庆龄一到这里就开始重新组建保卫中国同盟。1942年8月，"保盟"中央委员会在重庆重新建立，宋庆龄继续担任主席，委员有爱泼斯坦、王安娜、廖梦醒、约翰·福斯特、简·斯坦尼福思·贝克、苏士·陈等人。名誉成员有克莱尔·布什、冯玉祥、何香凝、孙科、茅盾、理查德·沃尔士等人。"保盟"的办公地点设在宋庆龄的寓所。

抗日战争期间，宋庆龄领导"保盟"积极组织募捐，赈济难民、伤兵和儿童，组织物资，把大量资金、药品、医疗器械、食品和其他救援物资通过种种渠道，源源不断地运往中共领导下的抗日根据地人民手中，积极介绍和输送外国医生到抗日根据地工作，为抗战做出了卓越的贡献。

旧居为两楼一底的西式砖木结构独立小楼，建筑面积740平方米，共有房屋26间，前左侧突出为圆弧形，楼后有一个简易的防空洞。宋庆龄居住于二楼，一楼为保卫中国同盟总部办公室。宋庆龄1945年离渝前，主要在此居住与活动。

1992年，旧居得到复原，辟为"重庆宋庆龄旧居陈列馆"，陈列历史资料、照片和宋庆龄当年使用过的部分物品等，楼前塑宋庆龄先生汉白玉坐像。

2013年，保卫中国同盟总部旧址被公布为全国重点文物保护单位。

保卫中国同盟总部旧址暨宋庆龄旧居位于渝中区两路口

宋庆龄先生坐像

仿西式建筑的圆弧形突出

通往二层的楼梯

一层门厅

二层是宋庆龄先生的住处与办公室

复原陈列

一层原为"保盟"办公室，现举办资料与图片展览

36. 陈独秀旧居

陈独秀旧居位于江津区几江街道五举村。

陈独秀（1879—1942年），原名庆同，字仲甫、重甫等，号实庵，安徽省怀宁（今安庆）人。早年留学日本。1915年9月在上海创办并主编《青年》杂志（次年9月改名《新青年》），1917年任北京大学文科学长，1918年12月与李大钊创办《每周评论》，是五四运动的主要领导人之一。1920年发起组织上海共产主义小组，是中国共产党主要创建人之一。1921年7月在中共"一大"上被选为中央局书记。后连续担任中共第二、第三届中央执行委员会委员长，第四、第五届中央委员会总书记。

1938年7月，时年59岁的陈独秀从武汉来到重庆，8月，迁居江津。1939年3月，居住于鹤山坪石墙院。鹤山坪位于江津的西南部，距离城区约15公里。石墙院以四周砌有二丈高的条石围墙而得名。这里原是清光绪进士杨鲁丞的故宅，具有典型的清代民居风格。

旧居坐南向北，为复四合院布局，土木石结构，占地总面积3300平方米，建筑面积1253平方米。上厅有素面台基阶梯式踏道三级，面阔7间。中堂为歇山式屋顶，面阔7间。陈独秀在此寓居四年，于1942年5月27日病逝。现保存下来的陈独秀遗物有棕箱、皮箱、衣柜、砚台、铜茶壶、皮包、衣物等共31件。

石墙院是陈独秀旧居中唯一幸存的一处，经1999年、2003年、2012年多次修缮，现已建为陈独秀旧居陈列馆公开开放。

2000年，陈独秀旧居被公布为重庆市文物保护单位。

陈独秀旧居位于江津几江五举村

复原的旧居大门

内院

旧居内布置的《独秀一生》陈列，这是正门入口处的"庭厅"

内天井

复原的厨房场景

场景展示

复原的卧室

37. 冯玉祥旧居

冯玉祥旧居有两处，一处位于九龙坡区渝州路歇台子，称为"抗倭楼"，另一处位于沙坪坝区陈家桥街道白鹤村。

冯玉祥（1882—1948年），字焕章，原名冯基善，河北青县人。一级陆军上将。1935年12月任国民政府军事委员会副委员长。1937年"七七"事变后，任第三战区司令长官、第六战区司令长官等职。1938年，随国民政府西迁重庆。1946年被迫赴美考察水利。1948年7月在回国途中因轮船失事在黑海遇难。抗战时期，冯玉祥在重庆先后居住于上清寺、歇台子、陈家桥、歌乐山等地。现保存完好的旧居有歇台子和陈家桥两处。

冯玉祥初到重庆，曾在上清寺康庄暂住，后迁至歌乐山租房居住。为避空袭，1939年5月迁到巴县陈家桥镇白鹤村（今属沙坪坝区）佃房居住。为能有个安居的住所，冯玉祥将军率副官于1943年初来到城外西郊乡下寻觅地点自建寓所。一天，他走到歇台子罗汉沟的山坡上，见到岩坡上有一块空地，当即买下这块荒山坡地，盖了两层简陋的楼房，同家眷和侍从人员在此定居下来。为表示抗战到底的决心，他给新居命名为"抗倭楼"，在这里一直居住到1946年5月。

在重庆生活的八年中，冯玉祥将军积极开展抗日救国活动。为宣传抗日救国，他四处奔走，向城乡民众宣讲御侮救国的道理，并亲自主持和发动"抗日献金"运动。他在"抗倭楼"里奋笔疾书，写下不少著名的"丘八诗"和抗日救亡的演说词、抗日歌词。

陈家桥旧居位于今沙坪坝区陈家桥街道白鹤村，总占地面积2937.5平方米。房屋坐东向西，双重堂四合院布局，是川渝地区清晚期普通的民居建筑，木结构穿斗式梁架，有大小房屋47间。2003年修复后，建为"冯玉祥旧居纪念馆"，并对外开放。

"抗倭楼"位于九龙坡区渝州路

"抗倭楼"旧居位于九龙坡区渝州路,为砖石结构,一楼一底建筑,楼高10米、宽19.4米、深8.5米,共存大小房屋12间,总建筑面积165平方米。此楼修建时,冯玉祥将军作《抗倭楼》诗一首:"盖房为何在坡头?怕占良田民心忧。此心又有谁知道,不知我的乐悠悠。""抗倭楼"现为某单位所使用。

2000年,冯玉祥旧居被公布为重庆市文物保护单位。

位于沙坪坝陈家桥的冯玉祥旧居

四合院的内院子

冯玉祥夫妇塑像位于旧居大门外

左侧天井

旧居大门内侧，房屋系石木结合的穿斗式民居建筑

巴渝民居常见的穿斗式梁架

复原陈列与文物资料陈列

正堂门框上是冯玉祥将军所撰对联:
"要想着收咱失地,别忘了还我河山。"
内院还有一口水井

复原的书房

38. 梁实秋旧居（雅舍）

梁实秋旧居位于北碚区梨园村，又称"雅舍"。

梁实秋（1903—1987年），北京人，文学家、翻译家。抗日战争期间，担任国民参政会参议员，兼国民政府教育部中小学教科用书编辑委员会主任。1939年春迁居北碚，同社会学家吴景超共同出资购买六室平房一幢，以景超夫人龚业雅之名，命名"雅舍"。梁实秋居其中第二间，居住七年，于1946年秋天迁出。

1940年，梁实秋在散文《雅舍》中写道："'雅舍'的位置在半山腰，下距马路约有七八十层的土阶。前面是阡陌螺旋的稻田。再远望过去是几抹葱翠的远山，旁边有高粱地，有竹林，有水池，有粪坑，后面是荒僻的榛莽未除的土山坡。若说地点荒凉，则月明之夕，或风雨之日，亦常有客到，大抵好友不嫌路远，路远乃见情谊。客来则先爬几十级的土阶，进得屋来仍须上坡，因为屋内地板乃依山势而铺，一面高，一面低，坡度甚大，客来无不惊叹，我则久而安之，每日由书房走到饭厅是上坡，饭后鼓腹而出是下坡，亦不觉有大不便处。"可见"雅舍"实为典型的"陋室"。然而，梁实秋住进后，却宾客盈门。陪都的骚人墨客，经常聚会于此，或谈论时政，或吟诗弹琴。在寓居雅舍期间，他创作"雅舍小品"散文20余篇，翻译了《咆哮山庄》等小说。《雅舍小品》在台湾出版发行后，深受民众喜爱，再版300余次，畅销不衰。"雅舍"之名也不胫而走，随这部文集名噪于世。

旧居原为砖柱木架，瓦顶夹壁，面阔9.05米、进深9.08米、通高为4.5米，总面积为96平方米。后整修为砖木结构。现为"梁实秋纪念馆"。

2009年，梁实秋旧居（雅舍）被公布为重庆市文物保护单位。

"雅舍"位于北碚梨园

"雅舍"现辟为"梁实秋纪念馆"

梁实秋塑像

城市建设变迁,当年偏居乡野的"雅舍"周边,已经是高楼通衢,热闹非凡。

寅初亭位于重庆大学梅岭

1944年马寅初在重庆歌乐山家中

寅初亭原貌

39. 寅初亭

寅初亭位于沙坪坝区沙北街,重庆大学校园内的梅岭之上。

马寅初(1882—1982年),浙江嵊县(今浙江嵊州市)人,留学美国,获耶鲁大学经济学硕士学位和哥伦比亚大学经济学博士学位。1915年回国,先后在北洋政府财政部当职,在北京大学担任经济学教授。1919年任北京大学第一任教务长。1937年为重庆大学筹划创立了商学院,并担任教授兼院长。

在渝期间,马寅初为国民政府立法委员、中国银行顾问和中国经济学社社长。在一次立法院会议上,他提出了一个向发国难财者征收"临时财产税"的议案。同时在《工商日报》《大公报》上连续撰文号召对发国难财者征收临时财产税,将其所获得的不义之财,全部提出,贡献于国家。1940年11月10日,马寅初应黄炎培之邀,在中华职业教育社的"青年星期讲座"上公开演讲,痛斥国民党的腐败,揭露"四大家族"为首的豪门权贵大发国难财。

1940年12月6日,马寅初于重庆大学家中被捕,旋被押往贵州息峰监狱监禁。消息传出,举国哗然,群起反对当局管控言论、剥夺自由。在马寅初60寿辰之日,中共地下党和社会各界利用举办祝寿大会,呼吁释放马寅初出狱。沈钧儒、邹韬奋以及重庆各阶层的进步人士共数百人参加了祝寿大会。周恩来、董必武、邓颖超联名送去寓意深刻的"桃李增华坐帐无鹤,琴书作伴支床有龟"的贺联。《新华日报》也送去"不屈不淫征气性,敢言敢怒见精神"的贺联。会上议定修建"寅初亭",得到大家的支持,来宾们纷纷捐款。后经多方努力,"寅初亭"于当年建成,立于重庆大学的梅岭之上。

该亭初建为草亭,亭上有冯玉祥将军题写的"寅初亭"匾额,黄炎培特别为寅初亭写了一首诗,制成诗匾挂在亭中。两年后草亭破损。1943年7月又重建,于7月23日举行了落成典礼,马寅初此时已获自由,参加了典礼。纪念亭几经风雨,颓然无存。1981年马寅初先生百岁大庆时,亭再次重建。重建的"寅初亭"仍在原址,占地52.5平方米。重檐六角攒尖顶式瓦顶,亭宇飞檐翘角,亭额雕花,下承六根朱色柱,柱高4.5米,柱端木栏相衬,亭上悬冯玉祥书"寅初亭"匾一块。亭前种有菊花等各种花卉,还有石桌、石凳。

2009年,寅初亭列入重庆大学近代建筑群,被公布为重庆市文物保护单位。

40. 老舍旧居

老舍旧居位于北碚区天生新村。

旧居原为文学家林语堂1940年购置的寓所,在抗战中被日机炸毁一角,后修复。8月,林语堂离开重庆,将房赠予中华全国文艺界抗敌协会北碚分会。1940年春,老舍来北碚主持文协工作,1943年定居于此,至1946年赴美讲学为止,在此居住了三年。

老舍(1899—1966年),原名舒庆春,字舍予,北京人,著名作家。1938年8月,老舍从武汉来渝,任文协常务理事兼总务部主任,负责文协日常会务工作,倡导文艺为抗战服务和平民通俗教育等文艺主张,曾在重庆组织和领导抗战文艺运动。老舍初到重庆居住于青年会宿舍,后移居白象街作家书屋与姚蓬子毗邻。1943年迁居北碚,创作了大量抗战文学作品,如:话剧《张自忠》《桃李春风》《王老虎》,小说《火葬》和《四世同堂》一、二部,以及散文、杂文、诗歌、曲艺等一百多万字的抗战文学作品。抗战时期,因中华全国文艺界抗敌协会重庆总会被日机轰炸,总会的活动大部分在北碚举行,使北碚成为

旧居为砖木结构建筑,楼下只有半边,由于靠山而建,相当潮湿

老舍旧居为倚地势而建的两层小楼

二层楼房间为纪念馆陈列室

抗战后期重庆乃至全国文化活动的中心,常来此的主要有梁实秋、郭沫若、田汉、艾青、光未然、姚蓬子、萧红、赵清阁等文化名人。

抗日战争胜利后老舍去美国讲学,1949年底回国,历任中国作家协会副主席、北京市文联主席等职,先后创作了《龙须沟》《茶馆》等,1951年被授予"人民艺术家"称号。

旧居为一楼一底楼房,总面积为120平方米。砖木结构,共有房屋八间,厨房在外。楼下只有前半部分,相当于地下室。楼上正面恰与地平,面前一方小坝,略植花木,使二楼成为此屋的里外相通的建筑主体,看似一幢平房的格局。现辟为"四世同堂纪念馆"对外开放。

2000年,老舍旧居被公布为重庆市文物保护单位。

老舍先生塑像

老舍旧居位于北碚区天生新村,现辟为"四世同堂纪念馆"

41. 卢作孚旧居

卢作孚旧居位于北碚文星湾，曾被用作重庆自然博物馆北碚陈列馆办公楼。

卢作孚（1893—1952年），重庆合川人，实业家，1926年创办民生公司，任总经理，毕生发展民族航运事业，享有"中国船王"之誉。卢作孚是北碚的开拓者，1927年出任嘉陵江三峡峡防团务局局长，致力于北碚的开发和建设，成绩卓著。曾任川东航务管理处处长、四川省建设厅厅长、国民政府交通部常务次长、军委会水陆运输管理委员会主任、全国粮食管理局局长等职。

1930年，卢作孚在北碚创办了中国西部科学院，1944年创办中国西部博物馆(现重庆自然博物馆前身)、兼善中学。投资开办的企业有民生机器厂、恒顺机器厂、渝鑫钢铁厂、上海大中华机器造船厂、天府煤矿、北川铁路、大明印染厂、民安保险公司、三峡染织厂、华通物产公司等。国民政府迁都重庆时，民生公司的轮船承担了大量人员物资转运工作，付出了巨大代价。国民政府授予卢作孚一等一级勋章，表彰他在抗战中的卓越贡献。新中国成立后，卢作孚任西南军政委员会委员、全国政协委员、北碚文化事业管理委员会主任等职。毛泽东曾赞誉他为中国四个不能忘记的实业家之一。

旧居建于1944年，为单檐歇山式屋顶，砖木结构两层青砖小楼，依山而建，一层半隐入坎下，上面只一层，为一素静门首，外部有一方整洁的小庭园。此处旧居是卢作孚在北碚时主要居住歇息及办公地。

2000年，卢作孚旧居被公布为重庆市文物保护单位。

外表看似平房，实为依地势而建的两层楼房

单檐歇山式屋顶

房子建筑在坚实的石材地基上

42. 徐悲鸿旧居、石家花园

徐悲鸿旧居位于江北区盘溪。

徐悲鸿(1895—1953年)，江苏宜兴人，原名寿康，曾号黄扶。自幼学习中国绘画，极具天赋。1918年，受蔡元培校长聘请，任北京大学画法研究会导师。1919年留学法国，学习西洋绘画，研究西方美术。1927年归国，先后在上海、南京、北京等地艺术院校任教、创作，主张革新中国美术及教育。1937年10月，随南京中央大学迁入重庆。在渝期间，勤奋创作，于国内外举办画展，用展览收入支持抗战。1940年春，赴印度讲学、交流，受到文学巨匠泰戈尔等各界人士的欢迎、赞誉。1942年夏回到重庆，选址江北盘溪筹建了中国美术学院(研究院)，邀请张大千、吴作人、李瑞年、宗其香等知名学者、画家任教，推动陪都时期的中国美术达到了空前的高峰。1946年7月，徐悲鸿夫妇乘坐"民联轮"离开重庆前往南京，随后经上海赴北京。新中国成立后，徐悲鸿担任中华全国美术工作者协会主席、中央美术学院院长等职。1953年，以58岁盛年而早逝。

1942年徐悲鸿选址筹建中国美术学院(研究院)时，重庆商会会长、川东慈善协会主席石荣廷慷慨相助，将私产"石家花园"建筑群中的一栋楼出借予徐悲鸿。徐悲鸿在此工作、居住四年多，现挂牌为"徐悲鸿旧居"。旧居总建筑面积226.1平方米，房屋为一楼一底砖木结构，歇山式屋顶；楼上、楼下各面阔四间19米、进深7.7米、高5.8米，正面左侧有楼梯相通。现为重庆某机器厂职工住房。

现挂牌为"石家花园"的文物建筑距此约50多米，面阔三间14米、进深5.7米、通高5.1米。屋面为中国式的歇山顶，两层楼房则有明显的仿西式建筑特征，宽敞的廊道、阳台，屋内有通顶壁炉。屋基用条石垒砌，墙体用青砖，地面、楼梯使用木材。屋前有宽阔平坝，右侧有假山、园景。左侧地下是石室，面积101平方米。平面为三开间，石室外有小庭院、盆景。室内有精美雕刻。当年，石荣廷将地下石室借给徐悲鸿作画室。据徐悲鸿夫人廖静文回忆：下面一层全部是石室，用石头砌成，沿梯而上，有宽阔的院落，中间有一座亭子，内置石家的祖宗牌位，两侧是两座两层的小楼，隔亭相对而立。小楼全部是木结构，制作粗糙，甚至连玻璃窗也没有。但在战时的重庆，这已是难觅的佳园了。周围有苍松翠柏，梅竹掩映，十分幽静。

2000年，徐悲鸿旧居被公布为重庆市文物保护单位。2009年，石家花园被公布为重庆市文物保护单位。

徐悲鸿旧居原是石荣廷的房产,出借给徐悲鸿用作中国
美术学院(研究院)教学办公楼,徐悲鸿在此居住4年多

小径:左侧可直达徐悲鸿旧居;拾级而上是石家花园,同样有小路可通旧居

石家花园位于江北区盘溪，曾用作派出所办公楼

室外石桌、石凳

石家花园地下室位于院坝一侧的下面

外墙石刻

石室内券顶，墙上装饰石刻

石宝花园正屋外的人造假山

围墙具有显著的仿西式建筑特征

地下石室装饰精美石雕

43. 沈钧儒旧居

沈钧儒旧居位于渝中区枣子岚垭,又称"良庄"。

沈钧儒(1875—1963年),字秉甫,号衡山,浙江嘉兴人,清光绪年间进士,中国民主主义革命元老,著名的"七君子"之一。1938年10月至1946年2月,沈钧儒在良庄居住八年,努力为中国民主政治的推进而奋斗,为推进中国民主政治进程做出了巨大贡献。

1938年10月下旬,沈钧儒与邹韬奋、沙千里等救国会成员一起乘飞机到重庆。抵渝初期和沙千里同住青年会家庭宿舍17号。1939年6月与沙千里、王炳南夫妇一同迁入良庄居住。良庄位于枣子岚垭马鞍山的小丘上,坐西向东,中西式砖木结构建筑,建于20世纪30年代初,内有平行的三幢两层小楼。第一幢和第三幢分别为东北流亡总会、国民党一位将军所用,中间一幢为沈钧儒和王炳南夫妇合租。沈钧儒喜爱收藏石头,他将居室命名为"与石居"。

在重庆期间,沈钧儒与黄炎培、章伯钧、张澜等组建统一建国同志会,1942年加盟中国民主政团同盟。同年与沙千里等筹建平正律师事务所,受聘担任《新华日报》社创办的生活书店、《全民抗战》刊物法律顾问。1944年9月,中国民主政团同盟改组为中国民主同盟,沈钧儒当选为中央执行委员会常务委员。1945年救国会改为中国人民救国会,他当选为主席。1946年2月10日,沈钧儒参加了在较场口举行的庆祝政协会议成功的群众大会。这次大会遭到国民党特务捣乱破坏,发生了"较场口血案"。沈钧儒同其他代表11人联名致函蒋介石,提出抗议,并要求接见。此时,民盟上海市支部成立,沈钧儒于2月11日乘飞机离开重庆到上海,主持上海民盟的组织工作。

沈钧儒在重庆从事抗日救国、和平民主建国运动达八年之久。良庄不仅是他的个人居所,也是中共及其他民主党派人士、进步人士聚会、座谈的重要场所。良庄所处的枣子岚垭,聚居着救国会的"七君子"及同仁;良庄附近的枣子岚垭99号"犹庄"是大律师史良的寓所,枣子岚垭8号是邹韬奋居住的"衡舍","七君子"之一的李公朴以及黄炎培、史东山、应云卫等各界名流也都住在附近。

2000年,沈钧儒旧居被公布为重庆市文物保护单位。

室内木楼梯

二层小楼,底楼潮湿昏暗

良庄位于渝中区枣子岚垭

沈钧儒酷爱收藏奇石，他将自己的居所命名为"与石居"

沈钧儒在重庆枣子岚垭良庄欢送叶挺将军出任新四军军长，左起：沙千里、邹韬奋、沈钧儒、叶挺、章乃器、张申府、王炳南

1958年，沈钧儒重返良庄留影纪念

44. 特园

特园位于渝中区嘉陵西村5号（现嘉陵桥东村35号）。始建于1929年，建成于1931年，以其主人鲜英之号"特生"而命名为"特园"。

鲜英（1885—1968年），字特生，四川西充人。少年时靠亲友资助始读私塾，青年时入伍当兵，后升入陆军速成学堂，与刘湘、杨森、王缵绪、潘文华、唐式遵等为同窗好友。1925年出任江巴卫戍司令驻防重庆。1937年在成都与张澜、钟体乾代表刘湘与中共代表李一氓签订联合抗日反蒋秘密协定。1939年以后，鲜英告别仕途，以鲜宅（特园）为舞台，广泛结交、热情招待社会各界人士。鲜英夫人金竹生曾对子女回忆说："当年每天在特园用餐的人很多，最多时上千人。全天开'流水席'，随到随吃。"

抗战时期是特园最为风光的岁月，这里成为民主党派、民主人士聚集的地方，为此冯玉祥、郭沫若分别书赠"民主之家"的匾额，由此，特园有"民主之家"的称号。

1941年3月，黄炎培、张澜、梁漱溟、张君劢、章伯钧、左舜生等人在此秘密开会，成立中国民主政团同盟，主要由"三党三派"（第三党、国家社会党、中国青年党、救国会、中华职业教育社、乡村建设派）组成，结构比较松散。1944年9月19日，中国民主政团同盟在此举行全国代表会议，决议将民主政团同盟改称为中国民主同盟，总部设于特园。鲜英当选为"民盟"执委兼重庆市支部负责人。

1945年10月28日，谭平山、陈铭枢、杨杰等国民党民主派人士，为反对蒋介石独裁、压制民主，在特园秘密酝酿组成三民主义同志联合会，简称"民联"。1948年初，民联与国民党民主促进会等组织合并成立了中国国民党革命委员会。

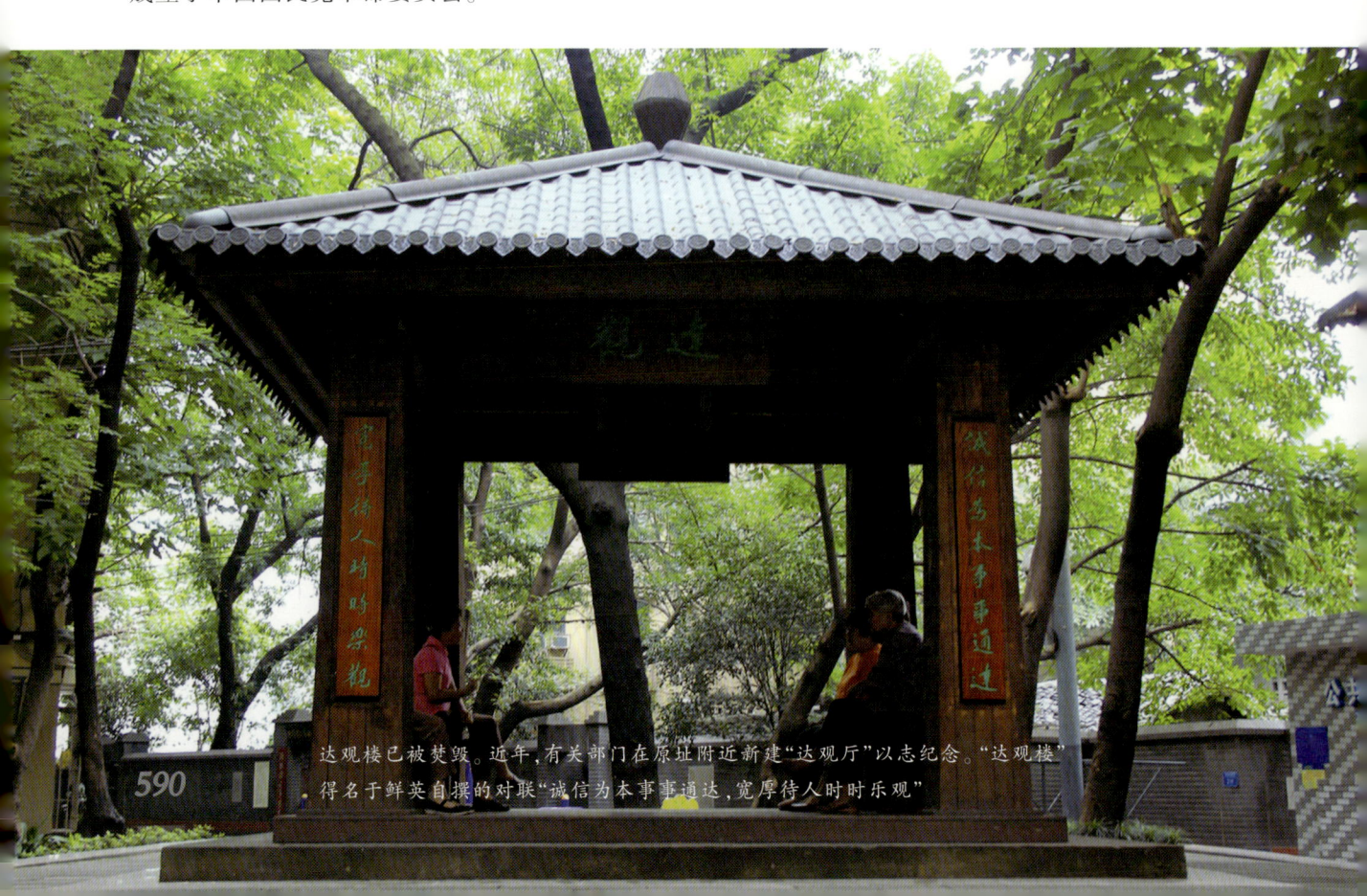

达观楼已被焚毁。近年，有关部门在原址附近新建"达观厅"以志纪念。"达观楼"得名于鲜英自撰的对联"诚信为本事事通达，宽厚待人时时乐观"。

国共谈判期间,毛泽东曾三次来到特园。1945年9月2日,来渝参加国共谈判的毛泽东受张澜之邀来到特园,一进大门抬头就看见"民主之家"的门匾,毛泽东说道:"啊,我也回到家里来了。"抗战胜利后,中共地下党员和民主人士仍然络绎不绝地来到特园避难或聚会。

鲜宅与特园实为一体,由达观楼、平楼、康庄组成。

特园主体建筑达观楼是一座青砖三层楼房,前后各有一个大花园。鲜英夫人金竹生勤俭持家,她利用废煤渣打成煤砖出售,积攒资金建房,又用出租房屋的收入,亲自设计,最终建成达观楼。1968年3月25日,十年"文革"动乱时期,一支造反派"战斗队"在达观楼焚烧传单,引发大火,达观楼被毁,仅残余书房(儿童学塾)和厨房等附属建筑。

平楼以鲜英第八女继平的名字命名,一楼一底,坐南朝北,中西式砖木结构建筑,面阔17.9米、进深13.4米、通高13.3米。抗战时期张澜和梁漱溟等人曾居住于此。

康庄以鲜英第九女继康的名字命名,共有四幢三层楼房,为两两相连、结构相仿的西式小楼,分别编为一、二、三、四号楼。抗战时期,日军对重庆进行大轰炸,康庄三、四号楼被炸毁,后照原样修复。冯玉祥、荷兰大使馆和意大利使馆、苏联和盟军的军事代表团曾借用过康庄。

1958年兴建嘉陵江大桥,原计划大桥公路从鲜宅花园横穿,为避开这一重要纪念地,特改道从平楼旁边修公路。

2008年,紧邻康庄修建了中国民主党派历史陈列馆。

特园于2013年被公布为全国重点文物保护单位。

鲜英旧居。达观楼被烧毁后,只剩下书斋、小院、偏房,经维修整理后,现作为鲜英旧居供人参观、缅怀

康庄现存两栋楼房

康庄一层门口立罗马柱,二层设露台

康庄门前,现在是道路

康庄外立面

康庄复原陈列场景

2008年建成的"中国民主党派历史陈列馆"

沈钧儒、张澜、鲜英、李公朴合影的老照片

45. "六五"大隧道惨案遗址

"六五"大隧道惨案遗址位于渝中区较场口得意世界广场。

1938年2月至1943年8月,日本侵略者为摧垮国民政府和中国人民的抗战意志,对陪都重庆进行了惨无人道的"疲劳轰炸"。长达五年半的轰炸,给重庆人民带来了无穷的悲痛和辛酸,家破人亡,史称"重庆大轰炸"。"六五"大隧道惨案是指1941年6月5日晚,因日军野蛮轰炸而造成数千无辜平民窒息、踩踏死伤的惨剧。

1941年6月5日,天气晴好,城里的人很多,市中心都邮街、较场口一带,人车杂沓,热闹非凡。傍晚6时,空袭警报突然响起,日机夜袭来临。成千上万的市民来不及疏散,慌乱地在大街小巷奔跑,寻找防空洞和隧道躲避。

陪都较场口大隧道于1936年设计,1938年仓促修建,从地面深挖入地下约10米,然后平伸约2公里长。以十八梯为主洞的这一段,有3个岔道分别通向石灰市、演武厅、十八梯3个出入洞口,最多能容5000人左右。演武厅洞口为一方形尖顶建筑,石结构,高、宽各约5米多,洞门很低,进入洞口要下很长的阶梯,转几个急弯。隧道内宽、高约3米,两旁有木板长凳,每隔三四十米在墙上安放油灯照明,内装风机,但未曾启用。

6月5号傍晚,惊慌的市民从3个洞口涌进大隧道里。只能容纳5000人的大隧道这天涌进了近万人。天气炎热,空气质量极差。到晚7时半左右,因避难人数太多,而风机又不能开启,隧道内空气令人

位于渝中区得意世界广场的"六五"大隧道惨案遗址(又名"重庆大轰炸惨案遗址")

窒息，人们开始骚动、往外挤，洞里的人大叫"没气了！"，洞外的人高呼"敌机来了！"，一片混乱。晚9时许，敌机仍在市区轮番轰炸，空袭时间长达3个小时。隧道内由于人多，气温越来越高，避难的人们感到浑身发热，呼吸困难，发狂般地向外拥去。但是洞口的门是由里向外关的，人流把闸门挤得打不开，前面的人群被挤压着贴在门上，发出痛苦的呻吟；隧道内的人们互相拥挤、践踏，有的被踩死，有的被压死，更多的是缺氧窒息死亡。

"六五"大隧道惨案造成严重后果。据当时的特种审查委员会的《审查报告》显示，大隧道惨案的死亡人数为992人（其中学生151人），受伤近4000人（对于遇难人数，不同机构、不同时期，都有不同的估计，数字无法准确判断）。它与"黄河花园口决堤""长沙大火"并列为抗战中伤害无辜平民的三大惨案。重庆市政府对死伤者进行了抚恤慰问，全市共发放赈金11万元，死难者被集中掩埋于黑石子。

1987年7月6日，"日本侵略者轰炸重庆纪事碑"在大隧道演武厅洞口落成。1992年，在大隧道惨案遗址建立了死难同胞雕塑群，在演武厅左墙上铭刻："1938年至1943年，侵华日军对'陪都'重庆进行了五年野蛮空袭，造成空前浩劫。1941年6月5日晚，在日机持续五小时'疲劳'轰炸中。十八梯、演武厅和石灰市防空隧道发生了避难者窒息践踏伤亡惨案，遇难者约2500人。"让人们永远记住日本侵略者轰炸重庆的史实。

2000年，"六五"大隧道惨案遗址被公布为重庆市文物保护单位。

死难同胞雕塑群塑于墙体上方　　隧道口陈列的惨案照片，将人们带回到不堪回首的岁月

46. 张自忠墓

张自忠墓位于北碚区双柏路，又称"梅花山"。

梅花山原名雨台山，因1942年冯玉祥将军亲笔书"张上将自忠之墓"墓碑，并书"梅花山"石碑立于墓前，故改名梅花山。

张自忠（1891—1940年），山东临清人，字荩忱。中学毕业后，先在济南、天津法政学院求学，立下救国雪耻之志，于是弃学从戎。曾参加过国民革命军起义及北伐诸战役。1931年，日寇在沈阳制造"九一八"事变，平津危急，张自忠将军时任二十九军三十八师师长，驻守华北。1933年，日寇向长城进犯时，张自忠将军临危不惧，血战七昼夜，歼敌两个步兵连队、一个骑兵连队，缴获坦克数十辆。这就是"七七"事变前在华北抗战中震惊中外的"喜峰口战役"。1938年3月，张自忠将军在台儿庄战役中立有战功，同年10月任第三十三集团军总司令。1940年5月率部参加枣宜战役，对日作战，所率部队遇敌主力于方家集。5月16日，他率部浴血奋战，被困在南瓜店的杏儿山缸子口。从早晨到中午，他奋勇督战，不肯退避。在战斗中，肩部中弹，仍指挥若定。18日，日军冲上杏儿山，他身中七弹，坚持到生命的最后一刻。在临终前，他告诉左右说："吾力战死，自审对国家、对民族、对个人都可告无愧。"

张自忠将军在南瓜店的战斗中壮烈殉国，时年50岁。同年11月16日葬于北碚梅花山。国民政府追授张自忠为陆军上将，中国共产党对张自忠将军的丰功伟绩给予了高度评价，在延安为其举行了隆重的追悼会。

张自忠将军墓园占地约5330平方米，有墓茔、花坛、广场和张自忠将军生平事迹陈列馆。墓茔为圆形，高3米，围长20米。墓垣用条石构筑，垣高1.3米。墓冢用片石封砌。墓前冯玉祥竖书"张上将自忠之墓"碑一通，隶书体，碑连座通高2.37米、宽1.06米、厚0.15米。墓左立《先兄荩忱上将墓表》一通，碑连座通高2.9米、宽1.01米、厚0.26米。墓前设有供桌。墓园前方设张自忠将军纪念馆，陈列展示将军生平，序厅有国共两党领袖的题词。

2000年，张自忠墓被公布为重庆市文物保护单位。

张自忠墓前"梅花山"三字系冯玉祥题写

墓茔前方是冯玉祥亲笔题写的"张上将自忠之墓",墓左立《先兄荩忱上将墓表》

张自忠塑像立于墓园前方

张自忠将军塑像

墓园入口处为"张自忠将军纪念馆"

纪念馆序厅陈列着国共两党领袖题赠的挽词

文物资料与图片展览展示了将军辉煌的一生

47. 同盟国驻渝外交机构旧址群

第二次世界大战中，形成了反法西斯的同盟国与法西斯的轴心国两大阵营。中国遭受日本的侵略，是法西斯暴行的受害者，也是反法西斯阵营中坚定的一员，重庆就是反法西斯盟军远东司令部所在地。作为国民政府的陪都，当时各国尤其是同盟国的驻华大使馆纷纷随着国民政府迁入重庆。据统计，在重庆设立大使馆、公使馆的同盟国有30多个。经过数十年的变迁，当年的使馆、公馆、领馆旧址，有的已经不复存在。经文物部门调查，现存的旧址有：苏联大使馆及苏联大使潘友新官邸、苏联大使馆武官处，美国大使馆及海军武官处、美军招待所，英国大使馆、中英联络处，法国大使馆、法国领事馆，印度专员公署，澳大利亚公使馆，土耳其公使馆，比利时大使馆，西班牙大使馆等10余处。这些旧址是反法西斯战争历史、中外友好以及中国重要国际地位的纪念与见证，是宝贵的历史文化遗产。

2013年，同盟国驻渝外交机构旧址群被公布为全国重点文物保护单位。

苏联大使馆旧址

旧址位于枇杷山正街，现为重庆市第三人民医院办公楼。

1937年8月25日，国民政府与苏联缔结互不侵犯条约。国民政府移驻重庆后，苏联驻华大使奥莱斯基、塔斯社通讯总社社长罗果夫及秘书梅拉美德等于1938年1月19日由汉口飞抵重庆。同年10月20日，新任大使卢干滋等人抵渝。1939年9月10日，新任大使潘友新向国民政府主席林森递交国书。

旧址大楼原为川军师长曾子唯的公馆，抗战时期苏联大使馆来渝将使馆设于此，于1946年5月迁出。该楼坐北朝南，依山而建，面临长江，仿巴洛克式砖石结合木结构，四楼一底，总建筑面积2438平方米，共有房屋56间。

潘友新于1939年至1944年任驻华大使，其官邸旧址位于南岸区南山植物园山茶园中，仿哥特式建筑，依山而建，正面两层，二层有露台，后侧加地下室，建筑面积共380平方米。原为军火商人朱星门的别墅。

苏联驻华大使馆在渝主要办公地为枇杷山正街104号旧址，因日机轰炸重庆市区，大使馆曾迁往重庆南岸南山潘友新大使的官邸办公。

大使馆武官处位于渝中区沧白路，面向嘉陵江，砖木结构，共四层，现存建筑有较大改动，建筑面积939平方米。原为留法归来的沈芷仁公馆。曾指挥斯大林格勒保卫战的"苏联英雄"崔可夫曾任驻华武官。

苏联大使馆(1938年至1946年)旧址正立面

仿哥特式建筑前台

一楼室外阶梯

侧面

仿哥特式建筑立柱

苏联大使潘友新旧居，位于南岸区南山植物园山茶园，潘友新大使自1941年起在此居住

潘友新旧居侧面

潘友新旧居

美国驻华大使馆旧址

美国驻华大使馆旧址位于渝中区健康路，重庆市急救中心院内。

1938年8月，美国驻华大使詹森率美国大使馆人员从南京迁往陪都重庆。1941年太平洋战争爆发前夕，美国派遣深谙远东事务的高思继詹森担任驻华大使。1944年10月，罗斯福召回高思，任命赫尔利为驻华大使。1946年国民政府还都南京后，大使馆也由重庆迁回南京。

旧址坐西向东，仿巴洛克式砖木结构，面阔32.5米、进深12.73米、通高10.7米，房屋共计28间。2008年，该建筑被拆除，建筑构件保留，等待异地复建。

美国大使馆海军武官处（1940年至1946年）旧址位于南岸区龙门浩重庆市社会主义学院内，为砖木结构仿欧式建筑，中式屋顶，地面两层，地下一层，建筑面积380平方米。

美军招待所旧址位于南岸区南山公园，原为瑞典商人安达森1898年修建的宅院，20世纪30年代被国民政府二十一军独立旅长袁筱如收购，抗战时期成为美军招待所。建于石砌基础上，三面围廊，中式屋顶。

美国大使馆旧址(拆除前)

美国大使馆海军武官处旧址

美国大使馆海军武官处旧址，位于南岸区龙门浩重庆市社会主义学院内

美军重庆招待所旧址，位于南岸区南山公园

美军重庆招待所旧址

英国大使馆旧址

英国大使馆旧址位于南岸区南山文峰段，建于1940年，中西结合式平房，面积约300平方米，共有5间房屋。1941年7月至1946年为英国大使馆，之前一度为德国大使馆。

中英联络处旧址位于渝中区解放碑街道五四路口，地面三层，平面呈"L"形，建筑面积约1173平方米，西式砖木结构建筑。原为真原堂，始建于1910年。1939年至1946年为中英联络处。

英国大使馆旧址（1941年7月至1946年），位于南岸区黄桷垭文峰段9号，这里也曾是德国大使馆驻地。保存状况不好

中英联络处旧址（1939年至1946年），位于渝中区解放碑街道五四路口

法国大使馆旧址

法国大使馆旧址位于南岸区南山植物园山茶园内，为中西结合的回廊式建筑，平面呈"丁"字形，地面两层，占地约150平方米。原为留法医生汪代玺的私宅，抗战时期用作大使馆。

法国领事馆旧址位于渝中区南纪门凤凰台街，西式砖木结构建筑，共有4层，建筑面积2227平方米。始建于1898年，抗战时期用作法国总领事馆。

法国大使馆旧址

法国领事馆原设于渝中区领事巷。被日军炸毁后，迁到渝中区南纪门凤凰台街。现旧址周边正在拆迁

印度专员公署旧址

旧址位于南岸区南山植物园山茶园内,中西结合式建筑,主楼两层,底层屋外设回廊。附楼为一层平房。1943年至1946年,印度专员公署由原市区炮台街迁来此处。

印度专员公署旧址(1943年至1946年6月),位于南山植物园山茶园

印度专员公署

公署旧址回廊

澳大利亚公使馆旧址

旧址位于渝中区鹅岭公园内,中西结合式两层建筑,造型较奇特,屋顶为中式大屋顶,建筑面积539平方米。1942年至1946年,澳大利亚公使馆设于此处。

澳大利亚公使馆旧址(1942年至1946年),位于渝中区鹅岭公园内

澳大利亚公使馆门厅

西班牙大使馆旧址

旧址位于南岸区南山植物园山茶园内,为西式砖木结构两层楼建筑。

西班牙大使馆旧址,位于南岸区南山植物园山茶园内

西班牙大使馆旧址

土耳其公使馆、大使馆旧址

旧址位于渝中区鹅岭公园内,中西结合式平房,中式大屋顶,建筑面积187平方米。1939年至1944年为土耳其公使馆,1944年至1946年为土耳其大使馆。

土耳其公使馆、大使馆旧址位于渝中区鹅岭公园内

48. 大韩民国临时政府旧址

大韩民国临时政府旧址位于渝中区七星岗莲花池正街38号。

朝鲜半岛长期遭受日本侵占，沦为日本殖民地。朝鲜人民争取独立自由的斗争从未止歇，大韩民国临时政府就是由一批流亡在苏联、美国、中国、日本和在朝鲜国内的独立运动组织的代表，于1919年4月在上海法租界宣布成立的。大韩民国临时政府成立后，制定了《大韩民国临时宪章》《大韩民国临时政府施政方针》等纲领性文件，同时相继在我国的广州、汉口、重庆等地成立了中韩互助社、中韩协会等中韩友好互助团体。临时政府主要成员有金九、安昌浩、李东宁、李东辉、李承晚等。

1937年"七七"事变后，一批韩国的革命志士满怀报仇复国的希望，在大韩民国临时政府的旗帜下聚集，从上海出发，几经周折，经湘、粤、桂等地于1939年3月到达重庆。他们先后在綦江沱湾镇、巴县土桥乡屏都镇办公。后在今渝中区杨柳街、石板街办公，因遭日机轰炸被毁，1941年迁到今渝中区和平路吴师爷巷设办事处和住所，1945年初迁入现址。大韩民国临时政府是抗战时期设在中国的唯一流亡政府。

大韩民国临时政府在渝期间，得到国民政府、蒋介石本人和人民群众的热情关注和大力支持。临时政府在重庆组织策划复兴运动，组成了光复军等救亡团体，有力地配合了抗日战争的进行，为光复后的朝鲜半岛培育、保存了有生力量。中共中央南方局驻重庆办事处的负责人周恩来、董必武、邓颖超、邓发、吴玉章、王若飞等，也与大韩民国临时政府有着密切的交往。《新华日报》《解放日报》以及中国共产党的广播电台、刊物等媒体，也经常报道韩国人民抗日斗争的消息和事迹。抗战胜利后，朝鲜半岛光复，1945年11月大韩民国临时政府的成员离渝回国。

旧址原是一处行馆，坐东向西，四合院布局，由五幢各自独立的砖木结构西式洋房围合组成。洋房主要为一楼一底，总建筑面积约1034平方米，大小房屋38间。行馆外西侧不远便是通远门，东南方向是较场口。

大韩民国临时政府旧址体现了重庆作为反法西斯同盟国远东指挥中心的重要地位与作用，也是中韩人民友好协作、共同抗日的珍贵记忆。1996年，"大韩民国临时政府旧址陈列馆"建立，展示了弥足珍贵的历史照片、文物和文献史料，再现了当年中韩两国人民共同抗日，争取国家独立、民族解放的历史。

2000年，大韩民国临时政府旧址被公布为重庆市文物保护单位。

大韩民国临时政府旧址位于渝中区七星岗莲花池正街

正门

进入大门，左右两边是当年的办公楼

复原纪念碑立于旧址内

复原的办公室内场景陈列

主席办公室位于院子最后

金九主席塑像及临时政府曾经使用的太极旗

外务部办公室

内务部、法务部办公室

韩国第十二任总统全斗焕来访时题词
"爱国丹心"留念

49. 同盟国中国战区统帅部参谋长官邸旧址(约瑟夫·史迪威将军旧居)

同盟国中国战区统帅部参谋长官邸旧址位于渝中区嘉陵新路63号,原嘉陵新村3号。

约瑟夫·史迪威将军(1883—1946年),美国佛罗里达州巴拉特卡市人。1942年晋升中将,后又晋升为四星上将。被派到中国先后担任驻华美军司令官、驻华空军司令官、对华租借物资(即援华军用物资)监理官、滇缅公路监理官、中印缅战区美军司令和同盟国中国战区统帅部参谋长等重要职务。

抗战时期,他积极主张动员全中国抗日力量,包括中国共产党的军队在内对日抗战。他认为中国共产党代表中国的新兴力量,对共产党给予同情。1944年7月,他派遣美军观察组长驻延安,因而与蒋介石产生矛盾受到冷遇,同年奉令飞离重庆。1945年6月,史迪威将军任美军第十集团军司令参加对日作战;9月2日,出席美国密苏里号军舰日本投降签字仪式。1946年10月12日在美国病逝,享年63岁。

旧居原为宋子文寓所,建在嘉陵江南侧山坡上,总建筑面积约1000平方米。进口处是中国八字朝门状的青砖大门,里为西式青砖房,两楼一底,另有地下室可躲避空袭。屋顶上原有花园,可鸟瞰滔滔江水。抗战期间史迪威将军到重庆后,这里便成为史迪威将军的寓所兼美军司令部。美国在华军人常在此开会、活动。重庆解放后为市机电设计研究院。1991年,重庆市外事办公室将其辟为约瑟夫·史迪威中心。2000年更名为史迪威博物馆。2002年进行了全面的翻修,史迪威将军的卧室、办公室、副官室、大小会议室和地下室等按原状复原,陈列展示了"史迪威将军""梅里尔突击队""驼峰飞行""飞虎队""延安观察组""战时中国与美国"等内容及史迪威将军在抗战时期的生活用品、手稿、军装等文物100余件。

2013年,同盟国中国战区统帅部参谋长官邸旧址被公布为全国重点文物保护单位。

同盟国中国战区统帅部参谋长官邸旧址(约瑟夫·史迪威将军旧居)位于渝中区嘉陵新路63号

史迪威将军雕像

史迪威将军办公室

史迪威将军卧室

军事会议室

宽阔的游廊,适于举办聚会、休息、交谈

军事会议室门外是过厅和楼梯,左边是饭厅

负一层。低矮的窗台。当年这里是随员的办公室和存放军械的地方，现在布置了内容丰富的陈列

旧居临江一面

从旧居远眺嘉陵江边的重庆城

50. 苏军烈士墓

苏军烈士墓位于渝中区鹅岭正街鹅岭公园内，是为纪念抗日战争时期在华参加反法西斯战争中牺牲的两名苏联空军烈士司托尔夫、卡特诺夫而建的。

抗日战争时期，苏联政府先后派出3365名军事顾问、专家来华工作，并抽调空军志愿队数个大队（每次200~300人，前后合计2000余人次）及数百架飞机来华协助对日作战，有许多的苏联志愿军血洒蓝天，牺牲了年轻的生命。

1959年中华人民共和国成立十周年之际，重庆市民政局等部门，"为悼念苏联烈士，使烈士伟大英雄形象永远活在我国人民心中，同时也为了对我国人民加深国际主义教育，使中苏两国人民鲜血凝成的友谊万世流芳"，决定搬迁和修建苏军烈士墓。

苏军烈士墓占地约80平方米，纪念碑耸立于墓地正中，三面有石栏围护，正面通过两旁石护栏的十级石梯，可以步入烈士墓地。其碑坐西向东，通高9.75米、碑身高9米、宽2.15米、厚2.15米，为钢筋混凝土结构。碑座为须弥座，高0.75米、宽3.22米、厚3.22米。碑座正面镌"志愿参加抗日战争牺牲的苏联军官司托尔夫、卡特诺夫烈士之墓。1959年9月敬立"。

2000年，苏军烈士墓被公布为重庆市文物保护单位。

苏军烈士墓位于渝中区鹅岭公园内

碑座正面

碑顶端雕刻云龙纹、花草纹和象征共产主义的锤子、镰刀图案

碑背面树立文物保护单位保护标志

51. 库里申科烈士墓

库里申科烈士墓位于万州区西山公园内。

格里戈利·阿基莫维奇·库里申科(1903—1939年),乌克兰人,共产党员,空军少校。1938年,随苏联空军志愿队来华参战,担任轰炸机大队长。他和战友们用自己的耐心和技术将一批批中国飞行员送上蓝天,用自己的鲜血和生命保卫着中国后方城市的安全。1939年4月14日,库里申科接到作战命令,率队出击作战,在飞临武汉上空时,遭到日军机群的拦截,与日机展开了一场生死搏斗。在这场恶战中,苏联空军志愿队的英雄们炸毁日机103架,击落驱逐机6架。激战中,库里申科战机遭到重创,在飞抵万县(今万州区)上空时,为了保护飞机免遭破坏,他不顾个人安危,操纵飞机,寻机迫降,终于平稳迫降在长江水面上。由于长时间驾机,劳累过度,库里申科再也无力跳出机舱,为中国人民的抗日战争献出了年轻的生命。

墓为砖石结构,由照壁、花台、墓碑和墓室组成,墓园东西长80米、南北宽20米,总面积1600平方米。墓为长方形,高1.55米、长3.5米、宽2.7米。墓碑为长方形,高7.3米、宽4米、厚1.8米。正面碑文为阴刻的"在抗日战争中为中国人民而英勇牺牲的苏联空军志愿队大队长格里戈利·阿基莫维奇·库里申科之墓（一九零三——一九三九）"。背面为俄文碑文,意同正面。照壁高3.2米、宽4米、厚0.8米,正面阴刻"中苏两国人民以鲜血凝成的友谊万岁",背面刻"伟大的国际主义战士永垂不朽"。

2000年,库里申科烈士墓被公布为重庆市文物保护单位。

库里申科烈士墓位于万州区西山公园内

墓碑前塑着烈士像

墓园呈中轴线排列；从前到后依次是园门、影壁、花台、塑像、墓碑和墓茔

在抗日战争中为中国人民而英勇牺牲的苏联空军志愿队大队长

格里戈利·阿基莫维奇·库里申科 之墓

（一九零三——一九三九）

一九五一年七月七日立

墓碑正面碑文

墓碑后方是烈士墓茔

52. 重庆谈判旧址群

重庆谈判旧址群包括重庆沙坪坝区的林园、渝中区的桂园、中山四路36号（原中山四路德安里101号、103号）、上清寺四新路19号等。

1945年8月，抗日战争取得胜利。从8月14日起，蒋介石三次电邀毛泽东到重庆谈判，"共商大计"。8月28日，由毛泽东、周恩来和王若飞组成的中共代表团，在国民党张治中将军和美国驻华大使赫尔利陪同下，从延安乘飞机到达重庆。谈判先后在林园、桂园、中山四路德安里101号、103号和上清寺四新路19号进行。经过43天的谈判，国共双方达成协议。10月10日，中共代表周恩来、王若飞同国民党代表王世杰、邵力子、张治中在桂园客厅签署了《政府与中共代表会谈纪要》。因当天为"双十"节，故史称"双十协定"。

（1）林园

林园位于沙坪坝区歌乐山山洞街道，中国人民解放军重庆通信学院内。

传说我国古代治水英雄大禹与重庆南岸涂山氏之女结婚时曾歌乐于此，歌乐山因此得名。1938年11月，蒋介石在歌乐山双河街修建官邸。落成之日，国民政府主席林森偕要员前来道贺，对此处秀美风光赞不绝口，蒋介石遂将此官邸赠送林森居住。从此，人们便称之为"林园"，沿用至今。

林森入住林园四年。1943年5月12日，林森入城参加国事活动，所坐的车在山洞转弯处与美军卡车相撞，头部受伤不幸逝世，葬于林园内。

林森逝世后，蒋介石接任国民政府主席，并入住林园，将林森原居住的楼房作为林森纪念堂，与新建的一、二、三号楼合编，为四号楼。一号楼为中正楼，二号楼为美龄楼，三号楼为马歇尔公馆。1944年后，林园成为蒋介石夫妇在陪都时期的主要居住地。

抗战胜利后，毛泽东亲临重庆与国民党进行和谈，其间曾经受邀来此居住。

林园现由中国人民解放军重庆通信学院管理使用，20世纪80年代曾修缮加固，现保存基本完好。

树木葱茏的林园

一号楼

一号楼位于一小丘上，为蒋介石居住，称"中正楼"。有南北两幢，内为小院，靠外一幢主楼是蒋介石的卧房及办公地，靠山一幢附属瓦顶平房是蒋介石的书斋。主楼坐北朝南，为一楼一底西式砖木结构建筑，面阔7间，进深5间，高15米，建筑面积950平方米。楼上为卧室和工作室，底楼为休息室、会客室、侍卫室等。楼周围有阶梯式踏道4级，楼左右开两小门。中正楼左挨二号楼，右邻蒋介石休闲时所用的钓鱼台。

一号楼正立面

两侧设有外廊道

进入正门，有两侧楼梯可以上楼，也可以穿过楼房通往后楼

正门位于楼房正中

二号楼正立面

二号楼正面二层中间为阳台廊道

二号楼

二号楼为宋美龄居住，又称"美龄楼"。坐北朝南，为一楼一底木石结构的建筑，悬山式屋顶。面阔7间、进深6间、高5米，前后左右均有阶梯式踏道4级。楼上南为卧室，北为随从所住。楼下为会客室和服务人员住处。抗战末期宋美龄赴美后，蒋经国曾在此居住，更多的时候则作为蒋介石的国宾招待所。"重庆谈判"期间，毛泽东曾在此居住。

二号楼背立面

三号楼正面中门

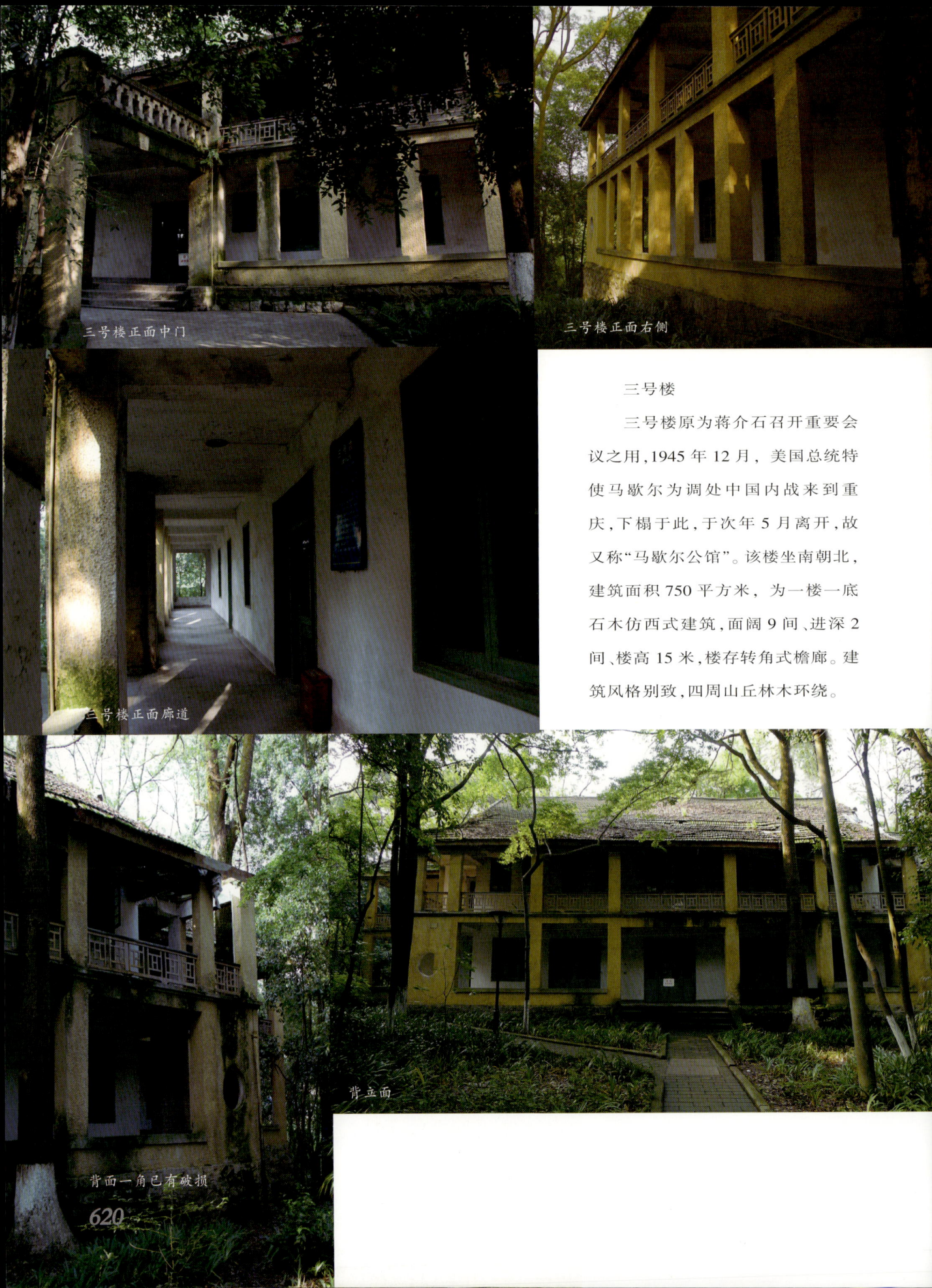

三号楼正面右侧

三号楼

三号楼原为蒋介石召开重要会议之用，1945年12月，美国总统特使马歇尔为调处中国内战来到重庆，下榻于此，于次年5月离开，故又称"马歇尔公馆"。该楼坐南朝北，建筑面积750平方米，为一楼一底石木仿西式建筑，面阔9间、进深2间、楼高15米，楼存转角式檐廊。建筑风格别致，四周山丘林木环绕。

三号楼正面廊道

背立面

背面一角已有破损

四号楼正立面

四号楼

四号楼原为林森居住，后辟为林森纪念堂。坐北朝南，砖木机制瓦顶，仿西式一楼一底建筑，高15米，共有大小房屋10余间。楼上是林森的卧室和办公室，楼下是林森的随员工作室等。

四号楼正面右侧

四号楼背面

林森墓园

墓茔后侧

墓碑

林森墓

林森墓位于林园内。林森（1867—1943年），字子超，号长仁，福建闽侯人。国民党元老，历任国民党中央特别委员会委员，国民政府委员，立法院副院长、院长等职。1932年，任国民政府主席。1943年8月1日，因车祸受伤不治，逝世于林园，终年76岁。1943年11月安葬于林园内。墓为圆形，规模宏大，高5.85米，围长29米，占地300余平方米。墓垣用条石垒砌，墓碑上部呈扇面状，内嵌国民党党徽一枚，阴刻楷书碑文"国民政府故主席林森之墓"，落款"中华民国三十三年七月二十一日立"。墓前存一石祭台。墓园在"文革"中遭到破坏，1980年按原状恢复。

美龄舞厅正面　　　　　　　　　　　　　　　　美龄舞厅后面

美龄舞厅

　　该楼建于抗战期间,是蒋介石、林森接见外宾时所用。1945年底,美国特使马歇尔来林园长住,易为舞厅,取名"美龄舞厅"。舞厅坐北朝南,建筑面积200平方米,面阔11间8.56米、进深11间22米,厅内巨柱相擎,檐下设回廊,廊侧存石梯。

西侧墙面

侧面

室内荒废

623

谈判桌

林园内环境优雅,绿树成荫,曲径通幽。国共两党重庆谈判时,毛泽东于1945年8月28日飞抵重庆,当晚8时,蒋介石宴请毛泽东、周恩来、王若飞于林园。是夜,毛泽东下榻于二号楼左室,王若飞住右室,周恩来住三号楼。29日清晨,毛泽东在林园散步,走到树荫深处和蒋介石巧遇于石圆桌旁,两人彼此招呼就座,随后就有关重大问题进行初步商谈,揭开了重庆谈判的序幕。谈判桌地处林园绿荫深处,左右嶙峋怪石相围,石桌直径为0.8米许、高0.73米,石桌四周有石凳四张。作为两党领袖促膝抒怀比肩论政之小憩场所的石桌石凳,历经半个世纪的风雨,今仍保持着原貌,默默地留在林荫深处。

位于乱石丛中的石桌椅

因毛泽东与蒋介石在此偶遇会谈而名闻天下

题刻说明

面对中山四路的桂园正门

桂园为两层小楼

(2) 桂园

桂园位于渝中区上清寺中山四路,是一个占地约700平方米的独立小院。主楼为中西式砖木结构建筑,一楼一底,通高约10米,占地面积273平方米,建筑面积489平方米。该处原为国民政府军事委员会政治部部长张治中公馆。重庆谈判期间,张治中将此处借给毛泽东等中共代表,作为办公室和会客室。1945年10月10日下午6时,"双十协定"就是在这里举行了签字仪式。

桂园二层阳台

毛泽东曾经在此居住

一层进门右手为会客室

625

(3)德安里101号

德安里101号即今渝中区中山四路36号，在中共重庆市委大院内。此处是抗战时期蒋介石在重庆市区的旧居，又称"尧庐"，国民政府军事委员会侍从室也在这里。1945年国共谈判期间，中共谈判代表周恩来、王若飞同国民党谈判代表张群、邵力子、张治中、王世杰从9月4日晚起，在此进行谈判。旧址坐南朝北，中西式砖木结构建筑，一楼一底，面阔22.4米、进深21.9米、通高10米。

德安里101号正门

德安里101号

德安里103号

室内的陈列

室内复原的会议室

(4) 德安里103号

德安里103号即今渝中区中山四路36号,在中共重庆市委大院内。原系宋美龄在重庆的住所。1945年国共谈判期间,中共谈判代表周恩来、王若飞同国民党谈判代表张群、邵力子、张治中、王世杰从9月27日起在此继续谈判,最后达成协议。旧址坐北朝南,中西式砖木结构建筑,一楼一底(底层下有一地下室),面阔25.1米、进深19.4米、通高11米,共有房屋10间。

627

(5) 宋子文公馆

宋子文公馆位于渝中区上清寺四新路19号。宋子文（1894—1971年），海南省文昌县（今文昌市）人，宋庆龄之弟，生于上海。历任国民政府财政部长、外交部长、广东省主席、驻美国特使等职，1971年死于美国。国共重庆谈判期间，美国总统特使马歇尔曾在此居住。旧址坐北朝南，仿哥特式砖木结构，面阔20.4米、进深20.2米、通高约10米。小楼共有三层，一楼一底一地下室，共有房屋16间。

2013年，重庆谈判旧址群被公布为全国重点文物保护单位。

宋子文公馆

53. 抗战胜利纪功碑暨人民解放纪念碑

抗战胜利纪功碑暨人民解放纪念碑位于渝中区解放碑街道民族路、民权路、邹容路交会处。

抗日战争时期，国民政府迁都重庆后，为了坚定民众抗日救国决心，于1941年12月30日在重庆市区都邮街广场建立一座碑形建筑，名为"精神堡垒"，以表达坚决抗战的精神。堡垒为四方形炮楼式木结构建筑，共5层，通高7丈7尺（象征"七七"抗战），外涂黑色。战争时期，"精神堡垒"草草建成，风吹日晒，很快便已破败。

抗日战争胜利后，1946年10月，国民政府决定在原"精神堡垒"的旧址上，新建"抗战胜利纪功碑"，以纪念抗日战争的伟大胜利。10月31日奠基，于1947年8月建成。同年10月10日举行了纪功碑揭幕典礼，重庆市政当局、学生和各界代表参加了典礼。这是唯一一座抗战胜利的纪念建筑。

碑座为青石砌成，正对公路四面，有八级踏步，环周有八处花圃，总占地面积642平方米。碑身为钢筋混凝土结构，呈八棱形。从地面到碑顶风标高34.5米，碑身高27.5米，直径6米，有窗24个。碑顶安装一大灯架，高4米，从灯架到风标高3米。碑内是螺旋式的铁制楼梯，盘旋而上，共有141级，可达到最高的第八层。碑的正面朝向民族路，镌刻有"抗战胜利纪功碑"七个鎏金大字，落款："中华民国三十五年十月三十一日 重庆市市长张笃伦。"碑座有石碑八面，铭刻有国民政府明定重庆为永久陪都的公告全文。碑底珍藏美国总统罗斯福致重庆市民祝贺抗战胜利的信件。原浮雕图案及碑文现已无存。

1950年10月，西南军政委员会决定将"抗战胜利纪功碑"进行改建，命名为"人民解放纪念碑"，由刘伯承题名。现成为重庆市标志性建筑。

2013年，抗战胜利纪功碑暨人民解放纪念碑被公布为全国重点文物保护单位。

抗战胜利纪功碑暨人民解放纪念碑位于渝中区民族路、民权路、邹容路交会处

"一九五零年首届国庆节日　刘伯承敬题"

解放碑顶部现有四幅浮雕,分别雕刻农民、工人、士兵(陆海、空军)形象

"人民解放纪念碑"
由刘伯承题写

精神堡垒 　　　　　抗战胜利纪功碑  　　　　　1978年3月拍摄的人民解放纪念碑

解放碑顶部浮雕

后 记

本书是集体编写的成果,具体分工如下:

柳春鸣研究馆员主编,撰写大纲,撰写第五、六两部分,对全书进行统稿,并改写了部分文稿,拍摄了部分照片;

梁冠男研究馆员撰写第七、八两部分,协助对全书进行统稿、资料查证,拍摄了部分照片;

牛瑞芳研究馆员撰写第十一、十二两部分;

冯庆豪研究馆员撰写第九部分;

刘虹副研究馆员撰写第十部分,并拍摄了部分照片;

彭学斌副研究馆员撰写第二、三、四部分;

魏光飚研究馆员撰写第一部分。

西南大学外国语学院肖开容博士英译前言,刘承宇教授予以审定。

本书采用的图片既有撰稿者提供的,也有以下人士慷慨提供大作支持的,特致谢忱:

刘豫川、黎方银、黄宇星、黄德建、池开智、刘智、李应东、张晓耿、颜道渠、雷霆军、黎明、易军、莫骄、张亮、曾宪龙、刘萍、曾启华、谢飞、刘光霞、裴建、谭东、李琳、马捷、杨正峰、杨明荣、张志、丁坤虎、彭世良。

另有部分老照片由重庆中国三峡博物馆提供。

YUSHUI LIUZE 重庆市出版专项资金
——CHONGQING LISHI WENHUA YICHAN CUNZHEN 资助项目

YUSHUI LIUZE

——CHONGQING LISHI WENHUA YICHAN CUNZHEN

渝水流泽

——重庆历史文化遗产存珍

主编 柳春鸣

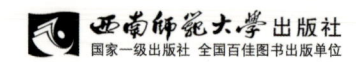

西南师范大学出版社
国家一级出版社 全国百佳图书出版单位

图书在版编目(CIP)数据

渝水流泽：重庆历史文化遗产存珍 / 柳春鸣主编. —重庆：西南师范大学出版社, 2018.10
ISBN 978-7-5621-9065-3

Ⅰ. ①渝… Ⅱ. ①柳… Ⅲ. ①文化遗产-介绍-重庆 Ⅳ. ①K297.19

中国版本图书馆CIP数据核字(2017)第 269695 号

渝水流泽
——重庆历史文化遗产存珍

主　编　柳春鸣

责任编辑：卢渝宁　刘春卉
装帧设计：王　煤
出版发行：西南师范大学出版社
　　　　　中国·重庆·西南大学校内
　　　　　邮编：400715
　　　　　网址：www.xscbs.com
经　　销：新华书店
制　　版：重庆新金雅迪艺术印刷有限公司
印　　刷：重庆新金雅迪艺术印刷有限公司
幅面尺寸：200 mm × 260 mm
印　　张：41.5
字　　数：654 千字
版　　次：2018 年 10 月　第 1 版
印　　次：2018 年 10 月　第 1 次印刷
书　　号：ISBN 978-7-5621-9065-3

定　　价：500.00 元(全二册)

《渝水流泽——重庆历史文化遗产存珍》

编写人员

柳春鸣　梁冠男　牛瑞芳　冯庆豪

刘　虹　彭学斌　魏光飚

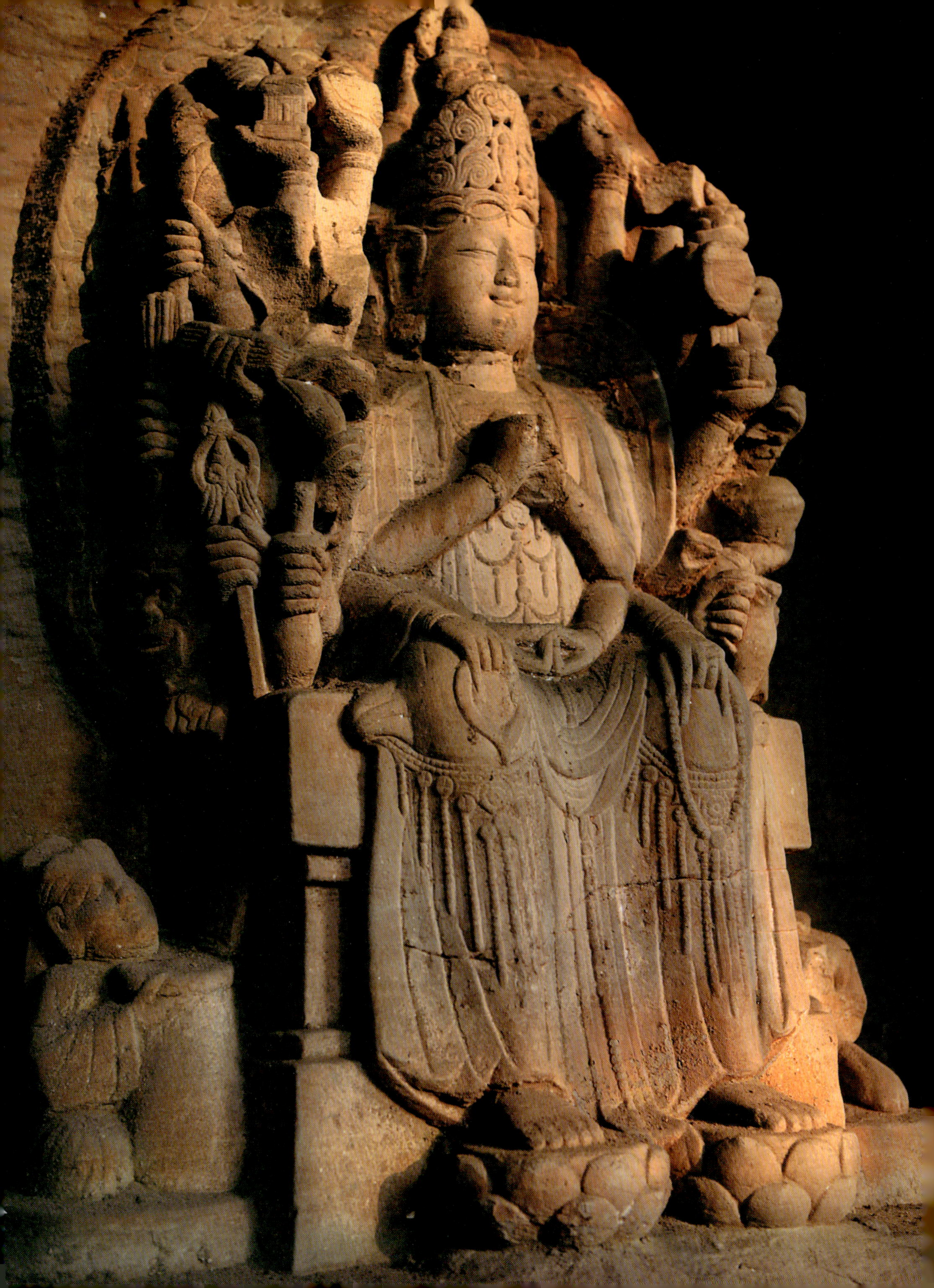

前　言

　　《渝水流泽——重庆历史文化遗产存珍》是一部解读重庆历史文化遗产的图书。

　　人类的生存、发展，离不开大自然，离不开水源。纵横交错的河流，孕育、滋养了人类文明与文化，造就了人类巧夺天工的创造力。当我们感叹人类伟大创造力的同时，也必须深深感恩大自然的恩泽！重庆位于四川盆地边缘，河网密布，长江、嘉陵江、乌江……川流不息，都是著名的河流，是我们的母亲河。嘉陵江流经重庆的河段，古称渝水，重庆简称"渝"即由此而来。"渝水"就是巴渝大地母亲河的统称。

　　重庆是国家历史文化名城，历史悠久，文化丰厚。各类文物古迹，是我们祖先遗留的宝贵遗产。阅读文化遗产，了解遗产所蕴含的文化信息，才能正确认识祖先，认识人类创造伟力，增强我们对大自然无私馈赠的敬畏与尊崇，促使我们更加尊重自然，尊重历史。

　　关于重庆历史文化遗产方面的图书，可谓琳琅满目，深受读者欢迎。新编一部图文兼备、资料翔实，并且兼具全面性、准确性与可读性的图书，反映文物保护新成就和研究新进展，满足读者需求，是文物工作者的义务与责任，也是本书主编多年的心愿。2011年12月，国务院统一部署的第三次全国文物普查启动，全社会高度重视文物保护，注重文化遗产传承，这一需求尤为急迫。本书主编邀约重庆中国三峡博物馆六位同事，协商一致，并经过数年编撰，终于成书。

　　本书主要收集现存于重庆的古遗址、古墓葬、古建筑、石窟寺及石刻、近现代代表性建筑及重要史迹和古镇，这些都是《中华人民共和国文物保护法》确定的"不可移动文物"范畴。本书对于入选的"不可移动文物"，从性质、年代、类型、内涵、价值等各个方面进行介绍、解读。除了因叙述需要而提到之外，没有专门介绍收藏在博物馆中的各类"可移动文物"，资料大体截止于2016年12月。

　　本书的编写吸纳了许多单位、学者的研究成果，书中没有一一指明，谨此致以感谢！本书的编写得到了王川平、刘豫川、黄万波先生的关心指导，在此深表谢意！

　　本书的出版得到了西南师范大学出版社的极大支持，出版社各位编辑、装帧设计及其他有关人员予以了辛勤付出，在此致以衷心感谢！

柳春鸣

2017年9月19日

Preface

Relics of Chongqing is a book on Chongqing's historical and cultural heritage.

Nature and water are indispensable for the origin and development of human beings. Rivers are often the cradles of human civilization and the source of human creativity. While marveling at the great inventiveness of the mankind, we shall not forget the blessings of nature. Chongqing, geographically located in the east end of Sichuan Basin, features an interlaced network of rivers: the Yangtze River, the Jialing River, the Wujiang River, to name just a few. The ever-flowing rivers are well-famed as the "mother rivers". One of them is the Jialing River, also called "Yu Shui (Water of Chongqing)" when it flows into Chongqing, where the ancient name of Chongqing "Yu" was originated. It is in this sense that the "Waters of Yu" was used as the general term for all the mother rivers in Chongqing.

As a national historic and cultural city, Chongqing boasts a long history and a profound culture. It is endowed with a large amount of valuable heritage from the ancient times, including various cultural relics and historical sites. Books on historical heritage and their underlying cultural information will help us have a better knowledge of our ancestors and their creativeness so that we may be more aware of the blessings of the nature and the tribute we owe to both nature and human history.

There have been diversified well-received books on Chongqing's history and cultural heritage. However, it seems still necessary to edit a new book that is more inclusive, accurate and readable, with newly-found data, pictures and specific evidence. This is both the expectation of the readers interested in Chongqing's history and a long-cherished wish of the editor. Following the completion of the Third National Archeological Survey initiated by the State Council in December, 2011, there is an increasing awareness of heritage protection

and preservation in China. In this context, to edit a book on Chongqing's cultural heritage is of greater significance. Therefore, we have invited six colleagues from Three Gorges Museum to undertake the joint work for years in compiling this book.

This book is a collection of the materials from the ancient ruins, tombs, buildings, grotto temples, stone carvings, modern or contemporary landmarks, important historic sites and old towns distributed in Chongqing. All these items are identified as Unmovable Relics according to the *Law of the People's Republic of China on the Protection of Cultural Relics*. The selected unmovable relics in this book are introduced and interpreted, covering their characteristics, times, types, significance and values. The movable relics preserved in the museum are not included in this book unless they are closely related to the items introduced here. All the materials collected in this collection generally date by December, 2016.

We have referred to or been inspired by the research by a number of institutions and individual scholars. A special gratitude is due to them, but unfortunately some of them could not have been specified explicitly in the book. Special thanks also go to Wang Chuanping, Liu Yuchuan and Huang Wanbo for their help in our editing work.

This book is published with the great support of Southwest China Normal University Press and the dedicated efforts by the editors, book designers and other publishing staff. Our heartfelt appreciation is hereby given to them.

Liu Chunming

September 19, 2017

总目录

一、人猿揖别　文明初曙
—— 人类起源探索与旧石器时代文化遗存 / 001

1. 龙骨坡遗址 / 001
2. 玉龙公园遗址 / 005
3. 丰都县旧石器遗址群 / 008
4. 奉节县兴隆洞遗址 / 012

二、文化走廊　渔猎为本
—— 新石器时代文化遗存 / 017

1. 玉溪遗址 / 018
2. 大溪遗址 / 020
3. 中坝遗址 / 026
4. 玉溪坪遗址 / 030

三、自强不息　巴渝风流
—— 青铜时代文化遗存 / 035

1. 冬笋坝古墓群 / 036
2. 小田溪墓群 / 037
3. 李家坝遗址 / 044
4. 三峡悬棺 / 046
5. 三峡古栈道 / 052

四、融汇中华　与时俱进
—— 汉晋唐宋时期文化遗存 / 063

1. 旧县坪遗址 / 063
2. 明月坝遗址 / 072
3. 冉仁才墓(驸马坟) / 074
4. 涂山窑 / 076
5. 老鼓楼衙署遗址 / 079

五、土石有灵　佛湾圣光
　　—— 大足等地宗教石刻造像 / 083

1. 大足石刻 / 083
2. 潼南大佛寺摩崖造像 / 132
3. 合川涞滩二佛寺摩崖造像 / 138
4. 江津石门大佛寺 / 146

六、独钓中原　上帝折鞭
　　—— 钓鱼城遗址 / 153

1. 钓鱼山、钓鱼城 / 153
2. 钓鱼城与山城防御体系 / 153
3. 钓鱼城保卫战 / 155
4. 钓鱼城古迹 / 160

七、江水作证　白鹤升仙
　　—— 长江三峡枯水题刻 / 167

1. 涪陵白鹤梁 / 167
2. 江津莲花石 / 178
3. 巴南迎春石 / 180
4. 江北耗儿石 / 182
5. 朝天门灵石 / 184
6. 丰都龙床石 / 185
7. 云阳龙脊石 / 186

八、农民皇帝　山城留踪
　　—— 明玉珍睿陵、弹子石大佛 / 191

1. 睿陵 / 191
2. 玄宫之碑 / 193
3. 随葬品 / 194
4. 弹子石大佛 / 195

九、天工构筑　玉宇广厦
　　—— 古城、古建筑遗存 / 199

1. 石阙 / 199
2. 重庆古城门、古城墙 / 209
3. 塔寺庙观 / 218
4. 牌坊、书院、会馆、祠堂、民居 / 268
5. 桥寨 / 304

十、诗书传家　和谐人居
——历史文化名镇　/ 319

1. 宁厂——上古盐都　巫巴故乡　/ 320
2. 大昌——大宁河畔　袖珍古城　/ 324
3. 龙溪——盐运中转　抗蒙重镇　/ 330
4. 西沱——川盐销楚　云梯登天　/ 337
5. 龙潭——人杰地灵　武陵之魂　/ 343
6. 龚滩——汉复故址　千年古镇　/ 351
7. 白沙——黑石白沙　文化重镇　/ 355
8. 中山——人文商德　百姓之镇　/ 360
9. 塘河——碧水修竹　自然和谐　/ 366
10. 松溉——万里长江　一品古镇　/ 370
11. 路孔——城寨依旧　梦里水乡　/ 374
12. 安居——仰接遂普　俯瞰巴渝　/ 382
13. 双江——民宅故居　人文古韵　/ 386
14. 涞滩——千年鹫峰　古寨瓮城　/ 396
15. 走马——古道驿站　故事之乡　/ 400
16. 东溪——千年黄葛　清幽山水　/ 404
17. 丰盛——静谧悠远　年丰物盛　/ 410
18. 龙兴——物丰人泰　泉秀洞幽　/ 418
19. 偏岩——华蓥故道　工商古镇　/ 425
20. 磁器口——千人拱手　万盏明灯　/ 430

十一、西风东渐　都会端倪
——开埠以来文物遗迹　/ 437

1. 立德乐洋行旧址　/ 438
2. 卜内门洋行旧址　/ 440
3. 重庆海关监督公署旧址　/ 441
4. 法国水师兵营旧址　/ 442
5. 璧山露德堂　/ 444
6. 大足马跑教堂　/ 446
7. 重庆若瑟堂　/ 448
8. 鸡冠石法国教堂（慈母堂）　/ 450
9. 南川天主堂　/ 452
10. 菩提金刚塔　/ 454

11. 西山公园钟楼 / 458
12. 北碚红楼 / 460
13. 重庆大学近代建筑群 / 462

十二、雾都明灯 远东枢纽
——反帝反封建斗争与抗日战争文物遗迹
/ 471

1. 杨沧白故居及墓 / 472
2. 邹容烈士纪念碑 / 474
3. 张培爵烈士纪念碑及墓 / 476
4. 四川革命先烈纪念碑 / 478
5. 重庆"三·三一"惨案死难志士群葬墓地纪念碑 / 480
6. 赵世炎故居 / 482
7. 杨闇公故居及陵园 / 484
8. 刘伯承故居 / 488
9. 聂荣臻故居 / 492
10. 王良故居 / 495
11. 綦江石壕红军烈士纪念碑 / 496
12. 城口红三十三军指挥部旧址 / 497
13. 酉阳南腰界红三军司令部旧址 / 498
14. 中国西部科学院旧址 / 500
15. 世界佛学苑汉藏教理院旧址 / 504
16. 中共中央南方局暨八路军重庆办事处旧址 / 508
17. 国民参政会旧址 / 517
18. 国民政府立法院、司法院、蒙藏委员会旧址 / 518
19. 国民政府行政院旧址 / 520
20. 国民政府外交部旧址 / 522
21. 国民政府军事委员会礼堂旧址 / 526
22. 国民政府经济部旧址 / 527
23. 国民政府军事委员会政治部旧址暨张治中旧居 / 528
24. 重庆郭沫若旧居暨国民政府军事委员会政治部第三厅旧址 / 530
25. 中山四路蒋介石旧居 / 532
26. 黄山抗战遗址群 / 533
27. 南泉抗战旧址群 / 543
28. 北温泉抗战遗址 / 546

29. 跳伞塔 / 552

30. 抗建堂 / 556

31. 《大公报》社重庆旧址 / 558

32. 国立复旦大学旧址 / 559

33. 育才学校旧址 / 562

34. 中国乡村建设学院旧址暨晏阳初旧居 / 566

35. 保卫中国同盟总部旧址暨宋庆龄旧居 / 568

36. 陈独秀旧居 / 570

37. 冯玉祥旧居 / 572

38. 梁实秋旧居(雅舍) / 576

39. 寅初亭 / 579

40. 老舍旧居 / 580

41. 卢作孚旧居 / 582

42. 徐悲鸿旧居、石家花园 / 584

43. 沈钧儒旧居 / 588

44. 特园 / 590

45. "六五"大隧道惨案遗址 / 596

46. 张自忠墓 / 598

47. 同盟国驻渝外交机构旧址群 / 600

48. 大韩民国临时政府旧址 / 608

49. 同盟国中国战区统帅部参谋长官邸旧址(约瑟夫·史迪威将军旧居) / 611

50. 苏军烈士墓 / 614

51. 库里申科烈士墓 / 615

52. 重庆谈判旧址群 / 617

53. 抗战胜利纪功碑暨人民解放纪念碑 / 629

后 记 / 631

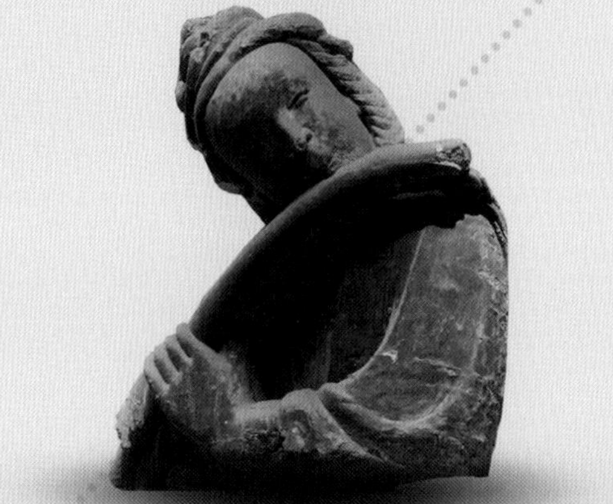

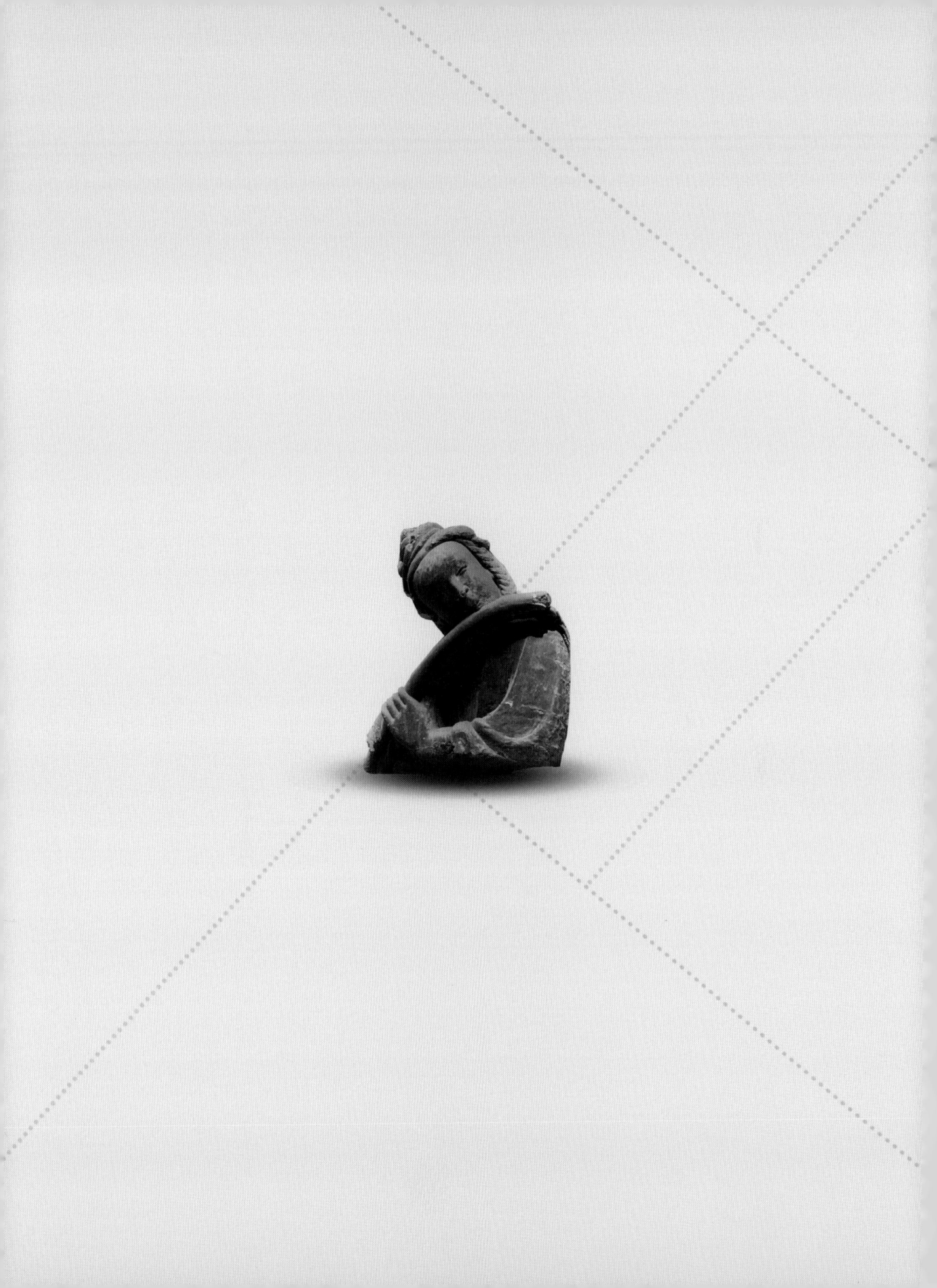

渝水流泽
——重庆历史文化遗产存珍（上）

目录(上)

一、人猿揖别　文明初曙
—— 人类起源探索与旧石器时代文化遗存　/　001

1. 龙骨坡遗址　/　001
2. 玉龙公园遗址　/　005
3. 丰都县旧石器遗址群　/　008
4. 奉节县兴隆洞遗址　/　012

二、文化走廊　渔猎为本
—— 新石器时代文化遗存　/　017

1. 玉溪遗址　/　018
2. 大溪遗址　/　020
3. 中坝遗址　/　026
4. 玉溪坪遗址　/　030

三、自强不息　巴渝风流
—— 青铜时代文化遗存　/　035

1. 冬笋坝古墓群　/　036
2. 小田溪墓群　/　037

3. 李家坝遗址 / *044*

4. 三峡悬棺 / *046*

5. 三峡古栈道 / *052*

四、融汇中华　与时俱进
　　—— 汉晋唐宋时期文化遗存 / *063*

1. 旧县坪遗址 / *063*

2. 明月坝遗址 / *072*

3. 冉仁才墓（驸马坟） / *074*

4. 涂山窑 / *076*

5. 老鼓楼衙署遗址 / *079*

五、土石有灵　佛湾圣光
　　—— 大足等地宗教石刻造像 / *083*

1. 大足石刻 / *083*

2. 潼南大佛寺摩崖造像 / *132*

3. 合川涞滩二佛寺摩崖造像 / *138*

4. 江津石门大佛寺 / *146*

六、独钓中原　上帝折鞭
　　—— 钓鱼城遗址 / *153*

1. 钓鱼山、钓鱼城 / *153*

2. 钓鱼城与山城防御体系 / *153*

3. 钓鱼城保卫战 / *155*

4. 钓鱼城古迹 / *160*

七、江水作证　白鹤升仙
　　——长江三峡枯水题刻 / **167**

1. 涪陵白鹤梁 / **167**
2. 江津莲花石 / **178**
3. 巴南迎春石 / **180**
4. 江北耗儿石 / **182**
5. 朝天门灵石 / **184**
6. 丰都龙床石 / **185**
7. 云阳龙脊石 / **186**

八、农民皇帝　山城留踪
　　——明玉珍睿陵、弹子石大佛 / **191**

1. 睿陵 / **191**
2. 玄宫之碑 / **193**
3. 随葬品 / **194**
4. 弹子石大佛 / **195**

九、天工构筑　玉宇广厦
　　——古城、古建筑遗存 / **199**

1. 石阙 / **199**
2. 重庆古城门、古城墙 / **209**
3. 塔寺庙观 / **218**
4. 牌坊、书院、会馆、祠堂、民居 / **268**
5. 桥寨 / **304**

龙骨坡遗址大门

一、人猿揖别　文明初曙

——人类起源探索与旧石器时代文化遗存

生命起源于水,大江大河孕育了人类文化和文明。考古发现证明,长江与黄河一样,是中华民族和中华文明的母亲河。

长江三峡位于中国大地貌单元第二级阶梯中间的枢纽地段,长江上游向中游的过渡地带,是研究古人类在中国的起源及其文化发展的重要区域。远古时期,这里水源充足,森林密布,物种丰富,是远古人类与动物理想的栖息地。通过长江三峡文物抢救与保护工作,重庆地区史前文化起源与发展的脉络已清晰地展现在世人面前。在此地区发现的丰富的古人类遗址、古人类文化遗存可建立起从200万年前开始的人类演化与文化演替的大体框架,说明这里是东亚人类最重要的演化中心之一。

巫山龙骨坡遗址位于三峡腹地,年代为距今200万年左右,属于旧石器时代早期文化,代表了东亚地区目前已知的最早的古人类遗存。

长江与嘉陵江交汇处的重庆市主城区及其附近区县,分布着众多旧石器时代早期至晚期文化遗址。近年来的考古证据表明,我们的祖先自百万年前就一直在此繁衍生息,薪火相传,从未断绝。

1. 龙骨坡遗址

龙骨坡遗址位于巫山县庙宇镇龙坪村西南坡。

长江三峡地区位于北亚热带范围内,气候温和湿润,雨量充沛,自古以来就是各种动植物的乐园与丰富的物种库。远古三峡堪称露天的自然与历史博物馆,其森林、河流与灌丛相嵌的生态环境,很早就被学者们认为是研究人类起源、演化和文化发展的重要区域。

龙骨坡遗址海拔830米,地理坐标为东经109°4′50″,北纬30°21′25″。该遗址由中国科学院古脊椎动物与古人类研究所专家黄万波率领的科学考察队发现于1984年。

龙骨坡遗址的出土物包括人科化石、石制品及大量脊椎动物化石。其中,人科化石被命名为直立人

巫山亚种(Homo erectus wushanensis)，俗称"巫山人"。龙骨坡遗址还出土了大量早更新世早期的动物化石，其中哺乳动物116种，这是迄今东亚地区相同层位中发现的最为丰富的化石动物群。该遗址出土的哺乳动物化石组合被称为"龙骨坡动物群"。其中，早更新世特有属种有步氏巨猿、小种大熊猫、桑氏粗壮斑鬣狗、更新世猎豹、似巴氏剑齿虎、扬子江中国乳齿象、云南马、爪兽和山原貘等，充分显示出其古老性质，为龙骨坡遗址的年代学研究提供了坚实的基础。

该遗址中出土了上千件人工痕迹清楚的石制品，类型主要包括石核、石片、砍砸器、尖状器、刮削器、薄刃斧、手镐、似手斧等。第3-4堆积层和第7-8堆积层中，在3平方米范围内堆积了大量食草类动物的前、后肢骨，它们交叉、重叠在一起，有的骨关节还彼此相连，骨骼间伴有石制品，所有骨骼表面光洁，无食肉动物的咬痕或流水的蚀痕。这种特殊埋藏现象排除了自然形成的可能，充分表明了人类的主动性行为。研究者把这些属于旧石器时代早期的远古文化遗存命名为"龙骨坡文化"。

据古地磁学证据，龙骨坡遗址的年代大约从堆积物底部的240万年到顶部堆积的180万年，其中含人类化石地层的绝对年龄是距今204万~201万年，该遗址因而被认为是迄今为止欧亚大陆时代最早、内涵最丰富的古人类遗址。巫山龙骨坡遗址的发现是近30年来东亚早期人类研究领域中最重大的突破之一，在人类起源与旧石器文化研究领域具有深远的影响。

1996年，该遗址被列为全国重点文物保护单位。

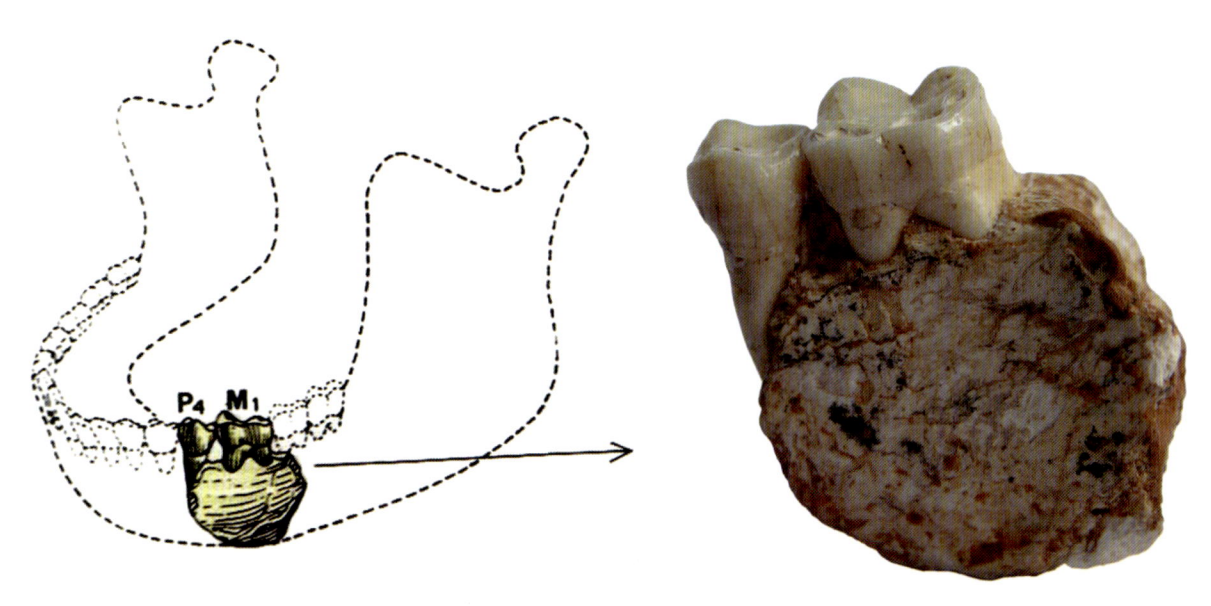

"巫山人"下颌骨复原图　　　　　　　　　　　　"巫山人"下颌骨化石

"巫山人"下颌骨化石发现处

2006年发现的大型食草动物肢骨化石堆积体

2009年发现的大型食草动物肢骨堆积体

2011年发掘场景

石制品埋藏状态

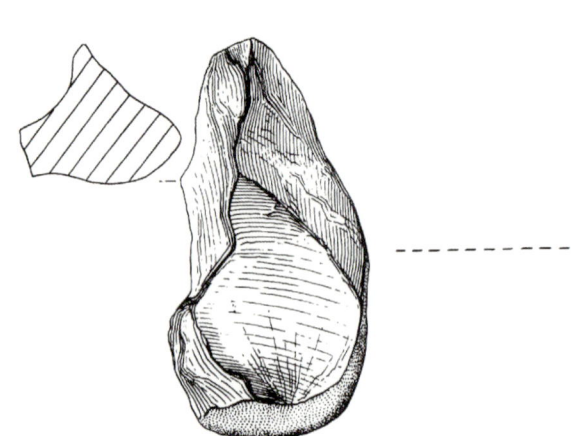

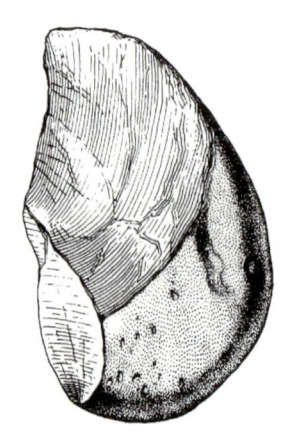

出土石器的线描图

出土石器

003

动物肢骨

巨猿牙齿化石

剑齿象牙齿化石

乳齿象牙齿化石

剑齿虎牙齿化石

爪兽牙齿化石

云南马牙齿化石

鬣狗牙齿化石

鬣狗粪便化石

2. 玉龙公园遗址

该遗址位于九龙坡区玉龙公园内。

2009年12月，重庆中国三峡博物馆三峡古人类研究所在重庆市主城区进行长江、嘉陵江的河流阶地及文化遗物调查，在位于九龙坡区玉龙公园内的长江第五级阶地的原生地层中发现了人工石制品。自2010年7月开始，经过为期半年的正式发掘，获得有明显人类加工痕迹的石制品百余件，能够判别的石器类型主要包括石核、石片、砍砸器、刮削器、尖状器等。大部分石制品有不同程度的风化磨蚀，原料系就地取材于阶地砾石层，加工方式以锤击法为主，具有南方旧石器主工业特点。

玉龙公园遗址地理坐标为东经106°53″，北纬29°50″，海拔329米，距离长江水面的相对高度125~160米。人工石制品散布于总厚度超过20米的砾石层中。砾石及充填其间的砂粒网纹化程度严重，已风化的砾石在数量上超过尚未风化的砾石，间接证明该遗址时代的久远。玉龙公园遗址位于长江第五级阶地上，其地质、地貌特点显示该遗址的地质时代为早更新世晚期，属旧石器时代早期。2011年，南京师范大学和澳大利亚核科学与技术组织环境研究所采用铝铍法对玉龙公园遗址的年代进行了测定，结果表明该遗址的年代为距今100万年左右。

玉龙公园遗址地貌

发掘现场　　　　　　　　　　　　　　　　发掘探方俯视

发掘探方底部仰视　　　　　　　　　　　地层中包含的各色砾石，发掘后形成色彩斑斓的地质剖面

出土石制品 　　　　　　　　　　　　　　　　　　　　　　　　　石制品侧面

玉龙公园遗址的测年结果表明：重庆市主城区至少在100万年前就已经有了人类的活动。在城市中发现年代如此久远的旧石器时代遗址，在全国乃至世界上都是非常罕见的。玉龙公园遗址的发现，刷新了重庆这座城市人类活动的历史。调查结果表明，重庆市主城区及邻近区县从最高的长江第五级阶地到最低的第一级阶地，甚至在河漫滩都有人工石制品分布。这意味着至迟从100万年前至今，人类就一直在重庆市主城区一带繁衍生息，从未断绝。重庆市主城区位于长江与嘉陵江交汇处，依山傍水，古地理、古气候和古生态环境等都非常适合人类生存。生命在此演化，文化在此发展，自有其必然性与合理性，玉龙公园遗址的发现就是一个例证。

玉龙公园遗址不仅是一个重要的考古遗址，还是一个罕见的地质剖面，涵盖了丰富的地质、地貌、古气候、古环境信息，是一个有着重要科普、宣传价值的史前文化遗址。该遗址的发现，填补了长江流域高阶地较完整剖面记录的空白。长江第五级阶地是重庆市主城区内海拔最高、形成时代最早的阶地，对研究长江的形成时间与过程，阶地的形成与分布规律，网纹红土的形成机理，古环境、古气候的演变过程等具有重要学术意义。

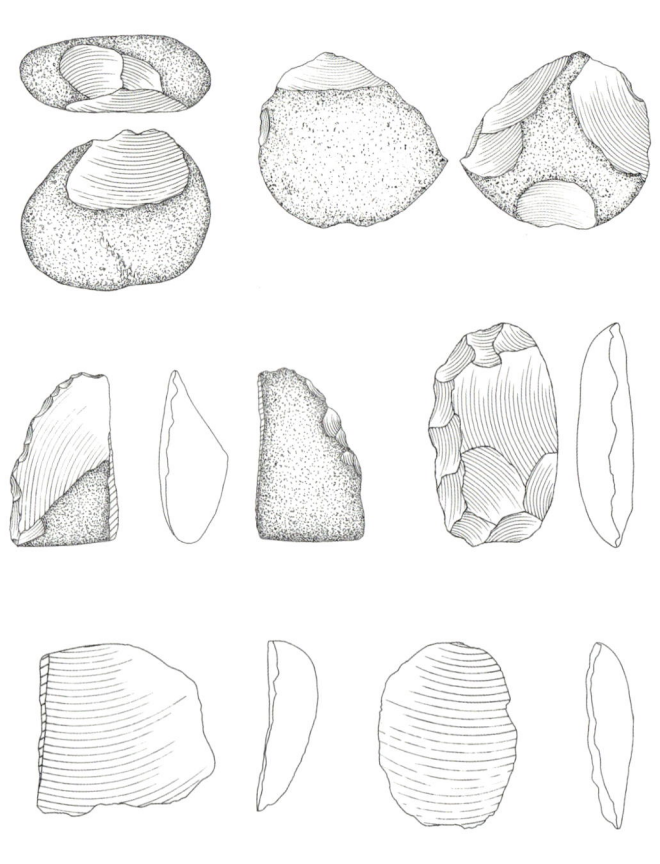

石制品线描图

石制品出土场景

3. 丰都县旧石器遗址群

在三峡文物抢救与保护工作中，丰都县长江两岸的第一级至第四级阶地中都发现了重要的旧石器时代遗址，其时代从旧石器时代早期到晚期，中间没有间断。代表性的旧石器时代遗址有烟墩堡遗址、高家镇遗址、冉家路口遗址、井水湾遗址、枣子坪遗址等。其中，被评为"1996年度全国十大考古发现"之一的烟墩堡遗址位于长江第四级阶地上，属旧石器时代早期，距今73万年左右；2001年被公布为第五批全国重点文物保护单位的高家镇遗址位于长江第三级阶地上，属旧石器时代中期，距今14万年左右；井水湾遗址位于长江第二级阶地上，属旧石器时代中期，距今8.0万~7.8万年左右。

(1) 烟墩堡遗址

该遗址位于丰都县新县城迁建区，1994年3月被发现。在1994年至1998年间，经4次发掘，出土石制品1341件。石制品分布在阶地底部的砾石层中。烟墩堡的石制品具有中国南方砾石石器工业的普遍特征，以大中型为主，原料主要是磨圆度较高的河床砾石，岩性以石英砂岩为主，石制品类型主要有石片、石核、石器、碎片、石锤和石砧。石器以刮削器为主，砍砸器具有重要地位，加工简单。烟墩堡旧石器遗址的发现与发掘为研究"砾石工业传统""砍砸器传统""南方主工业"等文化传统的特征、分布区域和演化提供了新的材料。

2000年，该遗址被公布为重庆市文物保护单位。

石核

石片

烟墩堡遗址

砍砸器内侧面

砍砸器外侧面

尖状器

(2) 高家镇遗址

该遗址位于丰都县高家镇，1994年3月被发现，经过1995年和1998年两次发掘，共出土石制品2500余件。石制品分布在阶地底部的砾石层中。石制品以大型为主，原料主要是磨圆度高的河卵石，岩性以石英砂岩为主，石制品类型主要有石核、石片、断块和石器。砍砸器是主要石器类型，加工简单。高家镇遗址属于一处石料采集和就地加工石制品的作坊，处在以粗大的砾石和大石片加工成的石器为代表的南方主工业分布范围内，其石器组合具有中国南方旧石器时代主工业的鲜明特点。高家镇遗址的发现说明古人类很早以前就在沿江生活。

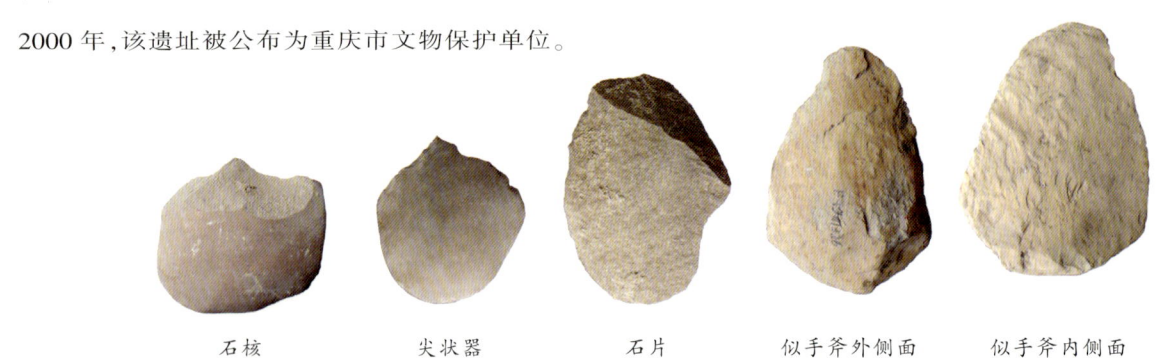

2000年，该遗址被公布为重庆市文物保护单位。

石核　　尖状器　　石片　　似手斧外侧面　　似手斧内侧面

高家镇遗址

（3）井水湾遗址

井水湾遗址位于丰都县三合街道井水湾，1994年3月被发现，于1998年至2002年间共进行了5次发掘，揭露面积2121平方米，出土石制品910件、动物化石58件。石制品以大中型为主，原料主要是磨圆度较高的河卵石，岩性以石英砂岩为主，石制品类型主要有石片、石核、石器、断块和石锤。砍砸器和刮削器是主要石器类型。

井水湾遗址是三峡乃至华南地区旧石器时代中期的一处代表性遗址。该遗址除出土了丰富的石制品外，还有哺乳动物化石，这对于认识华南地区缺乏地层和古生物化石依据的露天旧石器时代遗址具有积极的意义。《科学时报》2006年7月31日对井水湾遗址测年结果的意义进行的报道认为：井水湾旧石器遗址为7万年前的古人类活动的遗留物，成功弥补了三峡乃至华南地区旧石器时代"早→中→晚期"文化发展序列缺失的中期环节。

井水湾遗址发掘工地

出土石核　　　　石片

刮削器

井水湾遗址发掘现场与剖面

011

4. 奉节县兴隆洞遗址

该遗址位于奉节县云雾土家族乡兴隆洞,海拔 1100 米。2001 年由中国科学院古脊椎动物与古人类研究所、龙骨坡巫山古人类研究所和奉节县文物管理所组建的三峡洞穴考察队发现。经过 2 次试掘和 3 次正式发掘,从中获得了大量的古人类文化遗物。该遗址的出土物包括人科化石、石制品、剑齿象牙刻划及大量哺乳动物化石。其中,人科化石被归属为早期智人。这是在三峡地区首次发现的早期智人化石。

根据中国及美国的三家年代学测定单位对兴隆洞遗址人类化石出土层上覆及下伏钙板进行的铀系法测定结果,同时参考出土的化石动物群,古人类在该洞穴的生存行为发生在中更新世晚期,距今 13 万年左右。

奉节兴隆洞遗址中最令人兴奋的标本是在文化层下部与人牙和剑齿象牙伴存的、被称为"东亚第一哨"的石埙以及多件雕刻艺术品。与雕刻艺术品在同一层位出现的还有 40 多种哺乳动物化石和石制、骨制工具。出现在剑齿象门齿上的刻划纹成组分布,组成简单而抽象的图案,是目前所知全世界最早的人类有意识的刻划作品,对原始艺术的起源及东亚地区现代人类的起源、演化和行为方式的研究具有重要的学术意义。

奉节峰丛地貌

兴隆洞遗址保护碑

兴隆洞遗址远眺

兴隆洞遗址洞口

地层剖面

洞穴平面图

奉节人牙齿化石

尖状器

013

发掘剑齿象门齿时的场景

剑齿象门齿埋藏产状

象牙刻划

长江与玉溪河交汇处的玉溪遗址

二、文化走廊　渔猎为本
——新石器时代文化遗存

重庆地区的新石器时代文化遗址数量很多，主要发现于长江、乌江、嘉陵江等流域。由于三峡文物保护工程的实施，在三峡库区发现、发掘了大量新石器时代文化遗址。三峡地区的考古发现，充分显示了重庆地区新石器时代原始文化的概貌。

这时的人们告别了阴暗潮湿的洞穴，来到江河岸边的阶地、台地上，构筑简单的房屋，实现了定居。虽然已经有了农业生产活动，但是捕鱼、狩猎和采集仍占相当大的比重。在奉节县鱼复浦遗址发掘的陶片，证明了距今大约8500年前，这里的人们就已经能够制作陶器。这些都是进入新石器时代的显著标志。

从距今约7000年前的玉溪遗址看，人们普遍使用陶器，使用打制和磨制石器，玉溪文化是重庆地区已知年代最早的、文化面貌清晰的新石器时代文化。从距今6000年左右开始，三峡地区以瞿塘峡为界，形成东、西两大系统的文化。东部地区的文化表现出与长江中游地区的明显联系，而西部地区逐渐发展成为一个独立的文化系统。纵观重庆新石器时代发展史，静态上看，本土的考古学文化有着自己独特的发展、演变序列；动态上看，来自不同地区的族群以高密度、高流速穿行于三峡，赋予这条黄金水道文化走廊的特征，形成带动中华文化东西交流、南北互动的壮阔情景。

1. 玉溪遗址

玉溪遗址位于丰都县高家镇临近长江的台地上。1992年为编制三峡库区文物保护规划进行考古调查时，发现该遗址。

通过多年发掘，发掘者基本了解了玉溪遗址各时代遗存的分布范围。新石器时代中期遗存主要分布在遗址临江的北部，靠近玉溪河与长江的交汇处，面积约450平方米。根据文化遗存堆积的早晚和遗物文化形态的差异，发掘者将该遗址文化堆积分为"玉溪上层""玉溪下层"两个文化类型。

玉溪下层的发现证明，早在距今7000年前，原始人群已经在这里过着稳定的居住生活。他们善于就地取材，打制石器，并磨制加工；已经纯熟地掌握了制陶技术，并出于审美需要，在陶器器表上涂抹红色，或施加绳纹，在器口及圈足外沿按压小花边；能够把动物骨骼充分利用，加工成精美的骨凿、骨锥、骨针等器物。7000年前的三峡地区山岭纵横、河湖相间，水生和陆生动物资源十分丰富，而人口又相对较少，人们只需通过沿用旧石器时代以来传统的渔猎、采集活动，就能维持生存，在玉溪下层文化层中发现有大量的兽骨、鱼骨堆积即明证。另一方面，三峡主

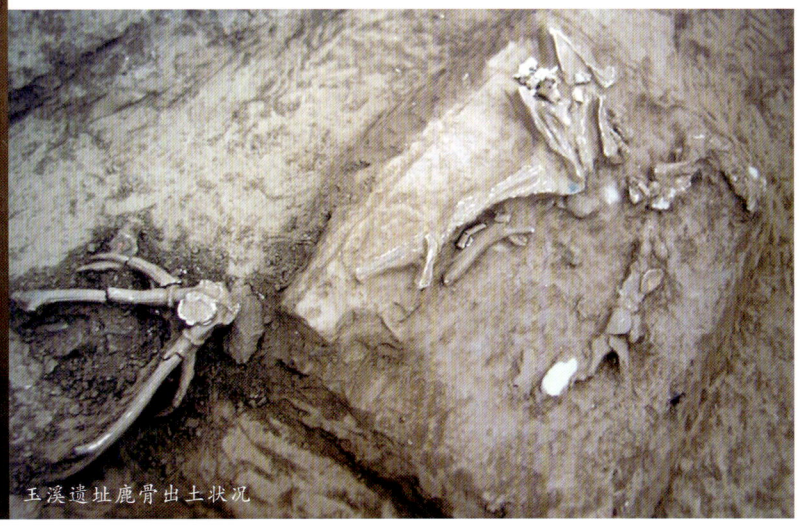

玉溪遗址考古发掘工作场景

玉溪遗址文化层

发掘出土的文化层

玉溪遗址鹿骨出土状况

磨制石器

石器

要是山区和重丘地区,平坝、台地很少,不具备大规模发展农业的条件,在玉溪文化下层时期,人们主要以采集、渔猎经济为主,农业生产、家畜养殖可能处于起步阶段,尚不是主要生计方式。

玉溪下层文化是重庆地区新石器时代中期的代表性文化,具有明显的文化特色,但也受周边文化的影响。湖南的皂市下层文化、鄂西的城背溪文化通过峡江河段与其发生联系,陕南地区的老官台文化李家村类型通过嘉陵江流域与同时期的玉溪文化产生关联。

玉溪上层文化与玉溪下层文化是不同时代且差异明显的两种文化,缺少直接的承继关系。玉溪下层文化与两湖地区的文化更接近,而玉溪上层文化可能更多地具有西部内陆地区的风格。学者们普遍认为,造成文化差异的原因是洪水灾害引起文化中断,或另外族群迁入。

2000年,玉溪遗址被公布为重庆市文物保护单位。

骨锥

残破陶器的口沿部分

陶器(白色部分是修补所用的石膏,后同)

大溪遗址环境

2. 大溪遗址

大溪遗址是长江流域著名的新石器时代文化遗址,是分布于长江三峡与长江中游的新石器时代文化——"大溪文化"的命名地,2001年被评选为"中国20世纪100项考古大发现"。

大溪遗址位于巫山县大溪乡大溪河与长江的交汇处。1925—1926年,美国自然历史博物馆"中亚探险队"纳尔逊一行在三峡地区考察时发现大溪遗址。1958年,重庆市博物馆、四川大学、四川省博物馆联合组成"长江三峡水库文物调查队",进一步确认:大溪遗址是一处新石器时代遗址。1959年至1975年,考古工作者对大溪遗址进行了三次发掘,清理了大量灰坑、墓葬、与房屋建筑有关的白灰面及鱼骨层等遗迹,清理新石器时代墓葬207座。据此,学术界提出了"大溪文化"的考古学文化命名。1994年,经勘探、发掘,确定了大溪遗址的分布面积约5万平方米,文化层厚2.5~3.6米,海拔为125~145米。由于三峡大坝蓄水后大溪遗址将淹没于水下,1997年以后,考古工作者对大溪遗址进行了连续的大规模发掘,取得重要成就。

考古发掘证明,大溪遗址的绝对年代为距今6300—5300年,属于新石器时代中期偏晚阶段,即中原地区的仰韶文化时间段。大溪遗址有生活区、墓葬区和废弃物堆积区等不同功能区域。

大溪遗址发现的新石器时代墓葬葬式很独特,随着时间推移而发生着变化,可将这种变化分为四个期别:第一期墓葬多为直肢葬(即死者手脚垂直平放);第二期大多死者为跪屈葬(即死者下肢弯曲呈跪状);第三期由跪屈状变成蹲屈葬,死者双手抱膝于胸前;第四期墓葬中,绝大多数又变成直肢葬。

跪屈式或蹲屈式都属屈肢葬范畴,在中原地区的新石器时代文化中,屈肢葬是个别现象,通常死者为非正常死亡。而大溪文化中,屈肢葬则是一段时间范围内的流行葬式。由直肢葬到屈肢葬再到直肢葬的变化轨迹已清晰地展现在我们面前,其中含义耐人寻味。这些墓葬中的随葬器物有骨器、蚌器、玉器、

大溪遗址远景　　大溪遗址发掘场景

石器和陶器等,以陶器为大宗。早期墓葬出土器物较少,第一期墓葬多数没有随葬品;第二期墓葬中有石器、骨器、玉器、蚌器以及兽牙制成的饰件,陶器较为少见;第三、四期墓葬中,陶器成为主要随葬品,有一定数量的彩陶,骨器越来越少。

大溪遗址出土的陶器,主要为红陶、灰陶,也有代表当时制陶工艺高水平的黑陶、白陶。陶器种类较多,有用于炊厨、饮食的釜、钵、碗、簋、豆、盆、壶、杯、盘等。陶器装饰艺术有施加红色陶衣、彩陶等形式。彩陶多为在红陶上绘黑彩,图案多为象形的"绞索纹"、横"人"字纹以及花叶、渔网、水波等象形纹饰。

大溪遗址出土的生产工具有石器、骨器、陶器等。石器以磨制为主,骨器主要用动物骨骼、牙齿和鱼骨、蚌壳等制作。发掘出土了一些可能是木器、竹器的碳化遗迹,但没有发现实物。用于农业生产的主要是石锄、石斧、石铲、石钺和骨铲、蚌镰等;用于纺织和加工的工具有石锛、石凿、骨凿、骨针、骨锥、陶纺轮、骨匕、骨梭等;石箭镞、石球、石网坠、骨矛、牙制鱼钩等,是用于渔猎的工具。

磨制精美的石器、标准规整的陶器、纹样丰富的彩陶,以及玉璜、玉璧、玉玦、骨镯、蚌环(珠)等各种质地的装饰品,使我们看到了大溪人的审美追求,也反映了大溪文化在物质与精神方面的发展水平。

大溪遗址还发现数量不少的器物坑、动物坑等遗迹。器物坑内埋藏一件或几件陶器不等,器类有罐、釜等。动物坑出土有狗、牛、龟、鱼等动物骨骼,并伴有陶器在其中。这些坑的性质可能与当时人们的信仰活动有关。

自"大溪文化"命名以来,各地的考古发现证明,大溪文化是一支分布在以长江中游江汉平原为中心区域的新石器时代考古学文化。作为大溪文化命名地的大溪遗址,是长江中游地区大溪文化的西界地。瞿塘峡以东的巫山地区,如巫山县欧家老屋、江东嘴、培石等遗址也都有大溪文化遗存的发现。

2000年,大溪遗址被公布为重庆市文物保护单位。

彩陶罐 　　　　　　　红陶圈足罐

红陶碗

圈足盘 　　　彩陶碗残片 　　　彩陶钵残片

骨匕

牙饰

骨镯

骨器

墓葬中出土的小蚌环

石斧

石凿

玉璧　　玉玦

玉璜　　玉饰

跪屈葬　　蹲屈葬

五人合葬墓　　双人合葬墓　　仰身仰跪墓葬

随葬骨器和石器的墓葬

随葬鱼的墓葬

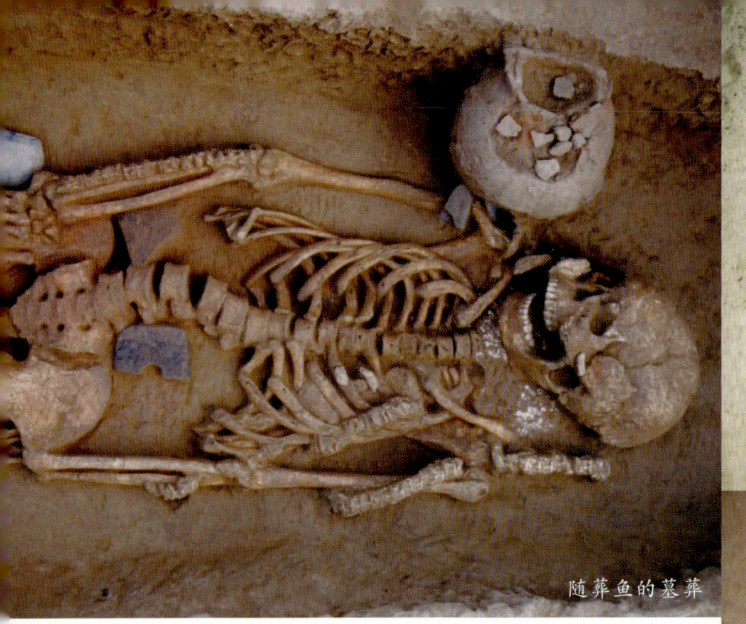

第 301 号鱼骨坑

第 497 号鱼骨坑

眼眶上缘有一骨镞

葬有狗骨的动物坑

第 330 号器物坑

3. 中坝遗址

在距今 5000 年左右，中华民族迈入文明的门槛，位于长江流域的重庆地区也不例外，在新石器时代晚期，开启了迈入文明时代的脚步。这里发现的中坝遗址、哨棚嘴遗址、玉溪坪遗址等新石器时代晚期文化遗址，是重庆地区文明脚步的痕迹。证明了长江流域与黄河流域一样，都是中华文明的发祥地。

中坝遗址位于忠县县城正北 6 公里的甘井河畔。由于河水的常年冲刷，遗址的主体部分已经沦为河床左侧一座面积约 7000 平方米的孤岛，人称"中坝"，因此遗址被命名为"中坝遗址"。遗址所包含的文化遗存，涵盖了新石器时代、夏、商、西周、春秋战国、秦、汉、南朝、唐、宋、元、明、清，完整地展现了中华的五千年文明史，被列为 1998 年度"全国十大考古发现"之一。其中属于新石器晚期的灰坑和窖藏数以百计，分布密集，打破关系复杂，是其他遗址中很难见到的。中坝遗址新石器晚期遗存中，发现了很多的敞口深腹缸。国外专家考察后指出，这类敞口深腹缸的底部与非洲的盐业生产工具十分相似。

2000 年，中坝遗址被公布为重庆市文物保护单位。

中坝遗址全景

遗址环境

在地层表面，有这种密密麻麻的"洞"状遗迹

当溪水上涨时，中坝就成了一个小孤岛

中坝遗址的地层剖面

中坝遗址的典型剖面

考古发掘探方

许多探方中都发现了这样的"洞"

"水槽"遗迹

房屋遗迹出土状况,当年的居住面还清晰可辨

第83、84号墓葬

新石器时代灰坑

圜底罐出土情况

第9号陶窑遗迹全景

敞口深腹缸

敛口深腹缸

陶罐

敞口深腹小底缸残片

陶杯 　　陶豆

花边口沿圜底罐

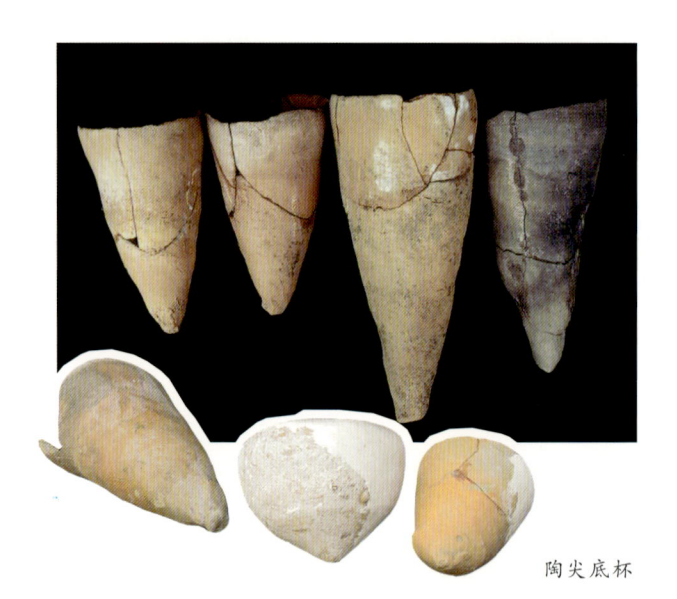

陶尖底杯

陶圈足盘

考古工地出土器物整理现场

029

4. 玉溪坪遗址

　　玉溪坪遗址位于丰都县龙孔镇玉溪河口，与玉溪遗址隔玉溪河相望。这是一支重庆地区土著的新石器晚期文化。玉溪坪文化分布范围很广，重庆地区很多地方都发现过这一时期的遗存，是重庆地区新石器文化发展的高峰。其所属时代比玉溪遗址略晚，但遗存的内容更丰富。除地层外，还发现有灰坑、灰沟、窑址、墓葬和大型干栏式建筑址等。另外，此地还有一些颇具特色的遗物，如花边口平底缸、鼓腹罐、高领瓮等，器表纹饰繁缛，主要有绳纹、菱格纹、附加堆纹、瓦纹等。从早期到晚期，基本器物组合可以分为三组，这三组器物特征明确，组合关系的变化明显，代表性器类的演化轨迹清晰。重庆地区新石器时代晚期文化处于繁盛期，对外影响空前扩大，川北、鄂西、黔东南等地均见有与其相同或类似的文化因素。

玉溪坪遗址发掘场景

玉溪坪遗址发掘场景　　　　　　　　　玉溪坪遗址 T0406、T0506 南壁

玉溪坪遗址 F13 柱洞　　　　　　　　玉溪坪遗址 3 号窑址

附加堆纹陶缸 　　　　　　　　　　　折腹敞口钵

绳纹陶缸

平底碗

圈足碗

深腹罐

陶釜

陶壶

033

1954年巴县冬笋坝(今属九龙坡区)墓地发掘现场

三、自强不息　巴渝风流

——青铜时代文化遗存

新石器时代之后，人类进入了青铜时代，在新石器时代末期出现的青铜冶炼技术越来越成熟。这个时期，出现了私有财产、阶级和国家。

巴人是青铜时代活跃于三峡地区、汉水中上游一带的一支古老民族。有学者认为，安阳殷墟甲骨文中关于"伐巴方"的卜辞，反映的是商王朝与巴国关系的史实。《华阳国志》记载巴人参与伐纣，受到周王的分封。到了春秋时期，巴与楚在江汉平原和战不定，最终退居渝东。巴人先后定都重庆、合川、阆中等地。巴人曾创造了独具特色的文明，在漫长的岁月中，为开发长江上游、汉水流域、嘉陵江流域等广大地域做出了巨大贡献。

关于巴文化的考古学研究，始于抗战时期。著名考古学家卫聚贤在四川地区先后收集了一批不同于黄河流域的青铜兵器，正式提出了"巴蜀文化"的命名（蜀文化是指以成都平原为中心的青铜文化）。20世纪50年代，在四川广元昭化宝轮院和重庆巴县冬笋坝（今九龙坡区铜罐驿镇冬笋坝社区）发掘了战国晚期的船棺葬，推测可能是巴人墓。20世纪70年代，在涪陵小田溪又发掘了战国至汉初的巴人高等级墓葬，印证了巴国"先王陵墓多在枳"的记载。考古学方法与文献记载的结合，为我们揭开巴人之谜提供了新的途径。实施三峡文物保护工程以来，在库区发现商周时期与巴文化有关的遗址100多处，将巴文化研究推向了新的高度。

考古人员对船棺进行清理　　　　　　　　　　　考古人员清理古墓葬，登记出土文物

青铜"王"钺

青铜鎏金虎纹剑

1. 冬笋坝古墓群

冬笋坝古墓群位于九龙坡区铜罐驿镇冬笋坝社区。1954年，西南博物院（1955年更名为重庆市博物馆，是重庆中国三峡博物馆的前身）对该古墓群进行了发掘。当时，冬笋坝隶属于巴县。考古工作者发掘冬笋坝古墓群，共清理战国至秦汉时期土坑墓80余座、秦汉墓61座，出土战国、秦汉文物近千件。其中船棺葬21座，出土完整船棺4具。

所谓"船棺"，是用整段楠木做成的葬具。楠木对剖成两半后，再将树心部位挖空，放入死者和随葬物，盖上木板后埋入土中。由于葬具形似独木舟，故称为船棺。

冬笋坝出土的青铜器以兵器为主，有柳叶形剑、钺、戈、矛和青铜釜、鍪等，兵器上往往铸有特殊的纹饰或符号，有虎纹、手心纹、船纹等。还出土了铜印章，印文有的像文字，更多的是独具文化特色的符号。这些符号的含义，至今没有确切的解释，被称为"巴蜀符号"或"巴蜀图语"。

发掘冬笋坝古墓群的同时，还发掘了四川广元昭化宝轮院古墓群。从出土文物、船棺葬的葬俗来看，两处墓葬虽相距数百公里，却有很多相似之处。考古工作者将它们合并研究，命名为"船棺葬"，认为是战国时期巴蜀文化的遗迹。随着研究的深入，现在更多的学者倾向于认为冬笋坝出土的这种独特的兵器可能是巴人的遗物。

小田溪墓葬发掘场景

2. 小田溪墓葬

巴人长期居住在三峡地区，但在古文献中，关于巴人的记载并不多，小田溪墓葬的考古发现帮助我们初步揭开了古老巴人的神秘面纱。

小田溪墓葬位于涪陵区白涛街道小田溪村。1972年，当地砖厂取土时挖出数十件青铜器，引起考古学家的关注，小田溪墓地开始了第一次发掘。这次发掘共清理了3座墓葬，出土青铜、陶、漆、玉等器物193件。其中14件一套的错金铜编钟、错银铜壶、"廿六年"铭文戈等是极为重要的发现。

在2002年三峡文物保护工程的发掘中，该墓地又出土了高达55厘米的错银铜壶、玉具剑等珍贵文物。历经数十年发掘，共发掘出20余座战国至汉代早期巴文化墓葬。这些墓葬形制有大有小，墓主等级有高有低。大墓长8米、宽6米，小墓长2米、宽0.7米。墓主包括巴人的高级贵族和一般士兵两类。

墓葬中玉器出土情形

037

青铜鸟兽尊

青铜鸟兽尊细部

青铜錞于的虎钮

青铜錞于

出土文物不仅为墓主身份的确定提供了重要信息,也为巴楚关系的确立提供了线索。如1号墓出土有14个错金编钟,2号墓出土有青铜錞于、青铜钲(上有"王"字),3号墓出土有带铭戈等。以上精美文物均可证明墓主当属上层统治阶级。出土文物上具有典型巴文化的特点,如兵器和乐器上均铸有手心、花蒂、虎纹等纹饰。尤其是大量虎的形象出现在文物之上,证明巴族是一个善武的民族。另外,青铜戈、青铜编钟、青铜弩机等文物在形制和纹饰上与关中、荆楚地区的文物有相似之处,说明当时巴与相邻地区的交往相当密切。

小田溪遗址出土文物上经常可以看到一些图形符号。符号的形状奇异,与常见的纹饰不同,与甲骨文、金文等早期古文字也大不相同。一些学者认为这些符号是巴蜀古族用以记录语言的工具,或称为"巴蜀图语",或称为"巴蜀文字"。这些符号到底是不是文字?如果是文字,它们又记载了什么内容?这些都还有待更进一步研究。

据《华阳国志·巴志》载,巴国先王"陵墓多在枳",枳即今之涪陵。小田溪发掘出的这些典型的战国至汉初的巴人墓葬,证实了史书记载。有学者认为,其中几座出土了精美青铜器、玉器的墓葬是迄今为止发掘的最高等级的巴人墓葬,有可能就是历代巴王墓,这为研究巴人的历史和文化提供了宝贵的资料。

2000年,小田溪墓群被公布为重庆市文物保护单位。

青铜壶　　　　青铜甬钟　　　青铜钲

青铜承托器（配合豆、夹使用）　　　　青铜豆、夹

青铜盔　　　青铜鹿纹戈

青铜鹿纹戈内部及錾刻鹿纹

青铜钺　　　　　　　　　　青铜矛

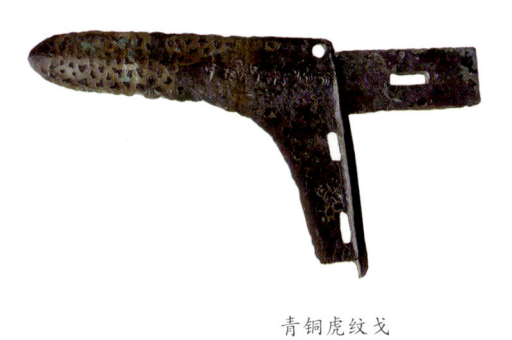

青铜虎纹戈

青铜矛、戈、锯

青铜柳叶形剑

青铜鸾铃　　　　　　　　　青铜弩机

青铜玉具剑

青铜剑上的符号

青铜剑上的符号，这种符号多称为"手心纹"

青铜矛上的符号

青铜錞于鼓面上的符号

青铜剑上的符号

青铜錞于鼓面上的船形符号

玉具剑柄

玉璧　　　　　　　　玉环

龙形玉佩

双龙形玉佩

双龙形玉璜1

双龙形玉璜2

鸟纹玉璜

玉觿

3. 李家坝遗址

李家坝遗址位于云阳县高阳镇青树村。1994 年开始进行连续性的大规模抢救性发掘,取得重大成果,被列入 1998 年度"中国十大考古发现"。

截至 2002 年 12 月,李家坝遗址发掘面积达到 25 000 多平方米。已经发现有 55 座商周至南朝房屋残址,348 座墓葬,8 座陶窑,商周至唐宋的灰坑则多达数百个。已经出土完整和可以修复的遗物多达千余件,时间上涵盖了自商周至明清,质地上包括铜、陶、瓷、玉、石、骨等。尤其以巴蜀式青铜兵器最为典型,其精美的纹饰、高超的铸造工艺、神秘的图语符号令人叹为观止,是实用性、艺术性、装饰性的完美结合。

考古发现表明,李家坝遗址是一处内涵极为丰富的古文化遗址。根据文化层堆积性质和地势地貌特征,李家坝遗址可分为生活居住区、手工作坊区和墓葬区等几个相对独立的单元。2000 多年前,巴人在这里搭建房屋,他们将居住区修建在地势较高的地方。除了一般的地面建筑,他们还修建了豪华的台

李家坝遗址巴人墓地航拍图

玉璧 　　　　　陶尖底杯 　　　　　陶甗

基式建筑。这种高台建筑气势威严，揭示了房屋主人尊贵的地位。还有一类建筑，其地面上有呈规律性分布的柱洞，房内却没有发现居住面，很可能是南方常见的干栏式建筑。

李家坝的巴人墓地很有特点。勇猛善战的巴族武士受命外出奔波杀伐，而在家乡为他们规划有专门的墓地，供逝者安息，并把他们生前使用的巴蜀式兵器、陶器与其一起下葬。墓葬中还盛行人殉。按有关文献记载，巴人的图腾是白虎，白虎需要喝人血，所以巴人要用活人的血来祭祀神灵。当活人被宰杀，祭祀仪式完毕后，再把此人尸骸放到墓葬里作为一种随葬。虽然我们不知道殉葬之人的身份是战俘、奴隶还是亲属，但我们从中却可以看到巴人对祖先和神祇的忠诚。

李家坝，这个躺在长江支流澎溪河畔的山间平坝，是战国时期巴国的一处区域性的中心聚落，代表了巴文化在小江（即澎溪河）流域分布的地方类型。

2000年，李家坝遗址被公布为重庆市文物保护单位。

青铜钫　　　青铜提梁壶　　　青铜虎纹戈

青铜三角翼戈

青铜矛1　青铜矛2　青铜长铰矛　青铜柳叶形剑

045

奉节县风箱峡悬棺葬

4. 三峡悬棺

悬棺葬是崖葬的一种，是将棺木高置于临江面海、依山傍水的悬崖峭壁之上的一种葬俗。我国南方以及沿海地区均有悬棺葬的分布。悬棺葬也见于东南亚以及太平洋诸岛。长江三峡地区悬棺葬分布比较集中，这些悬棺葬遗存具有丰富的文化蕴意和较高的研究价值。

根据考古调查，奉节县、巫山县、巫溪县现存有数十处悬棺葬，分布在长江干流及支流两岸的悬崖峭壁之上。瞿塘峡中的棺木峡、风箱峡，西陵峡中的兵书宝剑峡，巫山县大宁河巴雾峡、滴翠峡，巫溪县城厢镇、白鹿镇、峰灵乡等地都有悬棺。

长江瞿塘峡中的风箱峡（奉节县白帝镇瞿塘村）悬棺葬，现存 7 具棺木，高悬于长江北岸悬崖上，或置于岩洞中，或搁置在打入岩隙中的铁柱上。1971 年考古人员清理了 2 具棺木，随葬品有青铜带钩、柳叶剑、环、杈、半两钱、木剑鞘、木刻残件、竹篾编、草鞋残件等，年代为西汉。

巫溪县南门湾悬棺葬，悬棺高出大宁河水面 30~150 米不等，分布于约 3.7 万平方米的岩壁上。从岩壁遗迹分析，最多有 84 座墓，但现存棺木者仅 3 座。棺木用整木剖挖制成，长 2~3 米。随葬品有西汉竹席、衣物、青铜剑等。

大宁河支流东溪河荆竹峡（巫溪县白鹿镇荆竹坝）悬棺葬，高于河面约 50 米，分布范围达 7500 平

方米，共有 23 具棺木，放置在横向的岩缝中。棺木系整木剖挖而成，棺盖用子母扣扣合，长 2~2.7 米，高 0.4~0.8 米。1979 年，考古人员清理了 1 具棺木，随葬品有青铜带钩、手镯和木剑，年代为西汉。2013 年，荆竹坝岩棺（悬棺）群被公布为全国重点文物保护单位。

巫山县大宁河滴翠峡段和长江错开峡段也有多处悬棺葬。

关于三峡地区悬棺葬的年代，根据墓中随葬的物品，有学者推断为战国至汉代。这一时期，活动于三峡地区的族群种类较多，究竟是哪些族群实行这种葬俗，目前学术界还有很大争议，有人认为是巴人、楚人，或更笼统地认为属于百越、百濮等。对古人实行悬棺葬的原因也说法众多：一说是借音"高棺"（高官）以保佑子孙后代富贵；二说是为了保护先人的尸体，不让人兽侵犯；还有一种说法是子孙为了尽孝，（在父母亡故后）"尽产为棺，于临江高山半肋凿龛以葬之。自山上悬索下柩，弥高者以为至孝，即终身不复祀祭"（[唐]张鷟：《朝野佥载》卷二）。

因地形而异，三峡悬棺的放置方法非常多样化，分析可能有堆土提升法、云梯法、涨水法（或称为地貌变迁说）、栈升法、悬索下输法等。到目前为止，关于三峡悬棺葬的很多问题在学术界还没有定论，有关悬棺葬的种种谜团，还有待进一步发现与研究。

奉节县风箱峡悬棺葬

巫山县巴雾峡悬棺葬

巫山县滴翠峡悬棺葬

巫山县灶门子船形悬棺葬

巫山县天子庙悬棺葬

巫山县天子庙悬棺棺木

巫溪县荆竹坝悬棺葬

巫溪南门湾一号悬棺棺木

巫溪南门湾一号悬棺中的部分随葬品

长江瞿塘峡河段

瞿塘峡古栈道

5. 三峡古栈道

三峡地区受自然地理影响,峡江两岸绝壁千仞,自古以来交通不便。为便于出行,人们因地制宜,在悬崖绝壁上修筑道路,这些古道凝聚着一代代先辈的智慧和心血,有许多遗迹保存至今,比较集中的有瞿塘峡北以及孟良梯栈道、偷水孔栈道和大宁河古栈道等。

三峡古道路,按结构、形式可分为栈道、槽道、砭道、垒石道、土石道、隧道以及桥梁、渡口等。这些路、桥连接

在崖壁上开凿的古栈道

起来,形成峡江地区独具特色的古代道路,其中以栈道最富特色。人们通常把这些古道路统称为栈道。

栈道,本意是指依崖凿孔、架木为梁的人造道路。木梁下或有立柱或有斜撑,木梁上铺设木板。从文献记载来看,我国的栈道早在战国时期就已经存在。《战国策·齐策》:"(田单)为栈道木阁而迎王与后于城阳山中。"《战国策·秦策》:"栈道千里,通于蜀汉。"秦末,刘邦利用栈道迷惑项羽,演绎了一段脍炙人口的历史故事。先是"四月……汉王(即刘邦)之国,项王使卒三万人从,楚与诸侯之慕从者数万人,从杜南入蚀中。去辄烧绝栈道,以备诸侯盗兵袭之,亦示项羽无东意"(《史记·高祖本纪》)。后来,刘邦兵出陈仓打败章邯,即"明修栈道,暗度陈仓"的典故。从此以后,"栈道"成为家喻户晓的名词。

现今所见古栈道遗迹,只是岩壁上依次排列的栈孔。石孔一般距水面几米至数十米,有的为上下两排,下排栈孔用以支撑上排的木梁。

崖壁上的古栈道

瞿塘峡崖壁上的栈孔

　　瞿塘峡栈道分布于长江的北岸崖壁上，自白帝城向东延伸，经大溪口到原巫山县城。白帝城至大溪口道路长约10公里，地处峡谷地带，地势险峻。大溪口至原巫山县城长约35公里，为宽谷地带。这数十公里道路，并不全是栈道形式，而是多种道路形式的组合，有槽道、砭道和桥梁等。

　　孟良梯栈道位于长江瞿塘峡口南侧崖壁，这里荟萃着历代题壁石刻，是著名的瞿塘峡口摩崖石刻群所在地。孟良梯栈道孔在崖壁上以"之"字形向上延伸，然而并没有到崖顶，与通常所见的栈道有所不同，用途不明。清代光绪《奉节县志·卷三十四》载："孟良梯，瞿塘峡上，与粉壁相连。俗传孟良欲夜过关，凿石架木为梯。今形迹犹存。"孟良为宋代将军。

　　偷水孔位于白帝城南，也属于长江北岸范畴。西起江面，以20度仰角向东延伸，栈孔分布长度约110米，至白帝城南。栈孔分上下两排，下密上疏。地方志记载为西晋时期益州刺史鲍陋被围困于白帝城时，命人开凿，以便入江取水，故名"偷水孔"。

　　大宁河是长江的支流。据调查，大宁河栈道兴建于秦汉时期，是我国现存规模最大、保存栈孔数量最多的古栈道遗迹。从南端巫山县大宁河龙门峡口，至北端巫溪县宁厂所在的后溪河口，全长80多公里的河段，有峡谷、宽谷和台地，栈道基本分布在峡谷中。栈孔为方形，孔径22厘米，间距1.8~3.5米，高于水面1~20米，连续长度可达数公里。不少地段为两排栈孔，个别的有三排栈孔。大宁河流域分布着众多古文化遗址，宁厂盐场有悠久的开采历史，如此规模宏大的栈道，就是当地古代经济文化发展的见证。

055

考古工作者调查古栈道遗迹

孟良梯栈道位于瞿塘峡题壁石刻处,图中右侧黄色琉璃顶建筑物的顶部

孟良梯栈孔遗迹

长江三峡水位抬升以后的孟良梯栈道遗迹

从长江江心眺望偷水孔栈道部位

因三峡水库蓄水发电，多数古栈道遗迹已被淹没于水下。

贴近江面的偷水孔栈道孔

偷水孔栈道遗迹

偷水孔栈道遗迹

偷水孔栈道栈孔

偷水孔栈道遗迹

偷水孔栈道石阶

大宁河巫溪段

060

大宁河巫溪段，崖壁上高低两排栈道

2000年云阳县旧县坪遗址发掘场景

四、融汇中华　与时俱进

——汉晋唐宋时期文化遗存

自汉代开始,重庆地区迅速融入华夏文明大格局中。秦设巴郡,汉承秦制,三国时期这里属蜀汉政权的势力范围。唐宋时期,中央政府在这里设夔州、渝州等建制。渝州因渝水而得名,渝水指嘉陵江,重庆简称渝,也是由此而出。随着时代的发展,虽历经战争的沧桑,但重庆地区人口增加,经济稳定发展。有文物古迹为证:云阳旧县坪遗址,发掘了众多汉代生活、生产用器,是汉晋朐忍县城所在地;云阳云安镇古盐场凿井煮盐,盐火兴旺2000年;蜀汉刘备白帝托孤;唐代"驸马"安葬于万州;宋代涂山黑釉名满天下……

1. 旧县坪遗址

旧县坪遗址位于云阳县双江街道,这里是汉晋时期朐忍县所在地,考古发掘获得重要的成果,被列入2002年度"全国十大考古新发现"。

经多年的大规模发掘工作,发现自战国至唐代的房屋、窖穴、陶窑和冶铸等各类遗迹共计300余处,出土有铜、铁、陶、瓷、石、骨等质料的文物达4000余件。考古工作者将这个大型遗址划分为若干个发掘区域,在A、B、E区,发现石板铺就的路面,应是城中的主要街路。其中E区为衙署和主要建筑区;C区为冶铸区,年代可从战国跨到东汉;K区主要为制陶作坊;S区有战国储物坑和木椁墓;Z区是东汉及以后的墓葬区。

2000年,出土"朐"字刻款的陶钵,勘探中发现了大型夯土台基,至此,朐忍县城已得到基本确认。2004年,出土一块东汉朐忍县令所立石碑。此碑高2米,宽近1米,晕首,367字的碑铭仍然非常清晰,还刻有精美的浮雕和线雕。碑文内容记载了朐忍县令景云的生平事迹。该碑无论是书法艺术还是史料价值,在重庆地区都有极高地位。在石碑附近还发现一处大型建筑台基,使得朐忍县城得以确证。

此外,2001年发掘的SK1储物坑深达15米。坑底出土几件秦牍,其中一件上有墨书文字"廿廿

063

遗址概况

2001年K区发掘场景

E区2号房屋遗址

K区106号房屋遗址

K区2号房屋遗址，在这里出土了石臼

K区2号陶窑遗址

"巴君"封泥

"朐"字底款

汉碑

汉景云碑

汉景云碑拓片

年"。学者将地层和文物结合起来进行判断，推测墨书文字应该是战国秦昭王的纪年。这表明，秦灭巴后就开始管理巴地，汉代朐忍县应是秦治的延续。

旧县坪发掘出的房址、窑址、水渠均规模宏大，各类建筑构件和陶、石器物，年代可从战国延续到六朝，说明数百年来一直在这里设置朐忍县治所。出土的遗物呈巴、楚、秦、中原等各地多种风格，说明这里应当是人员来往频繁的地方。

台基及柱础

2003年发现于E区南部的大型夯土台基,推测是六朝时期朐忍县衙署

E区南部台基北侧出土柱础

E区南部台基神兽柱础

瓦当

汉代卷云纹瓦当

汉代文字瓦当

汉代素面瓦当

汉代板瓦

汉代筒瓦,带有戳记

汉代筒瓦

六朝时期瓦当

木牍

出土木牍的储物坑位于 S 区西部，深达 15.7 米，底部已经凿入基岩

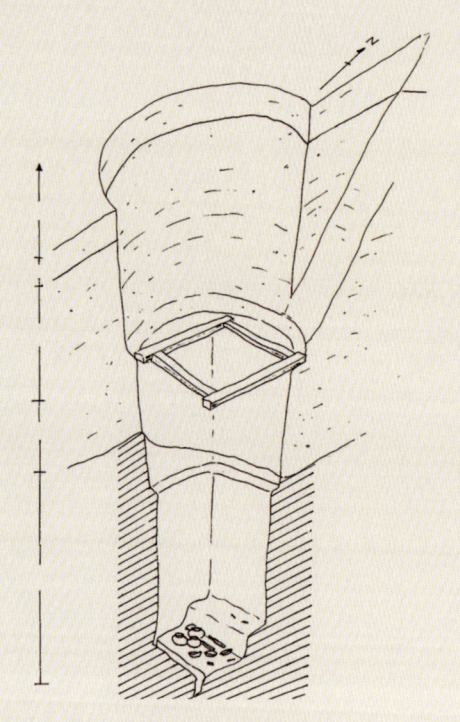

储物坑示意图

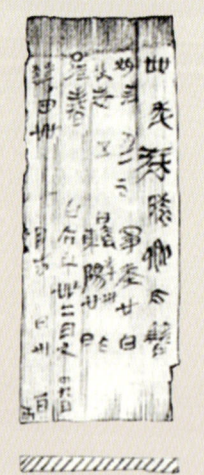

出土木牍文字摹本

出土的木牍

木简

清理保护出土木牍

储物坑中发现的木质遗物，从中清理出木牍、木尺等重要文物

陶器

带盖陶罐

陶罐

陶豆

陶盆

陶瓮1

陶瓮2

《汉书·地理志》载："巴郡，户十五万八千六百四十二，口七十万八千一百四十八；县十一，江州、临江、枳、阆中、垫江、朐忍、安汉、宕渠、鱼复、充国、涪陵。"经考证，当时的朐忍县辖现云阳、开县、万州、梁平及湖北利川一带。

2009年，旧县坪遗址被公布为重庆市文物保护单位。

冶炼

铸造铜器的陶范，大多出土于废弃的取土坑中

根据出土物复原的炼炉壁

用于制作陶范的鹿角，在遗址中出土的数量很大

铜熨斗

戈范

三棱形箭镞的陶范

用于翻铸箭镞的石范

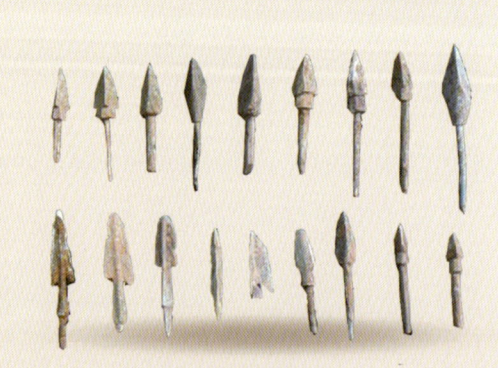

铜箭镞

瓷器

六朝时期青瓷罐

六朝时期青瓷碗

六朝时期青瓷盆

玛瑙

玛瑙珠

2. 明月坝遗址

明月坝遗址位于云阳县高阳镇，北临澎溪河，与李家坝战国中晚期巴人墓地隔河相望。台地东西长，南北窄，形如明月，故称"明月坝"。这个冲积台地地势平坦，土地肥沃，又临江靠山，不仅交通方便，也易于获取各种自然资源，自古就是人类理想的居住地。经过2000年至2003年连续四个年度的大规模发掘，清理出唐宋时期的寺庙、官署、店肆、道路等市镇遗存，出土有长沙窑、邛窑、越窑、邢窑、定窑、龙泉窑、湘阴窑、涂山窑等全国各地窑口生产的瓷器和大量板瓦、筒瓦、瓦当、脊兽、兽面砖等建筑构件。发掘者认为这里曾是唐代澎溪河流域的经济、文化中心，为云安井盐外运通道而发展繁荣的集镇。

明月坝遗址中的唐代建筑依地势构建，从第一级阶地至台地中部，根据高、中、低三级地形依次构建，规模大、功能全，给人整体感觉是错落有致，极具山地特色。建筑区之间分布有两条南北向、两条东西向的主要道路，道路既有加工规整的石板路面，也有鹅卵石、细瓦砾铺就的路面。以编号为00L2的道路为中心，道路东、中、西三段分别分布有寺庙、衙署等建筑。墓葬区位于台地东北角，与建筑密集区相距100米左右。

唐宋时期三峡地区社会相对稳定，经济快速发展，人口日益增多，促使大量集镇产生。唐宋明月坝集镇隶属云安县，是一座因盐而兴的市镇。当时的人们除了贩运食盐外，还从事捕捞渔业和畲田农业。遗址中出土了一件专门用来捕鱼的铁叉。宋人杜柬之《至自云安题净戒院二首》中记叙了云安农民收获时的忙碌景象："麦芒焦，桑葚紫，田家夫妇忙欲死。蚕入簇，麦登场，夫妇饱暖孰可当。"真实地揭示了当时社会生活的面貌。明月坝遗址的发掘为我们了解中世纪峡江地区城镇发育、发展的状况提供了宝贵的实物资料。

清理房屋基址

石雕一佛二菩萨

青铜罗汉

骨骰

骑马瓷俑

墓门结构 　　墓室平面图 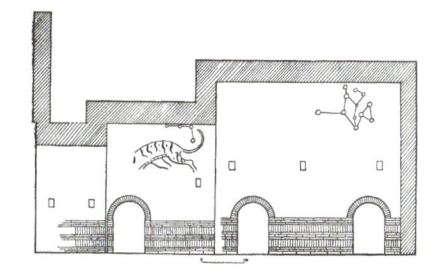　　墓室剖面图

胡人俑 　　男侍俑

武士俑

3. 冉仁才墓（驸马坟）

冉仁才墓位于万州区钟鼓楼街道驸马村，1978年发掘。发掘时，地面尚保存有全夯筑、圆锥形的封土堆，直径约30米，高出地表6.5米。墓葬为青灰砖砌成的券顶砖室墓，从南侧进入墓道，向北依次为甬道、墓室。甬道略矮小，两侧各有一个耳室；后室较大，两侧各有两个耳室。

墓葬早年曾遭到盗掘，随葬品几乎被洗劫一空，只遗留了极少的瓷、陶、铜、玉等器物，且多被打碎。即便如此，经过考古工作者的细心发掘和清理，修复出100多件。甬道的两个耳室虽被扰动，但随葬器物保存基本完好。出土的文物大部分是瓷器，多达80余件，胎质洁白、坚硬细腻，釉色呈青黄色，莹润光亮，玻璃质感强，外表布满细碎的冰裂纹。这些瓷器代表了唐代制瓷业的最高水准，也彰显了墓主人的尊贵身份。其中造型别致的"生肖俑"、"武士俑"、深目多须的文吏俑都十分引人注目。另外，墓中出土物还有青瓷围棋盘及棋子、青瓷磨盘、海兽葡萄镜和"开元通宝"铜钱。

墓葬所在地被称为"驸马村"，当地人直呼此墓葬为"驸马坟"。然而据史书记载，唐代四川地区并未分封"公主"。没有公主何来驸马？这座墓葬为什么叫作驸马坟？

男侍俑

女侍俑

骑马吹笳俑

　　墓葬中出土有两方墓志,记载了墓主的生平。尽管因盗墓和长期水土侵蚀,墓志上的文字大多漫漶不清,但根据墓志上的残文断句,结合地方志等史料,专家分析墓主人是唐初官员冉仁才,这是一座唐代初年的夫妇合葬墓。墓志中有"公尚汉南县主"字句。据《新唐书·百官志》:"亲王女为县主,从二品。"由此说明冉仁才之妻就是汉南亲王的女儿,虽说不是公主而是县主,但是冉仁才也被称为驸马。当地的村、乡都因此而得名。

　　冉仁才的事迹不见于唐朝正史,但结合墓志和地方志,可以知道其简历。

　　墓志提到,墓主人于贞观六年(632年)任澧州刺史,尔后又改任陵州、永州刺史(皆为今湖南地方)。《夔州志》记载,冉仁才"字征文……武德二年,诏加前开国食邑持节浦州刺史,贞观六年迁澧州。永徽二年入朝优诏,迁使持节永州刺史。三年九月卒于任,年五十六。"永徽三年,即公元652年,则冉仁才出生于公元596年,即隋文帝杨坚开皇十六年。

　　驸马坟的发掘,帮助我们复原了一位湮没于史书中的历史人物,也为重庆、四川唐代墓葬的研究提供了重要资料。

生肖俑

4. 涂山窑

重庆涂山窑是古代中国西南地区较有代表性的建窑系民间瓷窑。

1938年,美国传教士葛维汉在重庆南岸的黄桷垭镇调查时,发现了古代窑址和瓷器。葛维汉还是一位汉学家,曾任中国华西协合大学古物博物馆(现四川大学博物馆)馆长。由于发现的瓷器以黑瓷为主,形制与福建建窑产品相仿,遂称之为"重庆的建窑遗址"。

自20世纪30年代以来,重庆文物考古工作者对涂山窑开展了大量工作,发现了南岸黄桷垭、巴南清溪、荣昌瓷窑里、合川炉堆子、涪陵蔺市等数处规模较大的涂山窑系窑场。因南岸黄桷垭窑厂发现最早、规模最大,位于涂山旁,在20世纪80年代初被定名为"涂山窑"。

重庆涂山窑不见于文献记载,有关其时代、渊源传承及影响范围的问题,历来为文物考古工作者关注。1980年,中国著名陶瓷专家冯先铭先生前往黄桷垭窑址群调查,确定其为宋代黑釉瓷窑址。其后,重庆市博物馆在窑址上进行了深入、细致的调查、发掘工作,获取了丰富的资料。

考古资料表明,涂山窑的时代为北宋至元代。在窑炉技术方面承袭北方窑厂,窑炉形制基本为马蹄形馒头窑,与北方耀州窑、磁州窑等窑厂发现的窑炉十分接近。出土窑具有匣钵、垫托、垫饼、垫圈、瓷箍、测温锥、石插座、调釉盘等,瓷器有盏、盏托、碗、罐、壶、杯、瓶等,釉色以黑褐色和柿色为主,以饰有兔毫、玳瑁、油滴、菊花、鹧鸪纹样的茶盏最具特色。

唐宋宫廷饮茶之风盛行,作为古代中国茶叶重要产区的"荆巴之间"自然也不例外。唐代"茶圣"陆羽《茶经》记载:"茶之为饮,发乎神农氏……盛于国朝,两都并荆渝间,以为比屋之饮。"宋代人喜好"斗茶",上自皇室贵族,下至文人雅士,都乐此不疲,形成一时的风尚。蔡襄的《茶录》中记载了"斗试之法":"以(茶表面)水痕先(退)者为负,耐久者为胜。"黑色的瓷器最适宜观察汤面水痕,也就最适合斗茶,大量的窑场为适应社会流行风尚的需求开始烧造黑瓷茶器,重庆涂山窑就是当时的一个重要的烧造黑瓷的窑场,并在中国宋代黑瓷生产中占有重要地位。

2000年,涂山窑遗址被公布为重庆市文物保护单位。

涂山窑遗址(酱园窑址)发掘工地

发掘出土的窑炉

发掘出土的瓷窑洗料池

077

黑釉瓷盏

黑釉瓷盏内部

黑釉瓷盏底部

黑釉瓷罐

黑釉瓷罐底部

黑釉瓷双耳罐

涂山窑遗址出土的匣钵

出土匣钵中还残存烧坏的瓷器

残留瓷片的匣钵

5. 老鼓楼衙署遗址

老鼓楼衙署遗址位于渝中区望龙门街道巴县衙门片区。

遗址背依金碧山，面临长江，高程209~219米，分布面积约45 000平方米，因遗址所在区域小地名为"老鼓楼"而得名。

经过多年连续发掘，出土了数量庞大的遗迹、遗物。遗迹类型主要有房址、墓葬、道路、水井、灰坑等；出土文物数以千计，有陶瓷器、钱币、瓦当、坩埚等。遗址的年代为宋代、明代、清代。

遗址内发现的南宋时期夯土包砖式高台建筑遗迹，在西南地区乃至全国均较为少见。部分砖上有"淳祐乙巳西窑城砖"的纪年铭文，为建筑年代的确定提供了直接证据。该高台建筑遗迹至今仍保留面积600余平方米，残高近10米。高台建筑周边还发现有道路、房址、排水沟、礌石堆等相关遗迹。

老鼓楼衙署遗址内发现的南宋及明清时期建筑遗迹，是古代衙署建筑遗存。有学者认为，其中南宋衙署遗迹可能为四川制置司治所，其性质直接与宋末抗蒙战争有关。在这场持久战中，余玠（南宋兵部侍郎、四川安抚制置使兼知重庆府）构筑的抗蒙山城防御体系发挥了重要作用。此次发现的南宋衙署，应该就是抗蒙山城体系核心，负责抗蒙守将任命、作战任务布置等。这一批衙署建筑遗址的发现，还对研究重庆城市变迁、川渝地区古代建筑等课题具有重要的学术价值。2012年度，老鼓楼衙署遗址被评为"全国考古十大发现"之一。

2013年，该遗址被公布为全国重点文物保护单位。

重庆渝中区老鼓楼衙署遗址高台建筑一隅

老鼓楼衙署遗址俯瞰

老鼓楼衙署遗址出土的礌石

高台建筑城砖——"淳祐乙巳西窑城砖"

大足北山第9号千手观音龛

五、土石有灵　佛湾圣光

——大足等地宗教石刻造像

摩崖造像艺术是随着佛教思想和艺术传入我国的。佛教思想进入重庆，可以追溯到东汉时期。摩崖造像艺术在重庆的出现，目前已知年代最早的是潼南定明山东岩隋朝开皇十一年（591年）和大业六年（610年）纪年造像，造像内容是道教题材。定明山更多的造像内容为佛教题材，大佛寺内的大佛像，由佛家与道家分别开凿于唐代和宋代，这一状况是佛教与道教在唐宋时期中国民间相容并存的真实反映。在大足石刻中，更有大量佛教、道教、儒教造像相容并存的龛窟。

大足石刻是重庆摩崖石刻最集中、规模最大、内容最丰富、影响最深远的遗存。目前已知大足石刻年代最早的造像是尖山子唐代永徽年间（650—655年）的佛教造像。到了唐代晚期，尤其是宋代，大足石刻造像进入高峰期，明清时期进入尾声。这也是重庆地区宗教石刻造像的大致规律。

重庆地区唐代佛教石刻造像的内容，主要为净土宗和密宗。净土宗造像以弥勒佛、阿弥陀佛、西方净土变、西方三圣等为多见；密宗则常见观音、卢舍那佛、天龙八部、地藏、护法神等造像。道教题材有天尊、老子造像。儒教主要有孔子及诸弟子造像。

中国北方地区的佛教造像自唐宋以来进入衰退期，而以大足为代表的中国南方地区石刻造像则异军突起，这是中国社会政治经济发展变化的反映。唐代中晚期，北方连年战乱，社会动荡，包括重庆在内的四川地区，社会相对稳定，经济、人文有了较大发展，宗教造像艺术随之兴盛起来。南宋末期，由于蒙古（元）军队铁蹄践踏，经济凋敝，生灵涂炭，社会动荡。大足宝顶佛湾未完成的雕刻工程，也许就是这一社会现实的反映。

1. 大足石刻

大足石刻指的是遗存于大足区境内的、自唐宋以来雕凿的摩崖造像等石窟艺术的总称。

大足位于重庆市西部，地处四川盆地东缘，属于丘陵地带。唐代乾元元年（758年）设县。境内的赖溪河古称大足川，县名由此而得。大足，寓意大丰大足。

大足石刻兴起于唐代，鼎盛于宋代，明清时期进入尾声，是中国南方造像艺术的代表作，也是中国古代造像艺术最后的代表作。

1961年，大足石刻被公布为全国重点文物保护单位。

1999年12月，联合国教科文组织世界遗产委员会第23届大会通过决议，将大足石刻列入《世界遗产名录》。

(1)大足石刻的成因

石窟艺术源于印度，大约在3世纪前后传入中国，主要流行于中国北方。人们熟知的云冈、龙门、敦煌、麦积山、炳灵寺等大型石窟，多数都位于中国北方，年代属于魏晋到隋唐时期。摩崖造像活动，需要雄厚的经济实力、稳定的社会环境和大量信众为基础。

唐中期(8世纪)以后，中国北方陷入了长期的动荡与战乱，"安史之乱""黄巢大起义"给北方及长江下游地区带来了连年战祸，唐玄宗、僖宗被迫先后驾临四川的成都避难。与北方的动荡、战乱不同，四川地区则相对安宁。大批文人、商人、工匠、官僚士绅等来到四川各地，带来了相对先进的观念、器具、技术、知识等，促进了四川当地的社会进步。

北山第1号韦君靖像

北山第253号观音地藏龛

北山石窟造像

作为摩崖造像艺术主要内容的佛教思想与艺术，自唐代以来，在北方与四川地区面临着不同的境遇。迁蜀的人群中，不乏来自各方的名僧大德、修养之士。他们带来了佛教典籍、艺术，并与当地的僧人相结合，给动荡年代的人们带来心灵慰藉，也促进了当地摩崖造像艺术的发展。

五代时期，统治四川地区的前、后蜀政权对佛教采取了尊崇礼遇的态度。大足宝顶"柳本尊十炼图"的榜题中记载，因为四川密宗的初祖柳本尊"修诸苦行，转大法轮，其化盛行"而得到"蜀王叹服，遣使褒奖"。执政者的礼遇，刺激了当地佛教的兴盛，也吸引了北方佛教人士的南迁。这种优待佛教的政策，在北宋与南宋时期得到了延续，因而有了南宋名僧赵智凤"传柳本尊法旨，立柳本尊教派"，在大足的宝顶山上开创了密宗道场，为后世留下了弥足珍贵的石刻文化遗产。

(2) 大足石刻的内容

被誉为"石刻之乡"的大足，境内分布着众多的石刻遗迹。自唐代开凿石窟以来，到底有多少处古代石刻，主要是些什么内容，分布在什么地方，学者陈明光先生《大足石刻造像范围、内容认识历程考述》(2000年) 一文公布了以下数据：

在大足的28个乡镇里，共有75处石刻，造像约5万尊。具体为：

石窟开凿年代：唐代3处，宋代33处，明代27处（圆雕2处），清代12处（圆雕1处）。据纪年镌记造

北山第10号窟释迦牟尼像

像,开凿于唐永徽元年(650年)尖山子第7号弥勒说法图,终于民国十二年(1923年)雷公嘴"新修坤母圣像"镌记,历时1273年。

造像题材、内容:唐宋石窟36处,其中佛教造像20处(唐代3处),道教造像4处,儒释道"三教"造像5处,佛、道造像7处;明清造像39处,除明永乐年间凿造的千佛岩、七佛岩、大石佛寺是较大的佛教造像外,其余多是三五龛、多不过十龛的小型石窟,造像题材庞杂,难以截然划分。

从石窟建造年代与造像题材、数量结合看:初、中唐佛教造像2处(尖山子、圣水寺),但像不过200尊;晚唐(北山)至南宋造像虽然只有34处,但几乎包括所有的大中型石窟,造像数量占大足石刻总数的80%左右,典型的道教、"三教"造像都成于其间。于是不难看出,晚唐至南宋是大足石刻造像的黄金时代。

铭文内容概略有四大类:宝顶山造像龛刻经偈颂文、石窟纪年造像镌记、石刻匠师题名,石窟培修、装绚碑记,历代碑碣、题刻、诗文等。共搜得铭文1009件(一事一件),计104 410字。

如此数量众多的造像,不仅带给今天的人们艺术的感染,更为我们研究当时的社会、人文提供了难得的珍贵史料。尤其是与石刻造像相关联的碑碣、题刻、诗文等文字内容,是帮助我们准确解读造像的文化含义的重要资料。

(3)北山

北山石窟始凿于唐代景福元年(892年),开凿者韦君靖时任大唐昌州刺史、昌普渝合四州都指挥。

北山位于大足城北。长达500米的山崖上,错落分布着大大小小的龛窟。现存唐末、五代、北宋、南宋各时期造像264龛窟,雕像近万躯,还有一些阴线刻图、经幢、碑碣、题记等。

北山石窟造像大多是佛教信徒出资镌刻的,既有世俗的官僚、士绅、信众,也有僧尼,统称为供养人。在龛窟的边缘等部位可以找到供养人的造像或文字题记。

北山造像的内容,最多的是佛教的密宗,也有三阶教、净土宗等。

北山石刻观音造像为数众多,被称为"中国观音造像陈列馆"。

唐末时期的造像延续唐代雍容华贵的气象,显得端庄、大气、丰满,雕刻的衣纹细密、贴身,显现出人体美的韵味。

五代时期造像具有过渡特征,小巧、多变,衣纹及装饰渐现华丽。

宋代造像与唐代区别显著。造像人物体态优雅、飘逸、匀称,神情生动、洒脱、妩媚,衣纹装饰华丽、繁缛。

北山石窟造像以其内容的丰富多彩、延续年代久远、雕刻技法纯熟老练而具有突出的价值。

北山第133号水月观音窟

北山第279号窟地藏

北山第113号窟水月观音

北山第273号窟千手观音

北山第125号窟数珠手观音

089

北山第136号转轮经藏窟数珠手观音

北山第136号转轮经藏窟如意珠观音

北山第136号转轮经藏窟玉印观音

北山第136号转轮经藏窟文殊菩萨

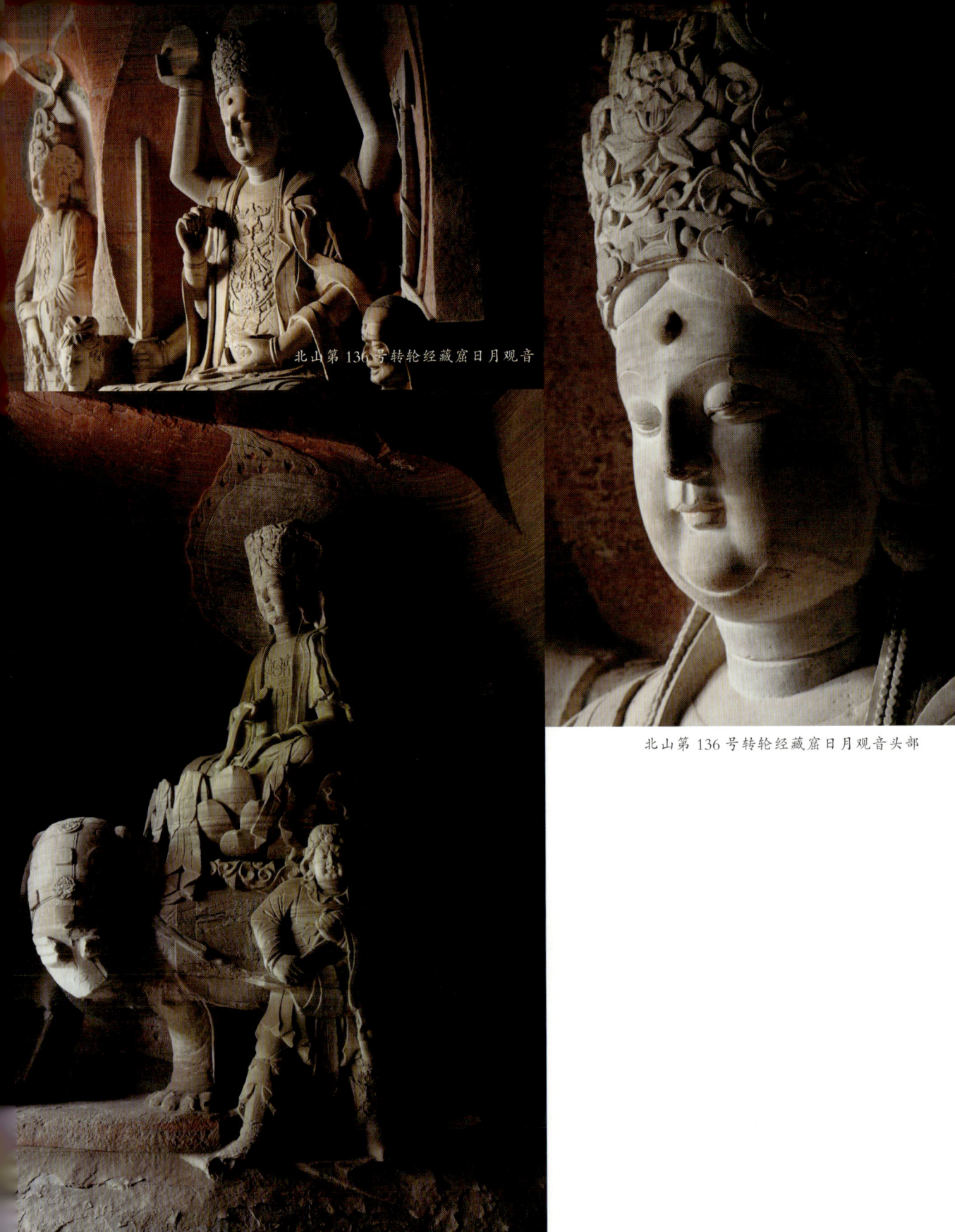

北山第 136 号转轮经藏窟日月观音

北山第 136 号转轮经藏窟日月观音头部

北山第 136 号转轮经藏窟普贤菩萨

北山第 136 号转轮经藏窟展开图

北山第 137 号窟维摩诘经变相石刻拓片

北山第 245 号窟观无量寿佛经变相

北山第 180 号窟十三观音变相窟

北山第 103 号古文孝经碑

北山第 51 号三世佛龛

北山第 155 号窟孔雀明王像

(4) 宝顶山

宝顶山造像是由南宋一代名僧赵智凤主持开凿的，前后历经70余年，充分体现了古代高僧大德的坚毅、宏愿。

宝顶山距大足约15公里，佛教造像以大佛湾、小佛湾为中心。

大佛湾是一个呈"U"字形的山湾，崖面长约500米，东南北三面崖壁上布满内涵丰富、雕刻精美、形式多样的造像。依照佛教教义和修行的要求，这里依次排列：护法神像、六道轮回图、广大宝楼阁、华严三圣、千手观音、佛传故事、释迦涅槃圣迹图、九龙浴太子、孔雀明王经变相、雷音阁、大方便佛报恩经变相、观无量寿佛经变相、锁六耗图、地狱经变相、柳本尊行化图、十大明王、牧牛图、圆觉洞、柳本尊正觉像等。

小佛湾距此地约600米，主要凿刻了祖师法身经目塔、七佛龛壁、报恩经变洞、殿堂月轮佛龛、十恶罪报图、毗卢庵洞、华严三圣洞、灌顶井龛等。

专家研究认为，宝顶山造像是一处大型的佛教密宗石窟道场，大佛湾是面向世俗信众说教的外道场，小佛湾则是针对入门信徒受戒、修行的内院。这里充分体现了赵智凤匠心独运的总体构思与布局：既符合佛教教义，又融会了中国儒家的伦理、理学心性；既有教义与内容的内在联系，又有形式上的相互衔接；既劝人信教、向善，又警诫世人诸恶莫为。这在中国石窟遗存中不多见。

宝顶山大佛湾石窟全景

宝顶山第 2 号护法神像

宝顶山第 5 号华严三圣　　宝顶山第 4 号广大宝楼阁　　宝顶山第 3 号六道轮回图

宝顶山第十号广大宝楼阁

宝顶山第 5 号华严三圣

宝顶山第 8 号千手观音龛（维修前）

宝顶山第 8 号千手观音龛(维修后)

宝顶山第 11 号释迦涅槃圣迹图

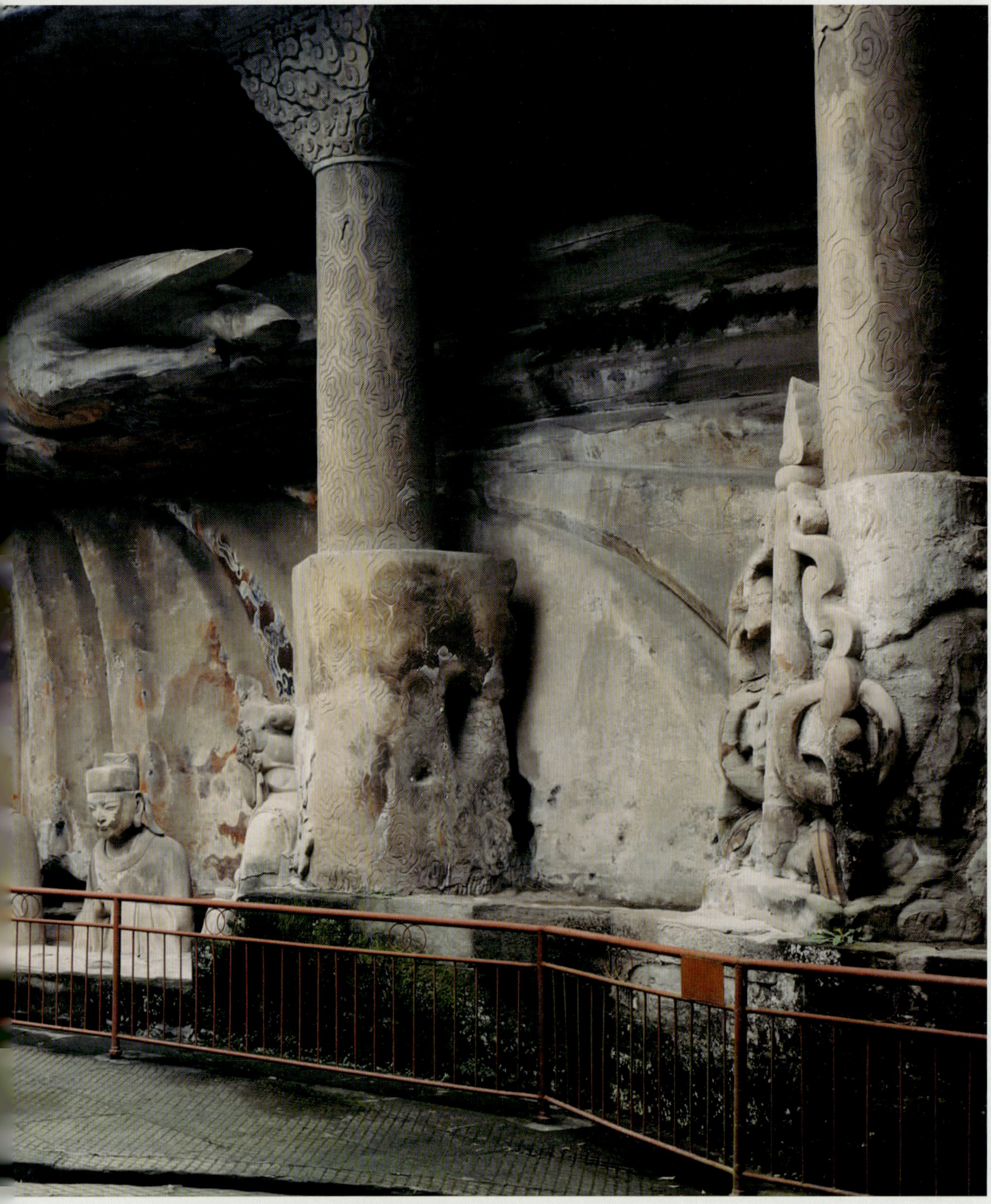

宝顶山第12号九龙浴太子　　　　　　宝顶山第13号孔雀明王经变相

宝顶山第15号父母恩重经　　宝顶山第15号父母恩重经变相：第1怀胎
变相：投佛祈求嗣息　　　　守护恩(左)，第3生子忘忧恩(右)

宝顶山第 14 号毗卢道场窟

宝顶山第 15 号父母恩重经变相：第 2 临产受苦恩

宝顶山第15号父母恩重经变相：第5推干就湿恩

宝顶山第15号父母恩重经变相：第6哺乳养育恩（左），第4咽苦吐甘恩（右）

宝顶山第15号父母恩重经变相：第 9 远行忆念恩

宝顶山第15号父母恩重经变相全景

宝顶山第 17 号大方便佛报恩经变相:六师外道谤佛不孝造像

宝顶山第 17 号大方便佛报恩经变相,大方便佛像

宝顶山第 17 号大方便佛报恩经变相:肩挑父母乞食造像

106

宝顶山第17号大方便佛报恩经变相东壁上佛造像

宝顶山第17号
大方便佛报恩经
变相：释迦佛诣
父王所看病造像

107

宝顶山第17号大方便佛报恩经变相:吹笛女

宝顶山第18号观无量寿佛经变相

宝顶山第18号观无量寿佛经变相

宝顶山第18号观无量寿佛经变相

109

宝顶山第20号地狱经变相：父不识子

宝顶山第 20 号地狱经变相：养鸡女

宝顶山第 20 号地狱经变相：拔舌地狱

宝顶山第 20 号地狱经变相：刀船地狱受刑者

宝顶山第 20 号地狱经变相：粪秽地狱

宝顶山第 20 号地狱经变相：镬汤地狱

宝顶山第 20 号地狱经变相：铁轮地狱

宝顶山第 20 号地狱经变相：锉碓地狱

宝顶山第 20 号地狱经变相：饿鬼地狱

宝顶山第 20 号地狱经变相：淫母戏儿（左）、夫妻不识（右）

宝顶山第 20 号地狱经变相：截膝地狱受刑者

宝顶山第 20 号地狱经变相：老年夫妻

宝顶山第 20 号地狱经变相：兄弟不识

宝顶山第 21 号柳本尊行化图　　　　　　宝顶山第 22 号十大明王造像，下部是"与佛有缘"题刻

宝顶山第 22 号十大明王造像，下部是未完成的遗迹

宝顶山第 29 号圆觉洞威德自在菩萨像

宝顶山第29号圆觉洞三身佛像、长跪菩萨像　　宝顶山第29号圆觉洞左壁菩萨像

宝顶山第29号圆觉洞

宝顶山第30号龛牧牛图(自左至右):第1组未牧,第2组初调,第3组受制

宝顶山第30号龛牧牛图:第4组回望

宝顶山第30号龛牧牛图:第8组相忘(左),第9组独照(右)

宝顶山第30号龛牧牛图:第10组双忘

宝顶山第30号龛牧牛图:第5组驯服、第6组无碍(合刻)　　　　宝顶山第30号龛牧牛图:第7组任运

清代同治癸酉年(1873年)大足县知县王德嘉书"宝顶"二字,端正有力

(5)南山

南山距大足城 2 公里。在近 90 米长度的山崖上，凿刻着三清古洞、后土圣母龛、龙洞、真武大帝龛等道教题材的造像。这些造像凿刻于南宋绍兴年间（1131—1162 年）。

南山道教造像是大足道教造像中保存最完好的一处。特别是三清古洞，共雕刻造像 421 尊，以道教的最高神"三清"为主，配以"四御"、圣母、王母等群神，是 12 世纪以后道教由早期的"老君""三官"崇拜，演变为"三清""四御"信仰的真实反映。此洞窟雕刻之精美、内容之完备，为全国道教石刻遗存中所罕见，历史、艺术、宗教价值极高。

南山现存的 28 通碑刻题记，也保存了大量珍贵历史信息，具有重要的研究价值。

南山第 5 号窟三清洞

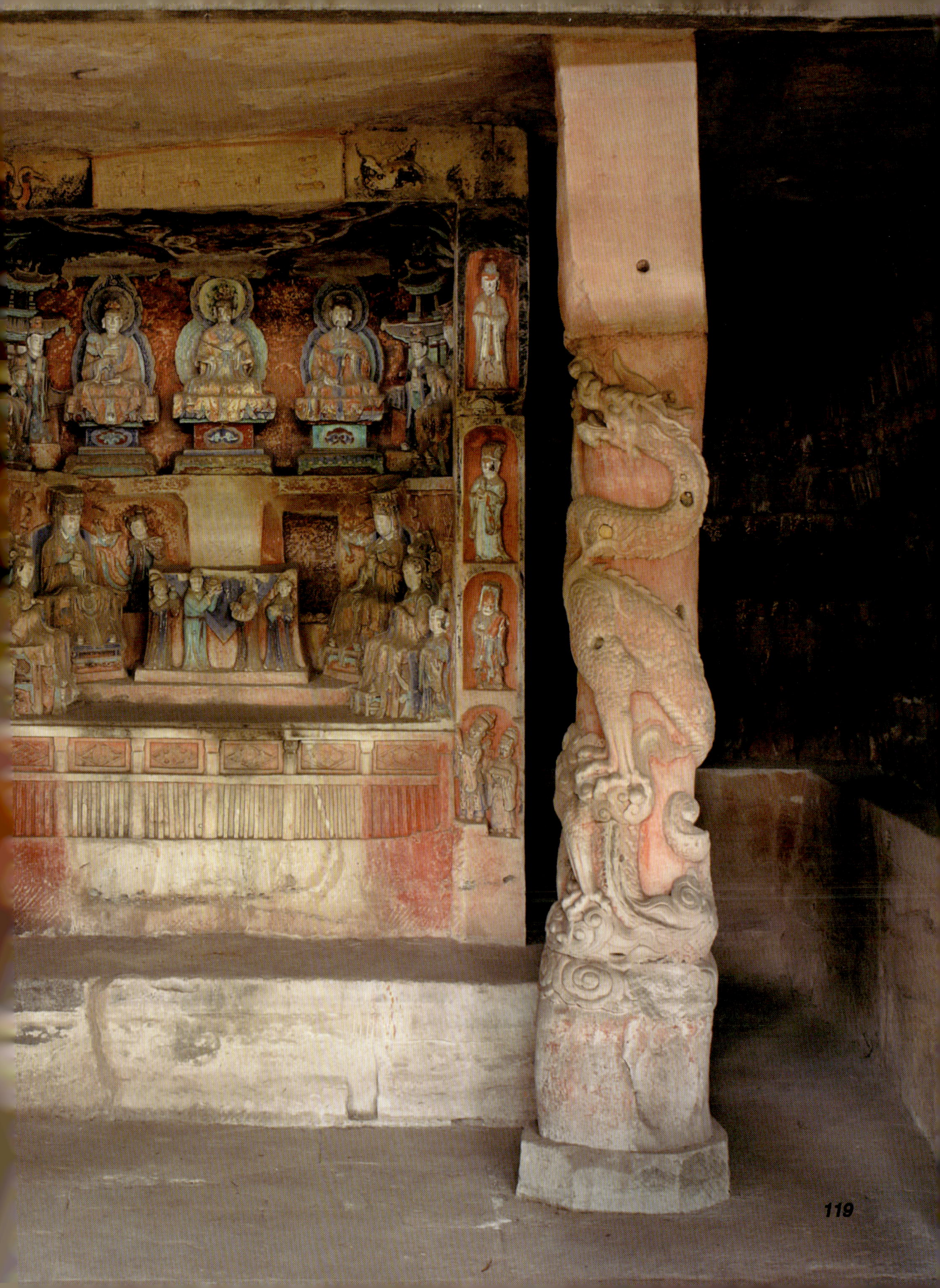

南山第 5 号窟三清像

南山第 5 号窟玉皇大帝

南山第 5 号窟紫微大帝

南山第 5 号窟玉皇大帝巡游图

南山第 5 号窟供养人像

南山第 5 号窟勾陈大帝

南山第 5 号窟侍者像

南山第 5 号窟石龙

(6) 石篆山

　　石篆山距大足城 25 公里。据记载，造像开凿于北宋元丰五年至绍圣三年（1082—1096 年），刻有造像的崖面长度 130 米。石篆山石刻最显著的特点是儒、释、道"三教"合一。编号为"6"的洞窟主像是中国伟大的思想家、教育家孔子（儒家创始人），两侧壁雕刻着孔子最著名的十大弟子，这在全中国都是极为罕见的。编号为"7"的洞窟是佛教造像。编号为"8"的则是道教造像，正中为老子（道教创始人）坐像，两侧各有 7 位真人、法师像。这 3 龛造像的题记显示，它们都是由大庄园主严逊出资开凿的，而雕刻者文惟简是当时的著名匠师。

石篆山第 4 号药王龛　　石篆山第 2 号龛志公和尚造像

石篆山第 7 龛外立面

石篆山石窟保护长廊　　　石篆山石窟局部

石篆山第6龛孔子及弟子造像

石篆山第8龛老子及真人、法师造像

(7)石门山

石门山距大足城20公里。造像开凿于北宋绍圣至南宋绍兴二十一年间(1094—1151年),刻像崖面长度71米余。石门山为佛教、道教造像合一区域,尤以道教造像最具特色,有玉皇大帝龛、三皇洞、东岳大帝宝忏变相龛等。佛教造像主要为药师佛龛、水月观音龛、释迦佛龛、十圣观音窟、孔雀明王经变窟、诃利帝母龛等。

石门山第2号龛玉皇大帝

石门山第 10 号三皇洞文官　　　　　　　　　　　　　石门山第 10 号三皇洞文官

石门山第 10 号三皇洞

石门山第 11 号东岳大帝宝忏变相龛

石门山第 5 号龛药师佛

石门山第 4 号龛水月观音

石门山第 6 号十圣观音窟观音造像

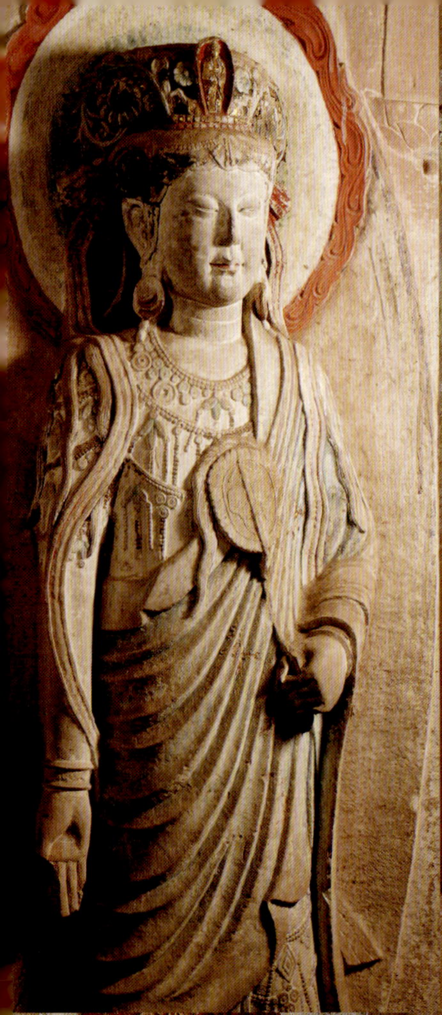
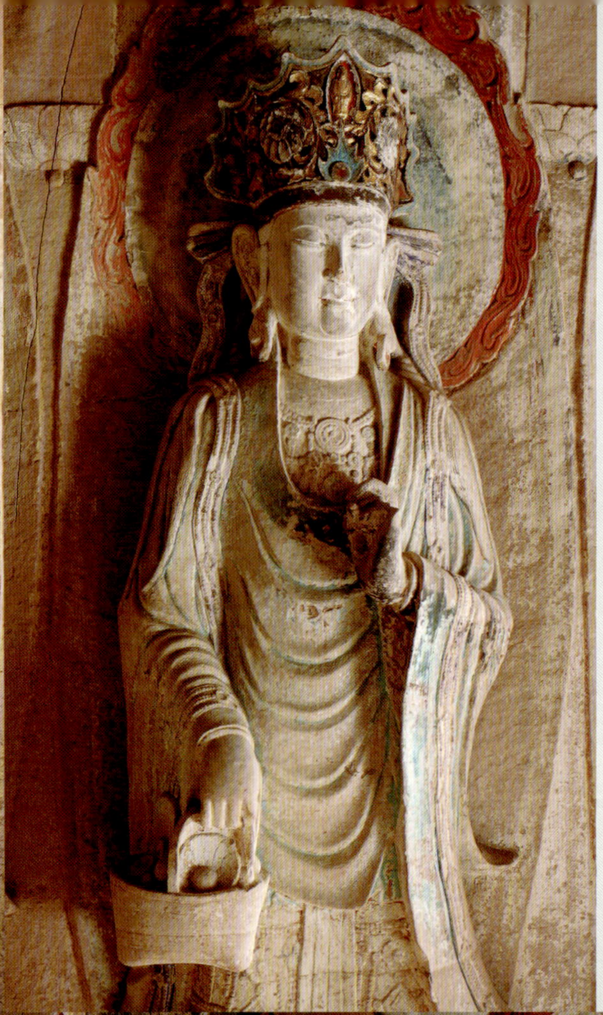
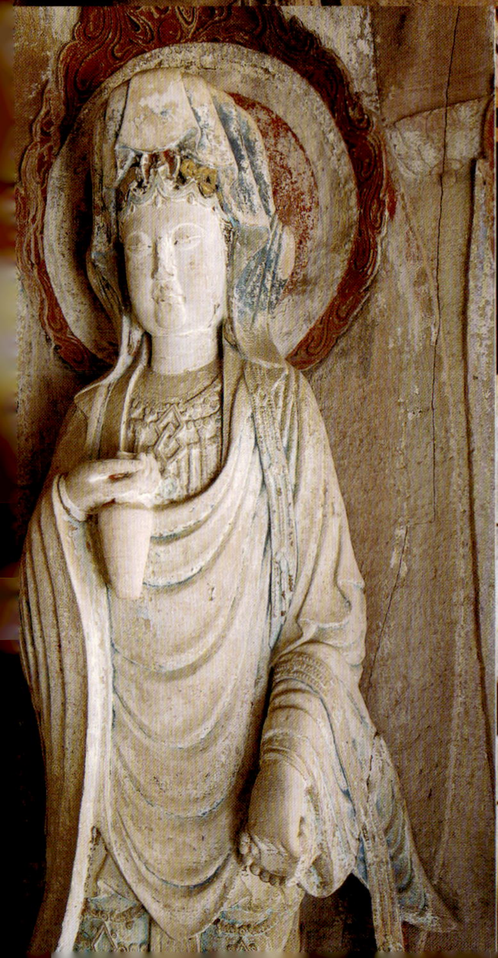
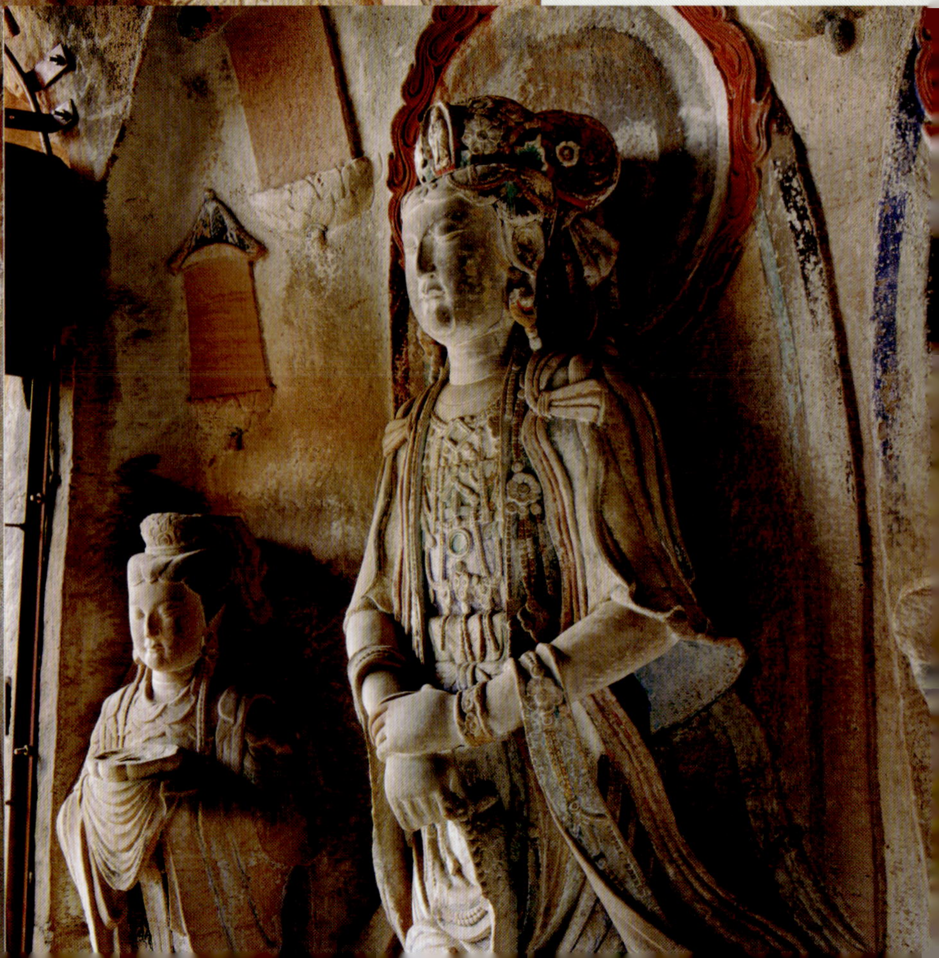

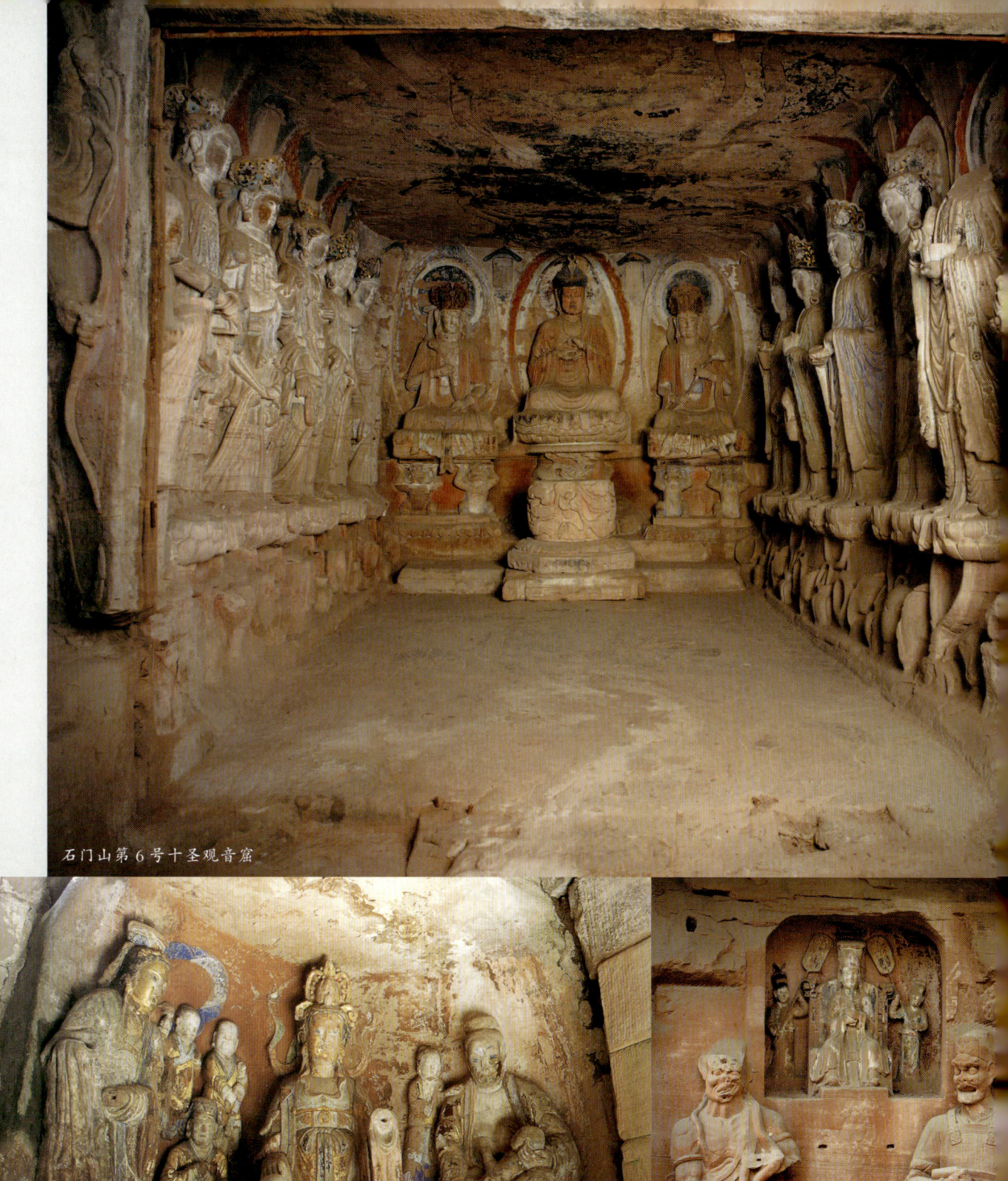

石门山第 6 号十圣观音窟

石门山第 9 号诃利帝母龛

石门山第 2 号龛千里眼、顺风耳

石门山第8号窟孔雀明王

2. 潼南大佛寺摩崖造像

大佛寺位于潼南区梓潼街道石碾村,地处潼南西北部定明山北麓,涪江南岸。

大佛寺,唐代名为南禅寺,宋代名为定明院。现存大佛寺依山而建,背靠定明山,面向涪江。七层佛阁内有近圆雕的弥勒佛全身坐像。据崖壁上南宋乾道乙酉年(1165年)《皇宋遂宁县创造石佛记》记载,弥勒佛全身坐像系由佛道两家共同完成,佛头开凿于唐咸通年间(860—874年),佛身由道家在宋代续刻完成,前后近300年方得完工。然而,佛像头身一体,风格无异,实为难得。大佛身高18.43米,头长4.3米,耳长2.74米,肩宽8.35米,手掌长2.9米,脚掌宽1.7米。头饰螺髻,面目慈祥,胸部半袒,内着僧祇袄,外穿双领下垂佛衣。善跏趺坐,左手抚膝,右手掌心向上,裸双足。佛像雕刻精美,通体鎏金,光彩焕然。

大佛寺七层佛阁又名大佛殿,始建于南宋建炎元年(1127年),清雍正年间和民国时期曾有维修。大佛殿为木结构建筑,占地405平方米,七重檐歇山顶,通高29.96米,据考是我国最早使用全琉璃屋顶的古建筑之一。

佛阁内和阁外东西山岩上,分布着隋、唐、宋代以来,迄至明清、民国时期雕凿的佛教、道教摩崖造像,东西长约1000米,计有128龛,928尊。

东崖壁存隋代道教造像4龛。8号龛刻天尊、狮子、侍者等内容,龛左铭"大业六年三月廿作天尊像弟子杨佛赞造敬记"题记。11号龛阴刻浮雕天尊,结跏趺坐莲台上,龛左上部铭"开皇十一年作"题记。题记表明,这些摩崖造像是重庆目前已知年代最早的古代造像遗迹。

2006年,潼南大佛寺摩崖造像被公布为全国重点文物保护单位。

潼南大佛寺位于涪江南岸,江面开阔,江对岸是潼南城

七情台，古称"大佛洞"，又称"石磴琴声"。摩崖而凿42级石磴，犹如琴键，踏足其上，会发出"咚咚"的声响

大佛寺正立面

大佛寺近景

玉皇殿位于大佛寺西侧

大佛阁内部结构

《题定明大像》题记，南宋绍兴壬申年（1152年）刻石

隋代石刻位于大佛寺东崖壁

第8号龛刻天尊、狮子、侍者等内容，龛左铭"大业六年三月廿作天尊像弟子杨佛赞造敬记"题记

大业六年(610年)题记

第11号龛阴刻天尊，结跏趺坐莲台上，龛左上部铭"开皇十一年作"题记

"开皇十一年"题记，位于第11号龛的左上部

第11号龛上部的龛，从风格看，应为隋代开凿

东崖壁宋代造像

东崖壁明清至民国造像与题刻

西崖壁造像

137

3. 合川涞滩二佛寺摩崖造像

二佛寺摩崖造像位于合川区涞滩古镇。

涞滩石刻由涞滩二佛寺下殿摩崖造像和寺外石刻造像、碑记等组成。关于二佛寺的得名，可从寺内现存的《重建鹫峰禅寺记》中找到答案。该碑为明代正德十三年(1518年)所立，碑文云："全蜀大佛有三，而宕渠涞滩镇曰鹫峰盖其二佛也。"清代即称之为二佛寺。

二佛寺始建年代不详，唐代已经非常有影响，逃难入蜀的唐僖宗，曾经遣使前往进香。宋代，佛寺规模进一步扩大，依山开凿雕像。明清时期，屡有修缮、重建，形成了传承至今的格局。据调查，涞滩二佛寺摩崖造像皆为宋代淳熙至嘉泰年间所凿，西崖壁有"皇宋淳熙丙午季春"造像题记，内容主要是禅宗造像。现存造像共有42窟，1700多尊，其他石刻及题记18幅，石碑9通。

二佛寺大殿后壁为北崖，崖壁高15米、宽25米，雕凿了释迦牟尼佛灵山说法的场景，主尊造像为释迦牟尼说法像，通高12.5米，两侧是1070尊弟子、观音、罗汉、高僧造像。西崖壁高14.75米、宽30.7米，分四层雕凿了286尊造像，有释迦牟尼与禅宗六祖、泗州大圣、十六罗汉、目连、地藏等。南崖高9.4米、宽16米，分五层造像256尊，主要有达摩、须菩提、弥勒像、药师佛、罗汉像、十六尊者等。

二佛寺下殿即大殿，建于清雍正三年(1725年)，至今基本完好。大殿依山而建，充分利用天然巨型山石作为大殿屋顶的支撑，大门两侧的天然巨石仿佛是上天赐予的梁柱，夹持中间的正门，巍峨壮观，构思精巧。大殿为两楼一底，歇山屋顶，三重屋檐，抬梁与穿斗结合式结构，面阔六间，通阔26.8米，进深五间，通深19.04米，建筑面积约1296平方米。

二佛寺上殿始建于唐代，现存建筑为清代中期遗存。纵轴线依次为山门、玉皇殿、大雄宝殿、观音殿，左右设配殿、禅房、厢房等。大雄宝殿为清代建筑，民国补修，重檐歇山顶，抬梁式结构，面阔五间，通阔19.2米，进深三间，通深15米。

2006年，涞滩二佛寺摩崖造像被公布为全国重点文物保护单位。

二佛寺下殿大门

二佛寺下殿主尊——释迦牟尼说法像

释迦牟尼身上的贴金出现剥落

位于北岩左侧的观音龛，观音结禅定印，龛下刻一龙。龛左右原有散财、龙女，均已残

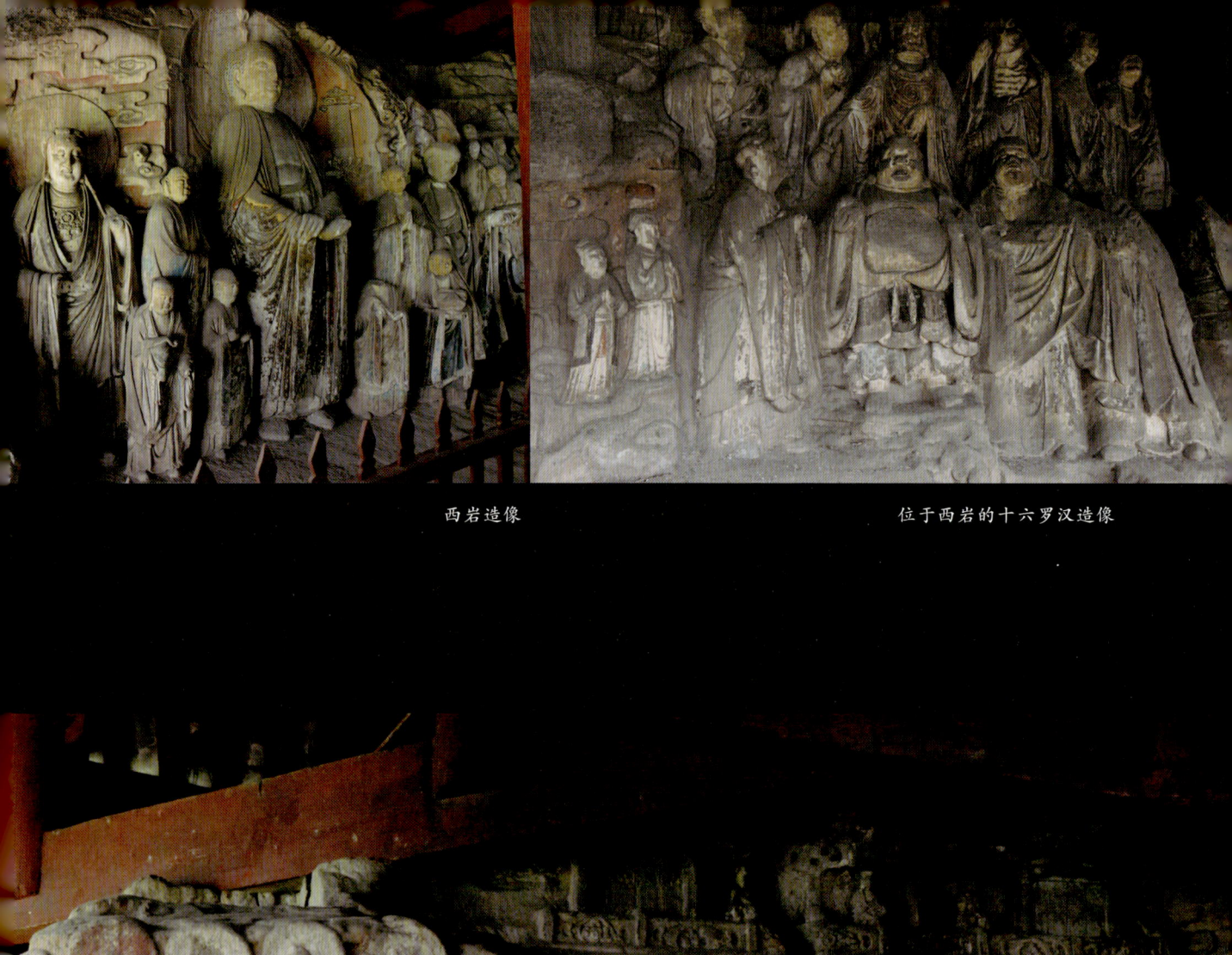

西岩造像　　　　位于西岩的十六罗汉造像

西岩顶层造像：上部为西方三圣，中部为罗汉群像，下部为三罗汉合像。其中右侧罗汉膝前伏虎，惜已残

位于西岩的释迦牟尼与禅宗六祖造像

位于西岩的木莲尊者造像

罗汉像之一

罗汉像之二

位于下殿外左侧的高僧像龛，头像为后代补塑

大殿梁架结构

罗汉像之三

下殿及周边环境

4. 江津石门大佛寺

大佛寺位于江津区石门镇，长江北岸。成渝铁路在寺前江边通过，上游不远处还有一个水泥厂，对大佛寺影响不小。

大佛寺及造像始建年代无考。成书于明代万历年间的《蜀中名胜记》记载：江津"县西四十里，有石羊驿，其地亦名石门。对江壁上镌大佛。有大佛寺，故相张无尽所创"。可知明代已有此寺及造像。清代曾经多次重修，现存建筑物为乾隆时期建造，同治年间重修，寺内现存同治八年（1869年）"重修大佛寺碑"，民国时期也有维修。

大佛寺坐北面南，位于长江边陡峭的崖壁上。壁上有摩崖造像一尊，为观世音全身坐像，通高14.8米，肩宽5.9米。大部为高浮雕，部分为圆雕。观音菩萨慈祥端庄，自在跏趺坐式。头戴宝冠，身穿袈裟，胸垂璎珞，左手执巾垂置膝上，右手执法器。雕工精致，通体金身彩绘，气势巍峨。

造像前临江边狭窄的台地上，用石块垒砌起约150平方米的半月形平坝。由下往上，依次是山门、踏步和正殿。山门为三重檐庑殿顶。正殿为七重檐庑殿顶，琉璃瓦铺屋盖，正中饰宝瓶，抬梁式结构，面阔三间22.1米，进深两间8米，通高24.8米。左右厢房为石木结合式建筑，硬山式顶，小青瓦，穿斗式。

寺内尚存明代、清代题刻、碑记若干。

2013年，江津石门大佛寺摩崖造像被公布为全国重点文物保护单位。

大佛寺正门

大佛寺造像主尊是观音菩萨　　观音造像上半部

大佛寺观音造像面部　　　　　　观音造像头像侧面

观音造像花冠

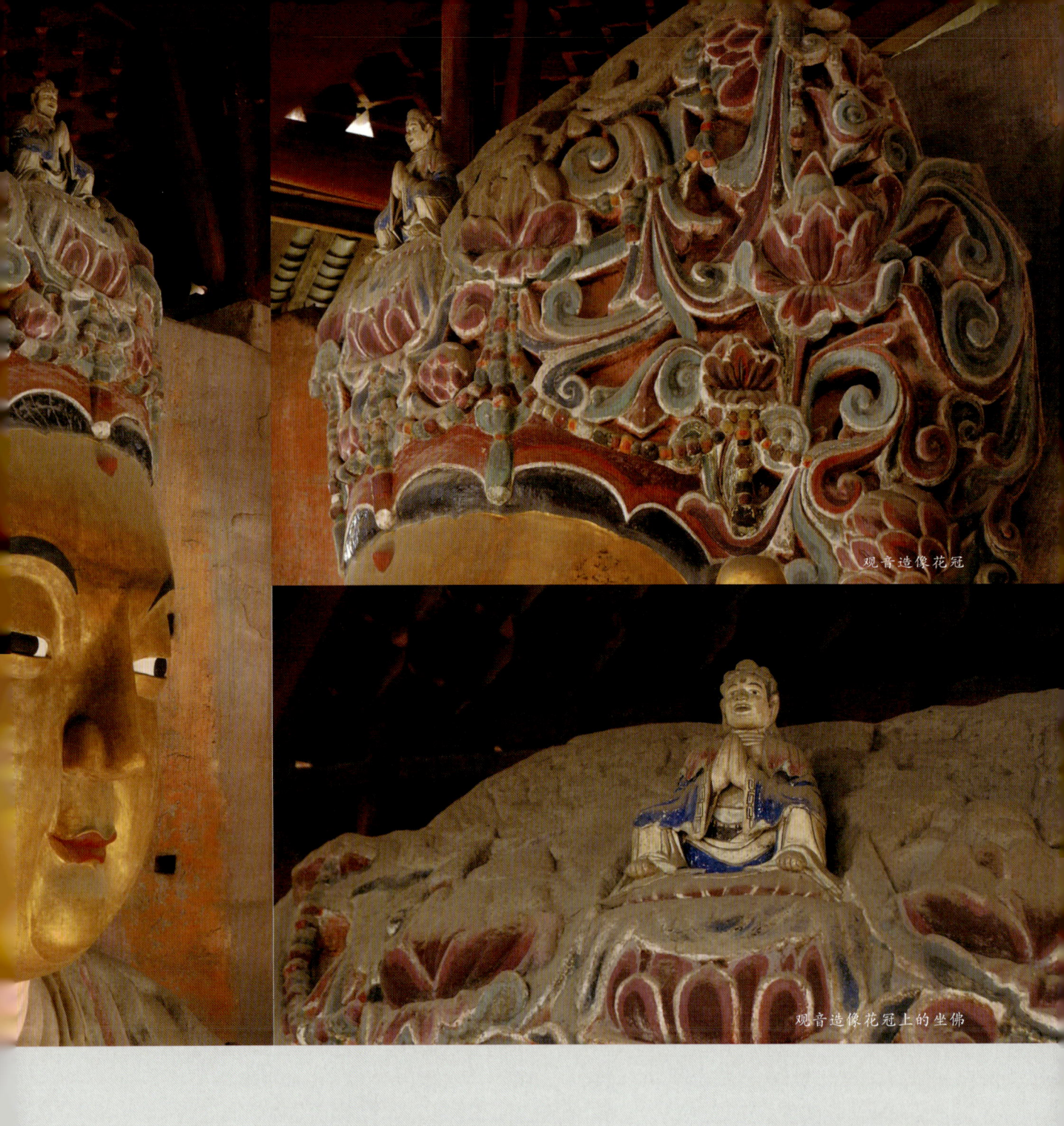

观音造像花冠上的坐佛

149

大佛寺正殿侧面

因大佛寺附近水泥厂粉尘污染，观音造像表面蒙上了一层灰粉

清代道光年间题刻

清代同治年间题刻

151

合川钓鱼城护国雄关

从嘉陵江远眺钓鱼城

六、独钓中原　上帝折鞭

——钓鱼城遗址

公元13世纪,即宋元交替之际,南宋军民为了抵抗骄横而强大的蒙古(元朝)军队,在当时的四川北部、东部广阔地域内,筑起了以钓鱼城为代表的山城防御体系。钓鱼城军民在南宋大部分疆土沦陷、蒙古铁骑横扫欧亚罕有敌手的情形下,坚持了长达36年的保卫战。号称"上帝之鞭"的蒙哥大汗在战场上受伤不治而亡,南宋朝廷由此得以延续,宋祚数十年不亡。失去大汗的蒙古因争夺汗位而暂止了征战,钓鱼城由此彪炳史册。有人称,历史在这里突然拐了个弯。而钓鱼城则被誉为独钓中原、上帝折鞭处。以合川钓鱼城为代表的南宋抗蒙(元)山城防御体系,保留着大量古迹、遗址和传说、记载,堪称一座战争遗址博物馆。

1. 钓鱼山、钓鱼城

合川(古称合州)位于重庆北部,距重庆主城数十公里。钓鱼城位于合川城东、相去数里的钓鱼山上。嘉陵江、渠江、涪江在山下回环,钓鱼城就形成了三面临江、壁立千寻的独特地形。

钓鱼山的得名,源自民间的传说。传说远古时代洪水滔天,周边民众来此山上躲避灾难。难民虽免于命丧洪水,却又因缺食而奄奄一息。突然,一位巨人从天而降,站在山顶的巨石上,手持长竿,由泛滥的江水中钓起无数的鲜鱼,灾民由此得以活命。人们感念巨人的恩德,将巨石称作钓鱼台(台上至今尚有石窝,据称是巨人足印),此山也就被称为钓鱼山。宋代,人们在山上筑城御敌,城也就被叫作钓鱼城。

2. 钓鱼城与山城防御体系

钓鱼城的修筑、使用及其战略、战术地位的提升,是伴随着宋蒙(元)关系的变化而逐步演变发展的。

13世纪初叶,在中华大地上形成了南宋王朝、金朝、蒙古、西辽、西夏、吐蕃、大理等多个政权并立的错综复杂的政治格局。1206年,铁木真在斡难河源头主持了建立大蒙古国的忽里勒台(蒙语,大聚会),

153

钓鱼山南侧环境　　　　　　　　　　钓鱼山西侧环境

得到了"成吉思汗"的称号。这个称号的含义是：世界的统治者。统一以后的蒙古国，东征西伐，掀起了一波扩张狂潮，其版图范围，东起兴安岭，西至中亚地区和俄罗斯南部。

1234年，窝阔台汗为了灭金，与南宋联军，对金朝形成夹击，逼迫金哀宗自缢，金朝灭亡。1235年，蒙古军队进攻南宋，攻入陕西、四川，南宋政权危急。

为了挽回颓势，宋理宗于淳祐二年（1242年）十二月任命余玠担任兵部侍郎、四川安抚制置使兼重庆知府，诏令他"任责全蜀，应军行调度，权便宜施行"。余玠入蜀履职，局面堪称岌岌可危。面对蒙古铁骑，四川门户大开，几乎失去防守能力，经济凋敝、民不聊生，兵饷难以筹措，只能从京湖地区调拨，兵微将寡，总兵力不足5万人，士气低落，无心抵抗。余玠先将四川安抚制置使的驻地从成都迁到重庆。重庆位于川东山地，长江与嘉陵江的交汇处，地势险峻、山高沟深，蒙古人擅长的骑兵在这里难以施展。余玠摆出利用天然屏障展开持久战的姿态，大大提振了民心士气。同时，余玠还"大更弊政，遴选守宰"，重振官场风气纲纪。他发布《招贤榜》，宣布要像诸葛亮治蜀那样，"集众思、广众益"，要以"高爵重赏"奖励前来进言献策的有识之士。

四川播州（今贵州遵义）人冉琎、冉璞兄弟向余玠建议，在合州钓鱼山上构筑防御城池，囤积军队、粮草，实行"城寨结合、军政结合"的战略防御，这与余玠确定的构筑山城防御体系的想法不谋而合。余玠命"二冉"直接组织、动员合州所属5县民众奋战数月，在钓鱼山原来山寨的基础上，筑起了一座依仗江山天险、城墙高耸、易守难攻的钓鱼城。

余玠还制定了《经理四蜀图》，上报朝廷并获得批准后实施。所谓"四蜀"，是指当时四川的成都、夔州、潼川、利州四部。他的计划是，在四川各地据险筑城，充分凭借地理条件，构筑起彼此互相关联、协同互助的防御体系。短短两年，四川境内筑城20余座，从川北的嘉陵江流域到川东的长江沿岸，便利的河流、水运使各城寨连成一体。

据学者考证，这个时期担负着抗击蒙古军队重任的城寨，主要有：重庆城、白帝城（今重庆奉节）、天

钓鱼山北侧环境　　　　钓鱼山东外城遗址

生城(今重庆万州)、瞿塘城(今重庆奉节,白帝城下)、赤牛城(今重庆梁平)、多功城(今重庆渝北)、钓鱼城(今重庆合川)、凌云城(今四川乐山)、大获城(今四川苍溪)、苦竹城(今四川剑阁)、神臂城(今四川泸州)、大良城(今四川广安)、铁峰城(今四川安岳)、运山城(今四川蓬安)、云顶城(今四川金堂)、紫云城(今四川犍为)、小宁城(今四川巴中)、青居城(今四川南充)、得汉城(今四川通江)、平梁城(今四川巴中)。

在全川山城防御体系中,钓鱼城是关键,这是由其特殊的地理位置决定的。余玠构筑山城防御体系,是退出以成都为中心的川西平原,在四川盆地周边,利用山川天险筑城。在今天已知的20余座当年修筑的城寨中,钓鱼城位于中心与枢纽的位置。同时,钓鱼城又拱卫着军事、行政中心重庆城,被称作"全蜀关键"。因而,钓鱼城成为蒙军连年进攻的几个主要目标之一。

3. 钓鱼城保卫战

1258年,蒙古大汗蒙哥亲率大军,由陇州(今陕西宝鸡)攻入四川,一路攻城拔寨,会师在钓鱼城外,1259年,全面展开对钓鱼城的围攻。蒙哥统领的军队,人数达20多万,涵盖了多种兵种。南宋军队约有2万人,而合州5县人民,有数十万之众,与主将王坚、副将张珏等众志成城,决心与蒙军殊死一战。南宋朝廷和四川、重庆的地方官也设法支援钓鱼城军民的抵抗战争。

战争持续了半年多,蒙古军队不断地从各个方向发起进攻,一度攻入外城。四川制置副使吕文德率战船数百艘,由重庆溯嘉陵江而上,但被蒙古军击退。而蒙古军队也付出了惨重代价,多名万户、千户及都总帅汪德臣等将领阵亡。南方酷暑和霍乱流行,更让蒙古军队头痛不已。当年七月,蒙哥亲临前线观战、督阵。他让"御营西军"在马鞍山(又有说是脑顶坪或是西门外)修筑瞭望台,台楼上树立桅杆以便瞭望。九日,蒙哥正在瞭望台上观看,被指挥作战的王坚发现。王坚命"发炮击之",蒙哥被飞丸击中,竟不治身亡。史书有载,这一天是南宋开庆元年(蒙哥汗九年,1259年)七月九日。至此,攻城的蒙古军队立即撤军随枢北归,命悬一线的南宋朝廷顿时解除危机。蒙哥在位9年,死后被追谥桓肃皇帝,庙号宪宗。

155

镇西门　奇胜门

城东清华门遗址　南城城垣西段

（关于蒙哥汗的死因和死地，学者根据不同的史书得出大同小异的多种说法。死因有两大类，或说在军中染疾、忧愤而亡；或说在战斗中中箭、炮、飞丸而死。关于死地，则有温泉寺、合州钓鱼山下，或直言钓鱼城下诸说。）

蒙哥之后，忽必烈夺得汗位，继续征讨南宋，步步紧逼。1271年，忽必烈改国号为"元"，定都大都（今北京）。钓鱼城在张珏等人的带领下，坚持抗战。

1276年，南宋都城临安被元军攻破，南宋朝廷投降，赵昰、赵昺被陆秀夫等人拥立为王，向东南逃亡。张珏闻讯，遂在钓鱼城里营造一座皇宫，并派人去东南沿海一带找寻"二王"，以图恢复宋室。但是，元军已控制了长江和东南地区，钓鱼城与流亡朝廷无法取得联系、互通支持。同年，张珏担任重庆制置使，王立继任钓鱼城指挥，继续抗战。1278年，张珏部将赵安献重庆城投降，张珏率军巷战不敌，被元军捉获，重庆失守。张珏誓死不肯投降元朝，在押解送京途中自尽。这时，元军已经攻破南宋全境，钓鱼城孤城一座，数十万军民苦苦支撑。然而合州连年大旱，城中粮草无继，军民"易子而食"，境况极为艰难。元军一方面加紧攻城，一方面进行招降。为了免除城破之日被元军屠城，周全数十万生命，王立与诸将商议，决定投降元朝。这一年，是1279年。

始关门　城北出奇门遗址

西北内城垣遗址　南城一角

东城内城垣遗址　护国门炮座遗址　出奇门右侧马面

从1243年"二冉"在余玠支持下修筑钓鱼城算起，到1279年接受元朝的招降，钓鱼城保卫战坚持了36年才画上句号。其实，在1240年，四川制置副使彭大雅已派人在钓鱼山上筑城寨，加上其后的王坚、张珏，前后共有四次大规模筑城，这是坚持抗战36年的物质基础。就在王立举起降旗之前，远在广东沿海、走投无路的南宋幼帝赵昺被陆秀夫背负在肩，投海而尽。

由于钓鱼城抗战取得的伟大功勋，特别是1259年蒙哥受炮伤而驾崩，解除了南宋小朝廷的危机，

西北外城马面　复原的城中跑马道

城南飞檐洞入口　九口锅兵工作坊遗址

蒙古军挖掘的攻城地道　西城大天池　皇井台上的皇井

使南宋王朝得以多存在数十年，因此，学者称赞钓鱼城"独钓中原"。不仅于此，由于蒙哥突然去世，一时间征战于欧亚各地的蒙古军队暂停了征战的脚步，关注或投身于汗位争夺战，其中包括受蒙哥派遣远征西亚和北非的、蒙哥的六弟旭烈兀进行的"第三次西征"。1258年，旭烈兀攻破阿拔斯王朝的都城报达城（今伊拉克首都巴格达），灭亡了阿拔斯王朝。1259年，当这支远征军攻下叙利亚，准备兵发北非的埃及时，蒙哥驾崩的消息传来。旭烈兀留下2万军队驻守叙利亚，亲率10万人马回师支持忽必烈。1260年，埃及组织起12万联合军队围攻蒙古军，将这支被称为"上帝之鞭"的军队赶出了北非。蒙古军队三次西征，波及欧亚大陆的大片地域，大蒙古国的面积达3000万平方公里，征服720多个民族、部族。历史学家认为，正是钓鱼城、王坚的抗战、蒙哥之死，使得受到蒙古铁骑重压的西亚、北非的伊斯兰世界，得到了反击并取胜的机会。

南水军码头宋代遗址　　南水军码头宋代上山石级　　钓鱼台碾米作坊遗址

暗道出口——皇洞　　皇宫遗址上的残垣　　阅武场点将台遗址

石塔口古井　　大天池古井

王坚纪功碑　　西北外城马鞍山　　东新门外脑顶坪

复建的石照县衙

159

4. 钓鱼城古迹

合川钓鱼城既是全国重点文物保护单位,又是国家级风景名胜区,这里既有丰富的宋蒙(元)战争遗迹和后世人们凭吊、纪念这场战争留下的题刻,也有钓鱼山秀美险绝的自然风光和文化遗迹。

钓鱼城文物保护单位的保护范围,划定为2.5平方公里。现存的有关战争遗迹有城墙(长度约8公里)、城门(8座),以及众多炮台、墩台、栈道、暗道出口、地道、水师码头、军工作坊、帅府、军营、较场等,这些遗迹反映了当年军民的生产、战斗或生活情况。

此外,各时期的文化遗迹也有很多。如钓鱼台(年代不可考)、悬空卧佛、千佛岩、弥勒站佛(唐代)及南宋的古桂树,清代的护国寺、忠义祠、三圣岩等,还有大量民国及以后的题记石刻等。

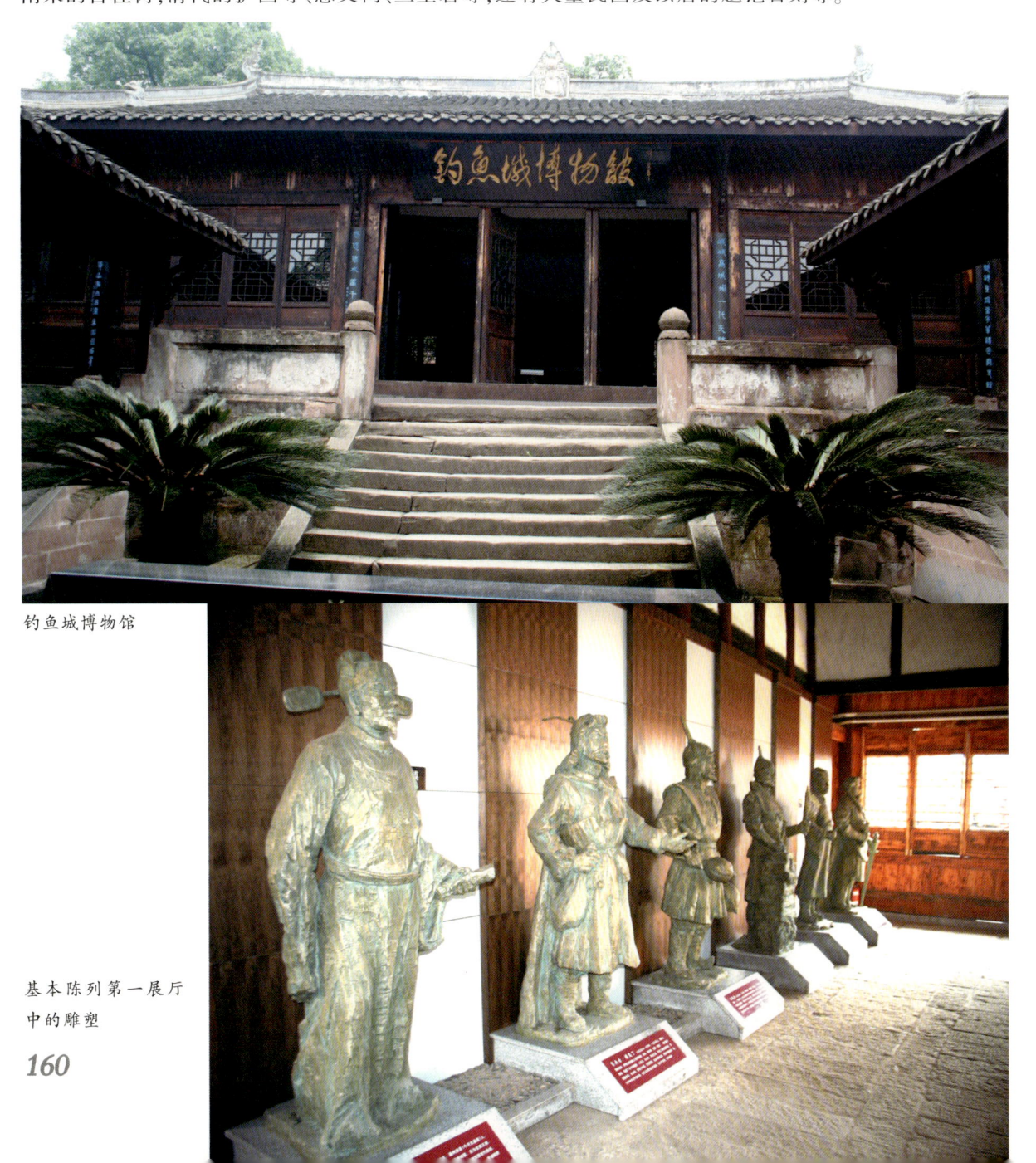

钓鱼城博物馆

基本陈列第一展厅中的雕塑

南水军码头航拍照片

古军营遗址上的复原场景

远古遗迹——钓鱼台

唐代千佛崖石窟

北宋石曼卿题刻

明代徐澜摩崖诗

明代李尚德摩崖诗

唐代悬空卧佛石刻

南宋王休题刻

清代护国寺大山门　　清代护国寺门楼

清代鱼山八景题刻

清代钓鱼城石刻

国民党中央陆军军官学校特别训练班十周年纪念碑记

清代三圣岩石刻与民国"古钓鱼城"石刻

民国蒋中正、何应钦题记

复建的"独钓中原"石坊

清朱宗言题记

民国孙元良摩崖诗　　民国张治中题记　　清《钓鱼城功德祠》碑

王坚纪功碑亭

165

白鹤梁位于长江与乌江交汇处上游靠近涪陵城一侧，历史上每当枯水到一定程度时露出水面。三峡水利工程建成蓄水后，白鹤梁因低于三峡工程最低水位，不再露出水面

白鹤梁因为保存了160多条历代题刻，被称为"水下碑林"

七、江水作证　白鹤升仙

——长江三峡枯水题刻

水是人类生存和发展的基本条件，水文、水利、水灾……与人类的生活密切相关。人类对水文的观测由来已久，在商代的甲骨卜辞中，已有占卜水灾的记录。重庆境内江河密布，留下了很多的古代人们观察、记录水流的洪水与枯水题刻，这些都是重要的文化遗产。

长江三峡地区的枯水题刻，以重庆江津莲花石、巴南迎春石、江北耗儿石、朝天门灵石、涪陵白鹤梁、丰都龙床石和云阳龙脊石等七大枯水碑记和题刻为代表。其中，涪陵白鹤梁内容尤其丰富，被称为"水下碑林""世界第一古代水文站"。这些珍贵的枯水题刻不仅为今天的长江水利、航运事业提供了难得的历史水文依据，而且还在历史、科学、艺术等方面为学者研究提供了宝贵的资料。

长江三峡地区的水文题刻既有枯水题刻，也有洪水题刻，生动记录了千百年来长江的涨落变化。枯水题刻因为水位低，随着三峡大坝建成蓄水，都已永沉江底。为了抢救、保护，目前涪陵白鹤梁修建了水下博物馆，其他的做留取资料保护。

1. 涪陵白鹤梁

白鹤梁位于涪陵区长江中，在长江与乌江交汇处上游约 1 公里处，是一道天然石梁。

白鹤梁长约 1600 米，宽 10~16 米，离岸数十米。梁脊高程 137.81 米，低于三峡水库成库前的最高水位 30 米。但是，每到枯水时节，石梁往往又高出水面，最多时高出水位 2 米多。这道显露无定、"虚无缥缈"的石梁，成为当地的著名景点。

关于白鹤梁的得名，各种传说很多。一说是因为白鹤成群，云集梁上而得名。另有一说则与道教传说相关。明代曹学佺《蜀中名胜记》卷之十九"涪州"条引《方舆胜览》记："州西一里，白鹤滩，尔朱真人冲举之处。《志》云：'尔朱既浮江而下，渔人有白石者，举网得之，击磬方醒，遂于涪西滩前修炼，后乘白鹤仙去，因以名滩。'"滩、梁或许只是不同时期的称呼，指的是同一地方。尔朱真人得罪官员，被沉入江中而

北宋嘉祐二年（1057年）武陶题刻

北宋熙宁元年（1068年）题刻

不死，漂浮到白鹤梁，为渔人所救，最后乘鹤升仙的故事在当地广为流传。不过，古代四川（包括今重庆）许多地方都有他成仙的传说。

枯水时节，江中石梁渐渐显露出水面，被古人看作祥瑞奇观。每当此时，士绅官员、文人雅士、富商巨贾和老百姓，往往纷至沓来，在石梁上游玩、聚会甚至举行祭祀等，免不得吟诗作赋，题铭纪事。更有人认为水落石现，预兆年成丰收，遂标注水位，撰文题刻，留下众多珍贵的题刻文字。这些题刻具有珍贵的历史、艺术、科学价值。

经调查，白鹤梁上现存有碑文题刻共165段，其中：唐代1段、宋代98段、元代5段、明代16段、清代24段、现代14段、年代不详者7段，共计3万余字。还刻有石鱼18尾、白鹤1羽、观音3尊。

白鹤梁直接与水文有关的题刻108段，记录了自唐广德年间（763—764年）以来1200余年间72个年份的历史枯水位情况。这72个年份的枯水位记录，是已知起始早、延续时间最长的古代水文题刻，因此，白鹤梁被誉为"世界第一古代水文站"。白鹤梁的古代水文资料，为今天考察长江水文提供了重要依据。

白鹤梁上的石鱼雕刻，是古人记录江水枯水位的标志。早在唐代，古人就设定用石鱼标注水位。经过测定，石鱼鱼眼的高程与涪陵地区平均枯水位非常接近，将72个年份的枯水水位排列起来，就得到了1200多年来长江上游枯水水位表。这些数据对于利用长江的自然资源，对于农业、航运、水电开发，对于城市建设以及历史研究，都具有十分宝贵的价值。

白鹤梁题刻中涉及的历史人物，有姓名可考的计300多位，著名者如黄庭坚、朱熹、庞公孙、朱昂、王士禛等。历代诗文题刻，从书法看，篆、隶、行、草皆备，颜、柳、黄、苏并呈。从雕刻技法看，浅浮雕、深浮雕、线雕、图案、花边皆有，风格各异，精彩纷呈，具有极高的艺术价值，故有"水下石铭"之美誉。黄庭坚所写"元符庚辰涪翁来"，其字体苍劲有力，体势挺拔，纵横舒展。黄庭坚在评价自己的书法时曾说过："元祐间书，笔意痴钝，用笔多不到。晚入峡，见长年荡桨，乃悟笔法。"这七个大字便是入峡后的作品。

1988年，白鹤梁题刻被公布为全国重点文物保护单位。

三峡工程建成后，长江涪陵段为库区水位变动区，最低水位145米，最高水位175米，白鹤梁被淹没。为了保护白鹤梁题刻这一珍贵的水下文化遗产，文物保护工作者与科学家紧密配合，创造性地提出了"无压容器"的保护方案，解决了在水下数十米深处建构大型保护体的技术难题，在原址上修建"水下博物馆"，实现了原址保护文物，实践了文物保护原真性原则。

2003年2月13日，白鹤梁水下博物馆工程开工，主要由水下保护体、交通及参观廊道、地面陈列馆三部分组成。设计人员、技术人员与施工人员共同努力，克服了水中施工的种种困难，历时六年，于2009年5月建成白鹤梁水下博物馆。这是世界上唯一的水下博物馆，它同白鹤梁题刻一同构成一个新的历史人文景观，向世人展示"水下碑林"的风采和中国人保护文化遗产的勇气与能力。

北宋熙宁七年（1074年）题刻，文中提到唐代广德年间（763—764年）与大和年间（827—835年）水位记载

北宋元丰九年（1086年）题刻

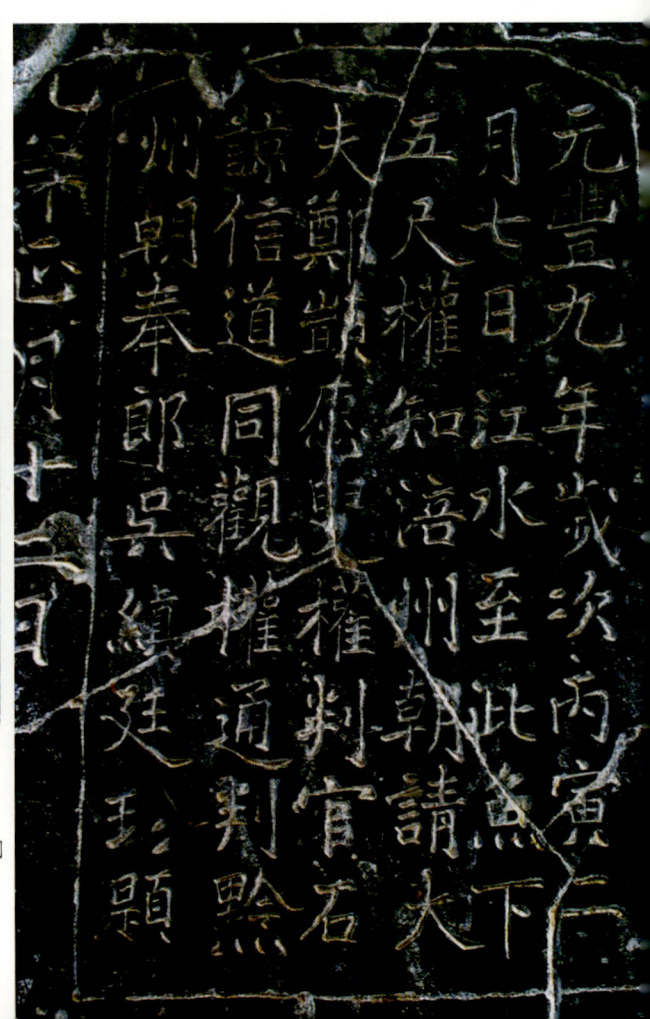

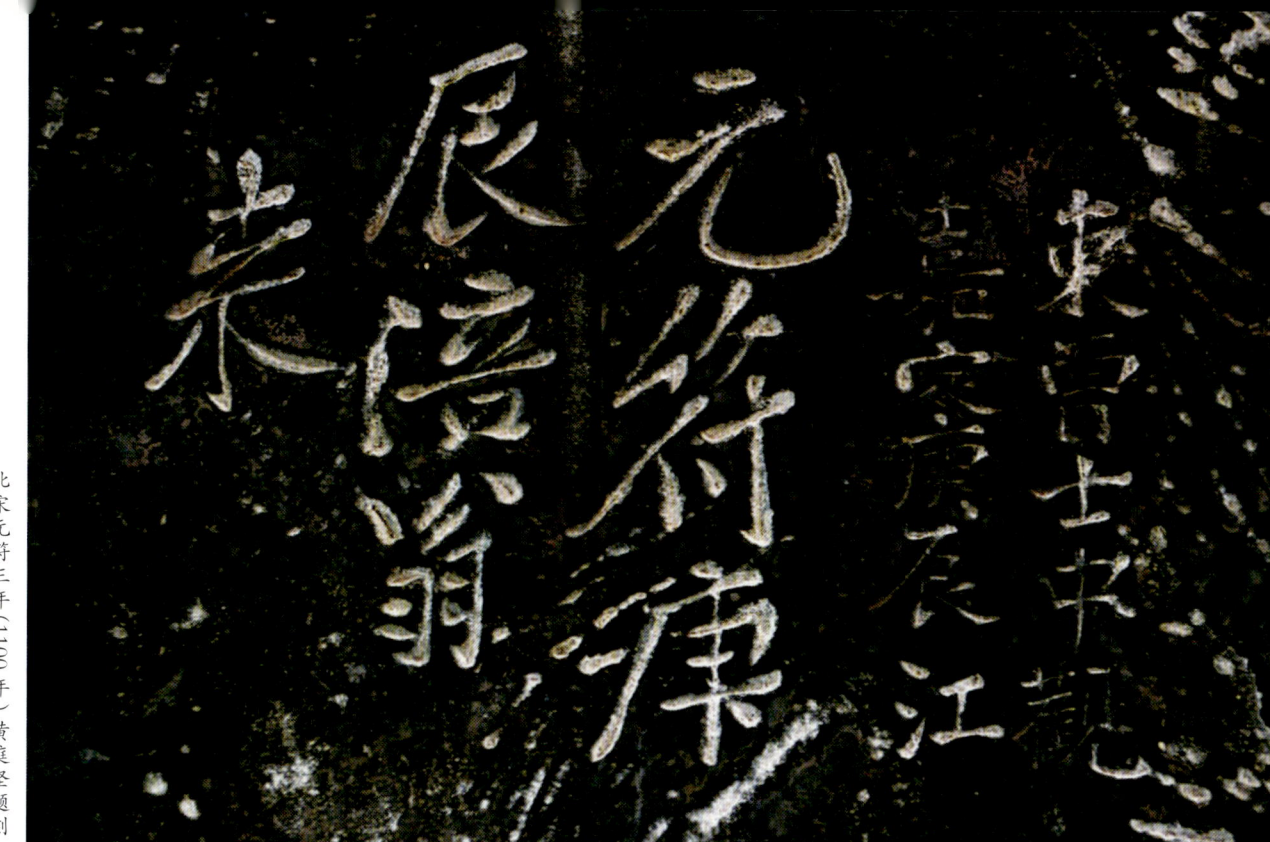

北宋元符三年（1100年）黄庭坚题刻

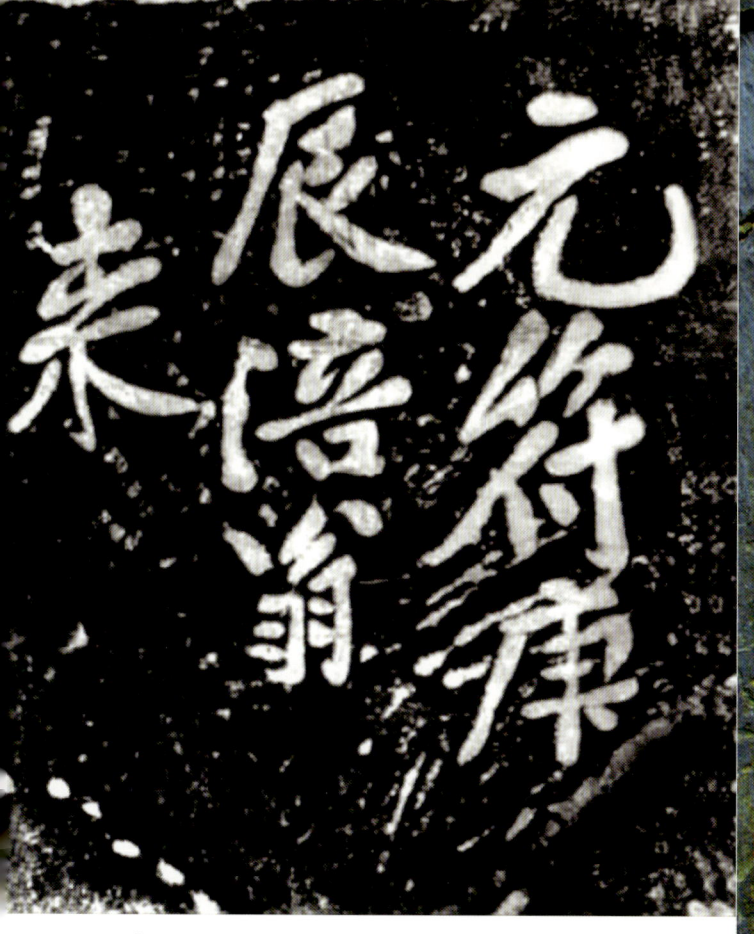

黄庭坚题刻拓片

南宋绍兴二年（1132年）赵子逷题刻

170

南宋宝祐二年(1254年)题刻。注明《图经》谓："(石梁)出则岁稔,大率与渝江晋义熙碑相似。"义熙碑即位于重庆朝天门的"灵石"。

南宋绍兴十年(1140年)孙任宅题记

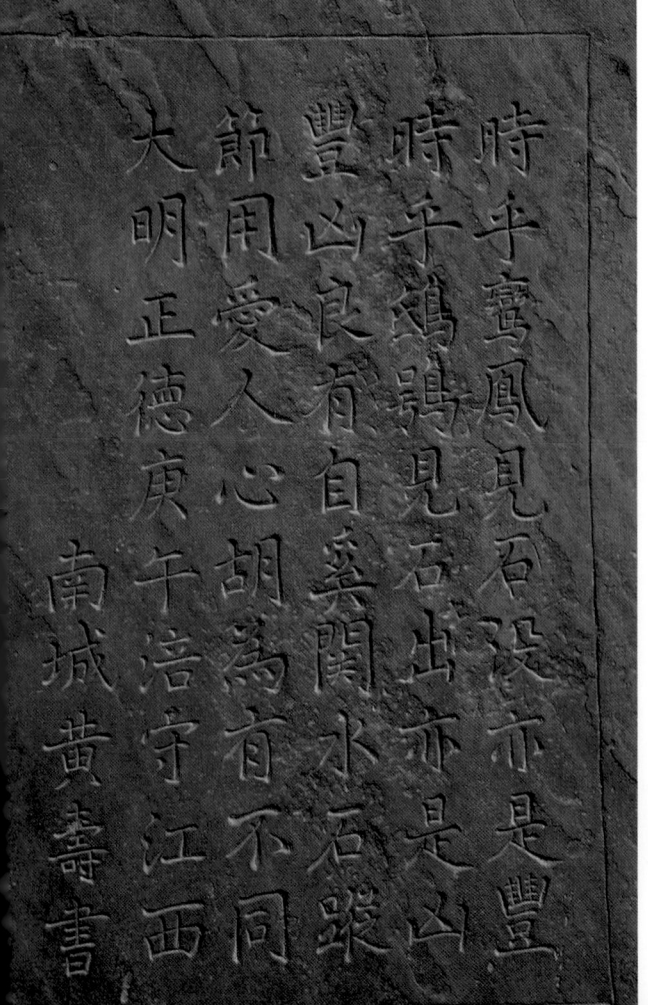

元代八思巴文题刻

明正德五年(1510年)黄寿题刻。作者认为,人世的丰凶与水石无关,表示不认同"石出兆丰年"的说法

清康熙三十四年(1695年)"预兆年丰"题刻

清光绪七年(1881年)卤州孙海题写的"白鹤梁",笔力深厚,镌刻精美

清光绪七年(1881年)题刻

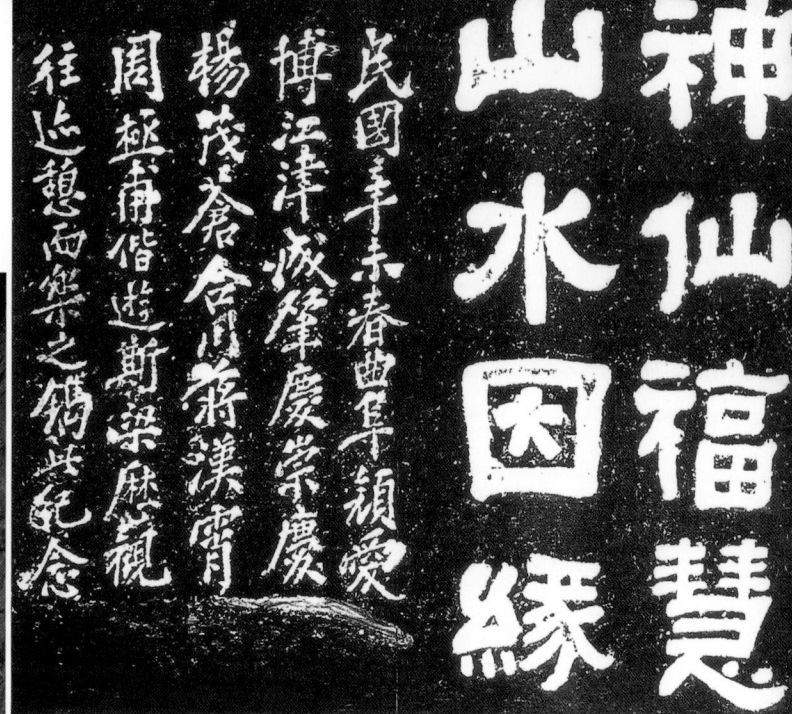

民国二十年（1931年）题刻拓片

白鹤梁的得名，一说是因为白鹤成群，云集梁上。这是民国二十六年（1937年）刘冕阶"白鹤时鸣"题刻

民国二十六年（1937年）"石鱼出水兆丰年，白鹤绕梁留胜迹"题刻

石鱼

174

石鱼与清康熙四十五年(1706年)题刻

建设者们抢在三峡水库蓄水之前,建筑白鹤梁题刻的水下保护体,为进一步有效保护创造条件

白鹤梁水下博物馆水下保护体内的参观廊道,观众可以通过圆形观察窗观察处于水体中的题刻

白鹤梁水下博物馆地面陈列馆

潜水员进入水下保护
体内清洗题刻

潜水员在保护
体内做观察窗
的维护

177

2. 江津莲花石

莲花石位于江津区几江镇东门外的长江北侧，因状如莲花，故得此名。它由36块大小不同的磐石组成，全部露出水面时，面积可达800多平方米。莲花石上记录了南宋乾道中期至民国二十六年（1937年）间近800年的枯水位情况，共有题刻38段。最早的题刻是南宋乾道辛卯年（1171年）的《赵宜之等题名》，明本《重庆府志·江津县》载录了全文，大致意思是：乾道辛卯正月十九日，天水赵宜之陪王屋李希仲、太原王直夫，同寺首珍况来游，饮不至醉。王屋李孝友书。

莲花石题刻的内容主要是诗题，大致可分为三类：一是咏叹莲花石的奇特风姿，二是"石现兆丰年"的祝颂，三是纪念明代女子谢秋芳在莲花石殉情的诗。

"幽怀脉脉少人知，身似杨花萎地时。不耐闲情春梦冷，石莲台畔写愁诗。"

诗句讲述了一段凄婉的爱情故事：明末崇祯年间，江津才子杨生在泸州为官，与青楼女子谢秋芳邂逅，两人一见钟情。杨生许诺将她赎出青楼，结为连理。岂料天有不测风云，杨生遭人诬陷，官场失意，返乡后抑郁而终。谢秋芳久等不得佳音，便以积蓄自赎出青楼，千里寻爱。当她得知杨生已病故，悲痛欲绝，在莲花石上咏诗二首，寄托相思之情，而后投江殉情。此后，人们游莲花石的时候，常常感慨二人的爱情故事，并以此为题材，吟诗题刻于莲花石上。

2000年，莲花石题刻被公布为重庆市文物保护单位。

莲花石题刻位于江津区几江镇临近江岸的长江中

初露水面

莲花石上布满历代题刻

明嘉靖二十五年（1546年）題刻

道光三年（1823年）題刻

民國四年（1915年）題刻詩二首

民國二十六年（1937年）題刻

3. 巴南迎春石

迎春石位于巴南区麻柳嘴镇临近岸边的长江之中，与对岸渝北的洛碛镇隔水相望。迎春石分为上、下石，相距 300 余米，每逢枯水时节才露出水面，当地有"石出迎春"之说。迎春石的上石长约 19 米、宽约 8 米，下石长约 27 米、宽约 13 米。

迎春石上的题刻，从宋代至晚清共有 10 余段，大多辨识不清，较为清晰的只有宋代冯时行，明代谢政、王应雄等人的题刻。题刻的内容多是反映"修禊"的古老民俗。这是一种驱邪、消除不祥的祭祀活动，多在春秋两季于水滨举行，尤以春季的"三月三"上巳日"修禊"最为盛行。如宋代冯时行在迎春石上的题记中写道："乐碛大江中有石州，烟水摇荡，云山杳霭，全似江南道士矶。可以泛舟流觞，修山阴故事。"明代谢政也在题记中含蓄提到"修禊"，他写道："此石在吾家篱落下，二百五十余年，岁时上冢，每修缙云故事。客岁谢政。"

迎春石题刻于 20 世纪由文物工作者发现，并做了详细的测量和题刻拓片，在此之前未曾见于任何著录，具有珍贵的史料价值。

迎春石位于巴南区麻柳嘴镇临近岸边的长江之中

南宋绍兴十八年（1148年）冯时行等人题刻　　　明崇祯十年（1637年）题刻

文博工作者利用三峡大坝蓄水前难得的枯水期，在迎春石上留取拓片资料

迎春石题刻大多不易辨识

4. 江北耗儿石

耗儿石位于长江江北区鱼嘴段航道上，长 2.4 米、宽 0.8 米、高 0.65 米，重 4 吨，是七大枯水题刻中体积最小的。在面向江中心一端的岩壁上，刻有 32 个字，内容为："大蜀明德三年岁次丙申二月上旬，此年丰稔倍常，四界安怡，略记之。水去此一丈。"记载了五代时期的枯水水位及当时的丰年盛况。

耗儿石位于江北区鱼嘴镇的长江中，当地人将老鼠叫作耗儿

耗儿石露出水面

后蜀明德三年(936年)题刻

5. 朝天门灵石

灵石位于重庆朝天门外、嘉陵江入长江处,是三峡地区现知时代最早的枯水题刻。但是,由于灵石的海拔极低,江水极枯涸时,才能露出水面。最近一次出水,是在民国四年(1915年),此后近百年间,灵石均未曾出水,所以我们对灵石的认识仅限于文献记载。

结合宋人《宝刻丛编》《全唐文》及地方志的记载,灵石题刻计有:东汉1则,东晋1则,唐代13则,宋代1则,明代1则。东汉1则为光武帝年间(25—27年),可惜只有目,没有内容。东晋1则为义熙三年(407年)题刻《灵石社日记》,后世便以"义熙碑"或"灵石"称之。

唐人题刻居多,题刻人多是地方官员,如张萱、王升、郭英干、张武、牟重厚、任超、杨冕等。题刻内容多为当时的民风民俗和战争的记载,具有较高的史料价值,这些文字都被收录在《全唐文》中。值得一提的是任超的《灵龟王碑》,其中记载:"今又河南河北有不匡之徒,蚁聚蜂屯。我本道节度使仆射李公,奉诏发甲兵万人,从此而下,远伐不顺。有此事由,因铭之记。时唐建中四年岁次癸丑正月戊寅朔三日庚辰。"记述了唐建中三年(782年)淮宁节度使李希烈叛唐,巴蜀之地的军队取水路东出夔门赶赴河南征讨叛贼之事,为我们了解当时的进军路线提供了材料。

古人相信灵石露出水面就预示来年是个丰收年,因而灵石又名"丰年碑""过年石"。

2001年,重庆博物馆利用三峡工程蓄水之前的枯水期,在朝天门进行发掘,寻找灵石,可惜没有斩获。

朝天门灵石发掘现场

6. 丰都龙床石

丰都县城南水门子外的长江河心,有一条长形的水下磐石,长约 28 米,宽约 13 米,因其石面平坦,如一张巨大的石床卧于江心,所以称为龙床石,也称龙床堆、龙船石、笔架山。

《丰都县志》载:"江流击石,汹涌湍急,传为蛟龙栖息之窟。"这段文字讲述了龙床石得名的由来。由于龙是中华民族的祥瑞之物,所以龙床石也成为当地群众心目中的吉祥之地。每逢冬春枯水时节,丰都百姓就会来到龙床石上进行传统的民俗活动——拜龙床,在石上烧香拜佛,祈祷五谷丰登、家人平安等。最为重要的是人们带男孩来到龙床石上,期望沾上龙的吉祥之气,今后能大富大贵。

龙床石上的题刻约有 40 段,目前所知最早的题刻是南宋绍兴年间的,保存较好的有"龙床春玩""龙床堆""石槎"等大字题刻。石刻水位最低的文字有"天下文章莫大于是""阁乾坤之大笔,写江汉之雄才"两段。

龙床石位于丰都县城南水门子外的长江河心

"龙床春玩"题刻

"龙床堆"题刻

"石槎"题刻

清咸丰五年(1855 年)题刻

县尉等人乘兴游玩题刻

7. 云阳龙脊石

云阳龙脊石位于长江江心，在原云阳张飞庙下游不远处，与云阳老县城隔水相望。东西长约350米，南北宽8~16米。当它露出水面时，犹如一条巨龙潜游于江中，而脊背露出水面。

地方志记载：这里"自古为春游胜地"。每年春上，人们在龙脊石上宴游赋诗，占卜丰歉，十分热闹。尤其是在龙脊石上以"鸡子"卜凶吉。如宋元祐四年（1089年）的一段题刻上说："以鸡子一枚卜兆，得喜庆团圆之卦。"说明当地人们将龙脊石视为"吉石"，其出水也是丰年的象征。

龙脊石上古诗文题刻极为丰富，有自宋元祐三年（1088年）以来的含53个枯水年份的各代石刻题记68段，其中宋代30段，元代1段，明代24段，清代13段。石刻大字如斗，小字如粟，篆、隶、楷、草，样样俱全。

龙脊石远眺

云阳龙脊石位于长江中，在原云阳张飞庙下游不远处

明代崇祯年等历代题刻

"龙"字题刻

"潜见(现)自如"碑

七言诗题刻

此题刻中提到的"鸡占",是一种民间占卜方法

右侧为南宋淳熙三年(1176年)题刻。左侧七言诗年代不详

清光绪二十六年（1900 年）题刻

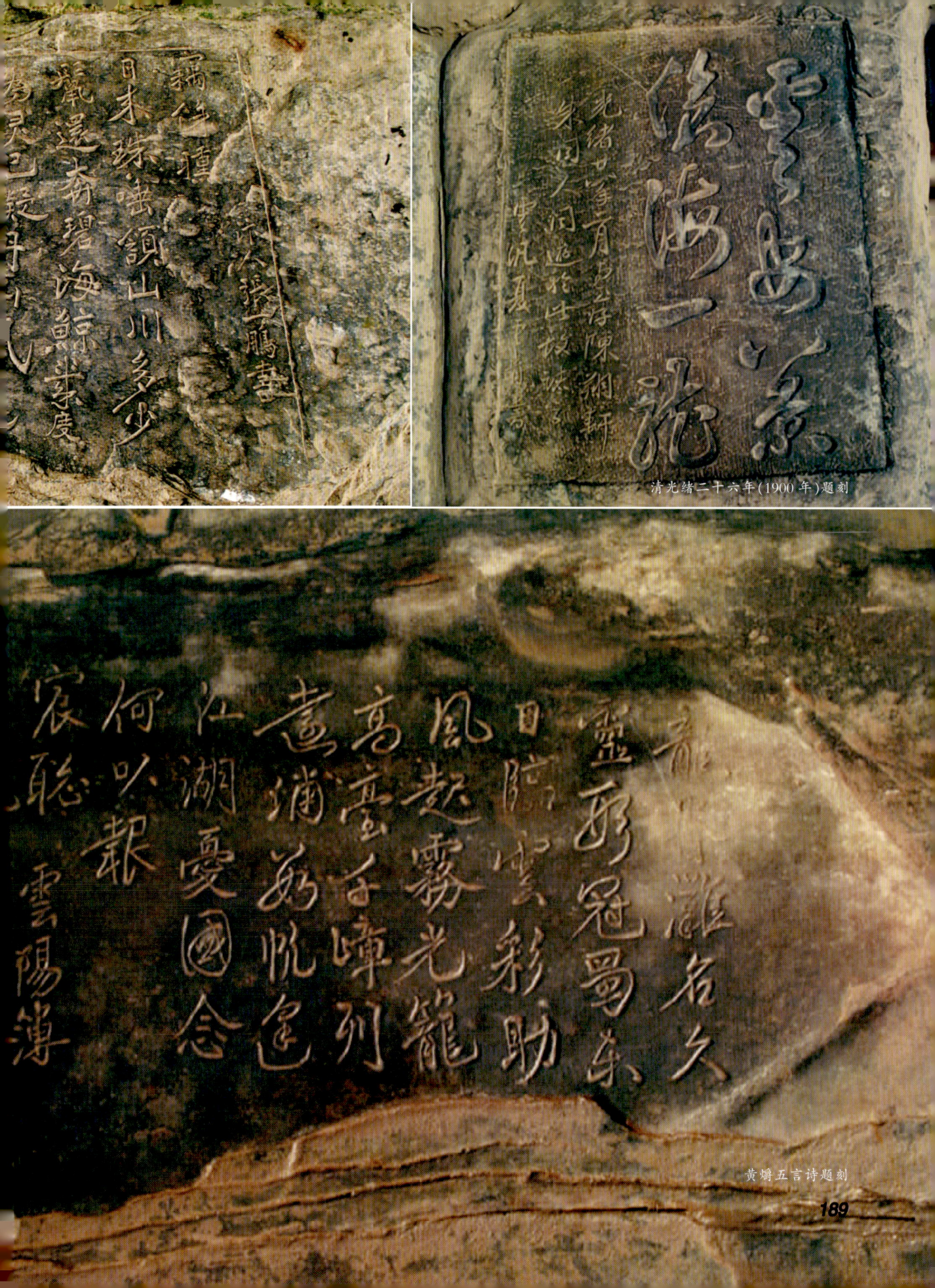

黄媾五言诗题刻

明玉珍皇帝陵陈列馆，
位于江北区江北嘴

陈列馆前雕塑

八、农民皇帝 山城留踪

——明玉珍睿陵、弹子石大佛

明玉珍是元末农民起义军的著名领导人之一，1329年9月9日生于湖北随县(湖北随州)梅丘里，原姓旻，因信奉明教，故改姓明，称王、称帝，直至葬睿陵，都没有复姓。

元朝末年的残暴统治，激起了广大人民日益强烈的仇恨与蔑视，各地的起义军纷纷揭竿而起，形成一股股强大的反抗武装。元至正十一年(1351年)，彭莹玉、徐寿辉领导红巾军起义，各地纷纷响应。农民起义的风暴大爆发，其态势异常迅猛，很快震荡全国。明玉珍是徐寿辉的部将，镇守沔阳数年。他作战英勇，立下赫赫战功，官至奉国上将军统兵都元帅。元至正十七年(1357年)，明玉珍奉命率军入川占领重庆后，相继攻克成都等地，摧毁了元朝在四川及其相邻的陕、甘、黔、滇、鄂边境部分地区的统治，成为当时全国风起云涌的反元斗争的重要一翼。

元至正二十三年(1363年)，明玉珍在重庆称帝，建立了大夏政权，年号治平，统治四川、重庆及其附近若干地区达九年，在元末农民战争史和重庆地方史上都具有重要的影响。大夏政府推行"免徭薄赋""禁侵略""兴文教"等项政策，使其辖区内较早实现了社会的相对稳定，保障了社会生产，一定程度上减轻了当地人民的痛苦。

元至正二十六年(1366年)，明玉珍病逝，其10岁的儿子明昇继位，太后彭氏垂帘听政。但是由于朝中将领们起内讧，互相残杀，使大夏政权元气大伤。明洪武四年(1371年)，朱元璋派遣征西将军汤和率副将军廖永忠、前将军傅友德率副将军顾时，从东、北两路攻入重庆，明昇降，大夏亡国，归入明朝版图。

1. 睿陵

明玉珍逝世以后，葬在今江北区上横街宝盖山南麓，史称"睿陵"。 1982年，明玉珍陵墓被发现。睿陵背靠宝盖，东近扬子(长江)，南濒嘉陵，视野开阔，颇有气势。睿陵规模不大，为长方形竖穴石坑墓，出

191

土的葬具较为完好，椁为香榧木，内棺用柏木制成。在椁前36厘米处有一长方形石坑，竖有"玄宫之碑"，即明玉珍墓志铭。墓内的随葬器物比较简朴，除一只金碗、两枚银锭外，其余皆为丝织品。

2000年，明玉珍睿陵被公布为重庆市文物保护单位。

明玉珍塑像

文物保护单位标志

2. 玄宫之碑

玄宫之碑为砂质、青色,通高145厘米、宽57厘米、厚23.5厘米。其左右两侧各刻一条阴线盘龙,但不完全对称。整个碑文共24行,正文每行47个字,全碑共1004字,主要记载了大夏皇帝明玉珍的生平史实,如明玉珍的出生年月、入葬时间,明玉珍称帝前的历任官职,大夏政权建立的时间、地点和官制,以及明玉珍在位的确切时间。碑文还详细记录了明玉珍自追随徐寿辉起义,至平西入蜀、定夔万、入渝城及攻克泸州、叙南、播南、巴州等州县的经过,从某些方面真切地反映了明玉珍和大夏政权的政治态度,如对倪文俊、陈友谅的谴责、反对,对农民起义军领袖徐寿辉及其所建立的政权的尊崇、效忠等。这些记录弥补了史籍记载的缺漏,为探讨四川、重庆两地的地方史和元末农民战争史提供了珍贵史料。

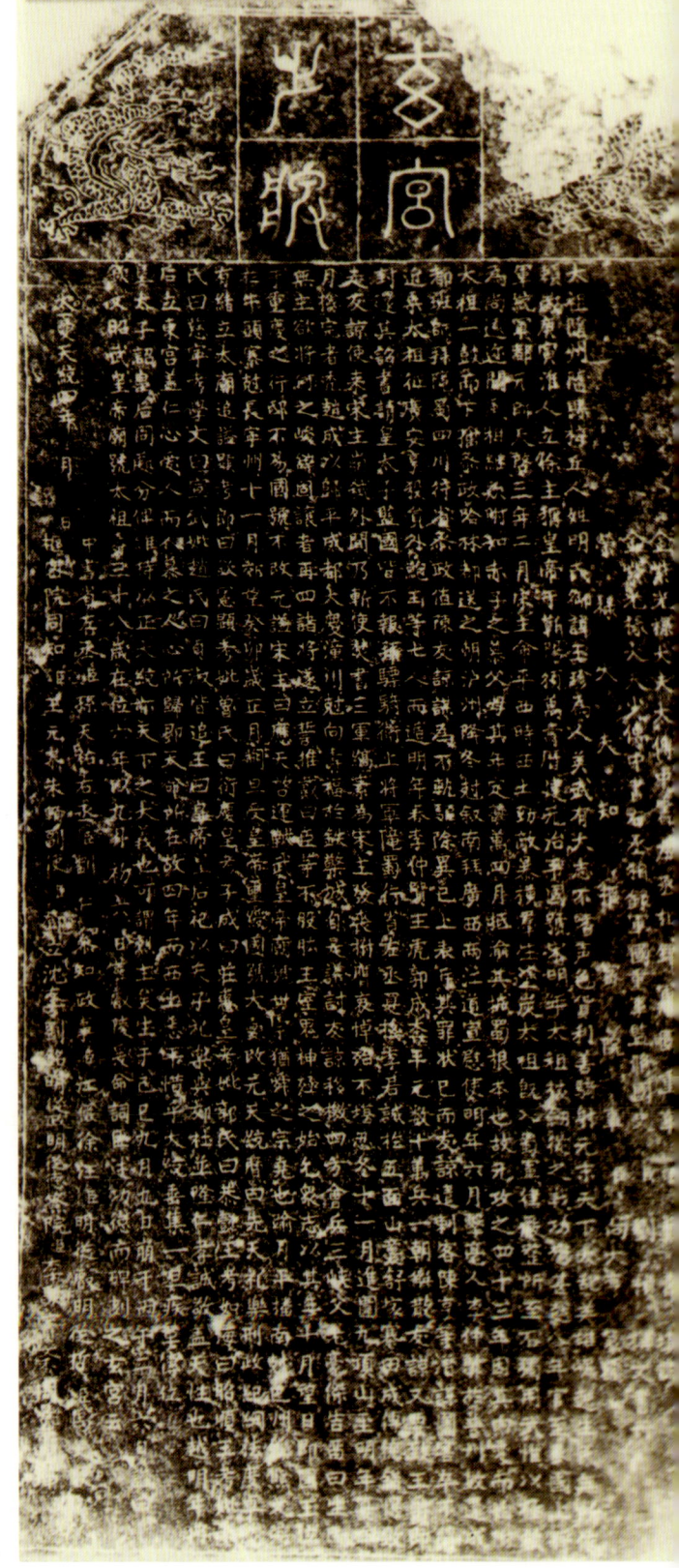

玄宫之碑

3. 随葬品

明玉珍墓出土的金银器仅有金碗和银锭，其制作非常简朴，没有复杂的纹饰，帝王陵墓中的随葬品如此简朴，实在是罕见。

明玉珍墓里随葬的丝织品中，部分丝织品上盖有"常□"长方形押印，应该是织造者的姓氏。就工艺水平而言，这批丝织品并非上乘之作，可能是因为大夏政权没有设立专司织造宫廷御用品的官署。尽管不甚精美，但作为元末时期的纺织品，仍然有助于我们探讨四川、重庆地区纺织工艺的发展情况，研究元代各纺织中心的生产技术状况。而且在我国现有出土的古代纺织品中，这一时代的产品比较稀少，所以还能起到弥补薄弱环节的作用。

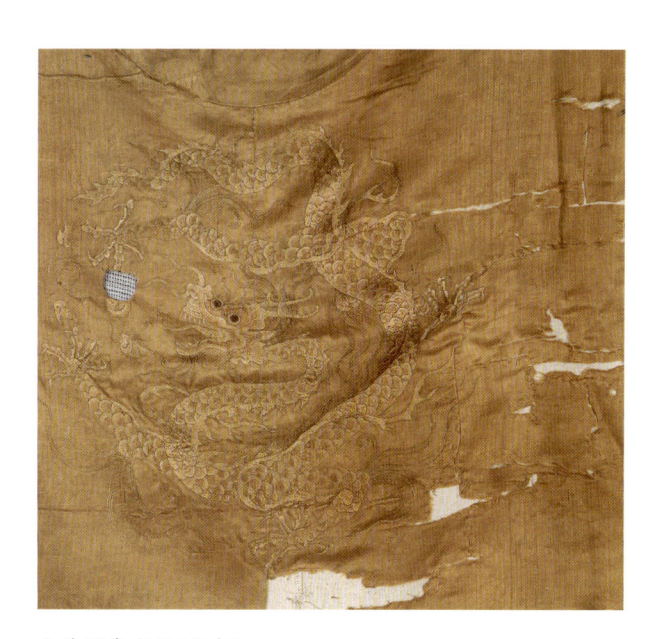

在这些丝织品中，有一件铭旌，残长230厘米、幅宽62厘米，它原来覆盖于棺盖之上，一端卷边缝成孔道，内穿竹片，出土时还残留竹片数节，推想它本是能够支撑悬挂的，就像后代的"魂幡"。另有一件青缎衮龙袍，出土时是覆盖在内棺上的，其胸、背上绣有"衮龙"纹，古时候称"衮服"或"衮衣"。《周礼·春官·司服》说："享先王则衮冕。"可见所谓"衮衣"是古代帝王祭祀天地、祭享先王的礼服。《舆服志》记载，"上公无升龙，天子有升龙，有降龙，是衮有度也"。这件龙袍上绣升龙，应是皇权的象征，用以覆棺，则表示尊崇之意。明玉珍建国称帝，主要承袭了宋元时期的制度，但较为俭约。这件龙袍只绣龙纹，而省去了许多繁杂的图饰，可能是明玉珍称帝后还没有完全失去俭朴的本色的一种反映。

丹黄缎衮龙袍

丹黄缎衮龙袍（局部）

金碗

4. 弹子石大佛

在南岸区弹子石的长江边上有一尊石刻佛像,《巴县志·疆域》记载:"江水过鹚鹉石、弹子石至观音碛,南岸有大石佛,明夏都察院邹兴所凿也。"说明佛像是明玉珍的部将邹兴所营造。大佛高约8米,侧刻二弟子像,另外还有一些壁龛,但已不可辨识。大佛后壁之上有一座五佛殿,建于明永乐十九年(1421年),殿内刻有释迦牟尼的"三身"像、文殊菩萨和普贤菩萨像,所以称"五佛殿"。

隋唐以来,农民起义军多利用弥勒降生说来号召民众。元朝末年,明尊教、光明教、白莲教都尊奉弥勒,其教义说:弥勒降生,明王出世,黑暗势力被扫除,光明世界就来临。明玉珍信奉"明教",明教是由摩尼教发展而来的民间秘密宗教组织,糅合了道教、佛教的成分。明玉珍建立大夏政权后,"去释、老二教,而专奉弥勒法",实际上就是信奉下层明教中世俗化的"弥勒降世"思想。所以,这尊弥勒不是佛教本来意义上的弥勒,而是明教"异端"化了的弥勒,在造型上并不严格,但仍然有浑朴厚重之风,在元明宗教造像中算是精美之作。

2013年,弹子石摩崖造像被公布为全国重点文物保护单位。

大佛寺全景

195

由于大佛立于江边,因而每当洪汛来临,佛像被水淹没的距离,就成为当地人民观察洪水的"高程标尺"。当地人用"佛爷洗脚""佛爷洗澡"等来表明江水上涨的高程,作为判断洪水大小的标尺。

据《明史稿·明玉珍传》记载:"……四年正月,命征西将军汤和、帅副将军廖永忠等以舟师由瞿塘趋重庆。……冬十月……友仁至京师,帝以其寇汉中,首造兵端,令明氏失国,僇于市。戍他将校于徐州。明年徙昇于高丽。"这段史料表明,明玉珍的儿子迁徙到了当时的高丽国。其后,明氏家族在高丽发展壮大,如今,居住在韩国的明氏后裔常常回到故乡,祭扫祖陵,缅怀祖先。

弥勒大佛位于长江边,当地人用"佛爷洗脚""佛爷洗澡"等来表明江水上涨的高程,是判断洪水大小的标尺

大佛寺主尊弥勒佛造像

主尊及胁侍弟子像   主尊后侧的造像已经严重风化

五佛殿始建于明代，位于大佛后侧

五佛殿侧影　五佛殿内的明代佛像

城市变迁，原来大佛脚前的危崖已变为坦途，大佛似乎失去了旧时的伟岸

197

[清]张云轩《重庆府治全图》

九、天工构筑　玉宇广厦

——古城、古建筑遗存

重庆古城在战国时为巴国之都，秦灭巴后，设为巴郡治所，名为江州。以后历代为郡、道、路、府、州的治所所在地，曾名巴县、渝州、恭州、重庆府等，是川东政治、经济、军事中心。

今天的重庆市域范围达8.2万平方公里，自古以来，勤劳的人民在这里生息繁衍、发明创造，留下了丰富多彩的文化遗存。为了美好的生活，人们构筑了各种各样的建筑物，这些巧夺天工的建筑，闪耀着人类智慧的光芒。据第三次全国文物普查结果，重庆市现存古建筑遗存达4000余处，涉及古代各种类型、各种功能的建筑，如阙、古城、古塔、寺庙、牌坊、书院、民居、祠堂、桥梁、寨楼等。

建筑是凝固的音乐，是流动的画面。建筑首先具有实用功能，可以满足人类居住、交通、储存等各种需求，人类的生存与发展离不开建筑。建筑还具有文化符号的含义，不同时代、不同地域、不同文化背景，产生不同的建筑形式，形成不同的建筑文化。人们在建构适应需要的建筑物的同时，倾注了对自然、环境、社会的认识与热爱，寄托着对美好生活的向往和追求。散布在重庆各地异彩纷呈的各式建筑中，既有体现大中华、大一统、大文化的建筑，也有不同地域、不同民族、不同文化的差异性建筑。这是古代人民适应自然、创造美好生活的实物见证，是我们弥足珍贵的文化遗产。

1. 石阙

阙是流行于汉晋时期的一种建筑形式，原是古代宫殿、官署、庄园、祠庙、墓园等建筑群的围墙缺口处的建筑，起门楼的作用，形式上像楼阁，一般双阙相对。因为"中央阙（缺）然为道"，所以读音通"缺"，叫"阙"。留存至今的汉阙遗物，主要是仿木结构的石阙，分布于四川、重庆、河南、山东等地区，共计30余座，基本是墓园前的石阙。

重庆石阙遗存数量较多，如忠县乌杨阙、无铭阙、丁房阙和江北区盘溪无铭阙等，其时代多系汉代，个别到六朝。其丰富的雕刻、独特的造型、深厚的文化内涵，是研究汉代建筑艺术、思想文化、民风礼俗的重要实物资料。

(1)忠县乌杨阙

乌杨阙出土于忠县乌杨镇将军村。

2001年初夏,该镇一位外号"王草药"的居民在江边偶然发现因江水冲刷露头的一块刻有"野兽"画像的石头。后经文物部门抢救性发掘,一对几乎完整的汉代子母石阙得以重见天日。它是我国现存30余处古代石阙中,唯一通过考古发掘出土的墓阙,根据出土地点,被命名为乌杨阙。

乌杨阙为重檐庑殿顶双子母石阙。主阙高5.4米,子阙高2.6米。主阙由阙基、主阙体、下枋子层、扁石层、上枋子层、顶盖、脊饰七部分构成,子阙由阙基、阙体、顶盖组成。石阙结构简洁大气、阙体收分大、顶盖出檐宽,造型巍峨挺拔。阙身除雕刻瓦垄、柱、椽子、枋头、栏板等仿木构件外,还雕刻了造型生动的铺首、角神、朱雀、狩猎图、习武图、送行图、雄鹰叼羊图、蛇衔鼠图及长达两米余的青龙、白虎图等,内容丰富,反映了当时的生活、信仰等,对研究汉代雕刻、建筑艺术等具有重要价值。

伴随着乌杨阙的出土,还发现了神道、墓葬,证明这座石阙也是当年墓葬的地表建筑遗迹。

乌杨阙的主人为谁?考古学者进行了研究,根据地望与传说,推测墓主人可能是汉末三国时期名将严颜将军。乌杨是严氏故里,明代盛行严颜葬乌杨将军溪的说法。《蜀中名胜记》卷十九"忠州"条引《本志》:"州西五十里,江中高阜,名塘土洲,有严颜墓碑及祠。"现镇东有将军溪、将军村,可以互证。

《三国志》载,严颜是东汉末年巴郡临江(今忠县)人,为东汉后期益州牧刘璋的武将,时镇守江州,被张飞俘获。张飞令其下跪投降,他宁死不屈,大呼"吾州有断头将军,绝无投降将军"。张飞闻言大怒,喝令推出斩首。严将军凛然不屈,张飞佩服严颜不屈之精神,亲解绳索,好言安慰。严颜为张飞义气所感,归顺蜀汉。严颜死后,刘备赠封他为壮烈将军,归葬故里。

虽经考古发掘发现了阙址、神道、墓葬等,但因为没有直接佐证材料,主人是谁仍无定论。

该阙现陈列于重庆中国三峡博物馆中庭。

乌杨阙经修补复原后,陈列于重庆中国三峡博物馆中庭阶梯两侧

乌杨阙石阙正面

乌杨阙左阙侧面

乌杨阙左阙后面

乌杨阙左阙正面

按照文物保护可识别原则，阙顶等修补的部位，与原石有明显的色差

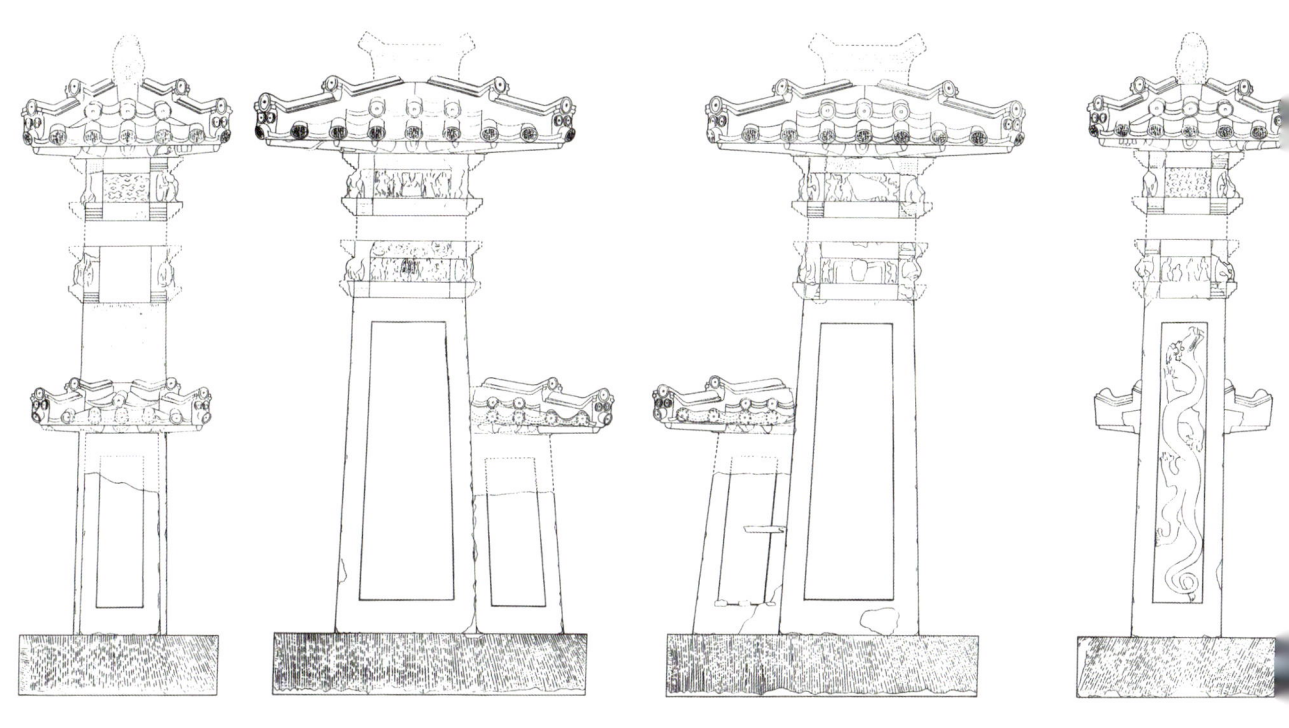

乌杨阙右阙复原示意图

202　　　乌杨阙右阙石刻白虎　　乌杨阙出土地环境　　巨大的石阙构件，需动用重型吊车起吊搬运

(2)忠县无铭阙

无铭阙原位于忠县原㽏井乡佑溪村,因三峡工程蓄水影响,现已移至忠县白公(白居易)祠内。

无铭阙是重檐仿木结构石阙。阙上没有文字,所以命名为"无铭阙"。其外形酷似塔,当地人呼为"宝塔子"或"石塔子",是东汉中晚期的墓阙,原为一对,惜左阙毁于唐宋间,现仅存右阙。该阙造型独特,为国内少见的仿木带腰檐式重檐石阙,其形制与本地其他汉阙及四川、河南、山东等阙均不同,相同造型仅见于川渝地区汉代画像砖、画像石上,故极珍贵。

阙由台基、阙身、一楼、腰檐、二楼、顶盖构成,无子阙,通高5.65米。阙基为素面整石,高0.26米。阙身独石,侧足式,四面隐刻立柱及阑额,内侧浮雕风格古朴的白虎,余三面无纹。一楼第一层刻叠涩相交枋头,四面同。正面两隅枋头间分雕一角神,南角神裸身,露男性性器官;西角神头残,正面刻双角铺首。第二层呈斗状,素面。再上为平直檐口,檐面刻瓦当、瓦垄、脊饰,翼角椽为斜排。二楼由三整石构成,一层枋与一楼同,正面中雕铺首,正面二角神风化,南角神亦露性器官;第二层仅一弧形纹装饰;第三层,大形为斗状,周刻一斗二升斗拱,栌斗下均雕有挑出的华拱拱端。阙顶仅存一石,刻饰与下层檐略同,惟斜脊与坡面的中部稍隆起,似双檐重叠,庑殿式顶,脊饰已佚。此阙史上未曾著录。

2001年,该阙被公布为全国重点文物保护单位。

无铭阙正立面　　无铭阙外侧立面　　无铭阙内侧立面

无铭阙阙身内侧有白虎浮雕　　浮雕白虎风格古朴

204

无铭阙腰檐、二楼、顶盖

无铭阙二楼

无铭阙一楼
第一层雕刻叠涩相交枋头，角身作男性裸身像

205

(3) 忠县丁房阙

丁房阙原位于忠县忠州街道人民路，因受三峡水库蓄水影响，已搬迁至忠县白公祠内。因曾有"汉都尉丁房"字样而得名，但现在已风化而不得见。

丁房阙为仿木重檐庑殿顶石阙，建于东汉，双阙俱存，间距2.5米，屹立至今，历代有所修葺。宋王象之《舆地纪胜》称此阙为墓阙，也有研究者认为是巴王庙阙。

东阙为子母阙，高6.24米，由阙基、阙身、一楼、腰檐、二楼、阙盖组成。阙身高2.42米，由下往上收分，侧脚明显。阙身第一层，正面有明万历丙辰年（1616年）撰《巴国忠贞祠铭》，背面残见"清乾隆三十六年"字样，右侧存清康熙甲戌年（1694年）《重修巴国忠贞祠铭》，是后代补刻的；二层正面刻二兽，右侧浮雕二人，一乘鹿、一抱物相随。

再上是楼层，高1.22米，正面刻铺首、枋头、角神、斗拱等。再上是腰檐，高0.45米，檐口平直，出檐0.32米，刻椽子、瓦垄等。二楼高1.24米，正、背面刻一斗两升斗拱各两朵，浮雕妇人启门，阙右侧面刻鸳鸯交手拱。阙盖由两层石材构成，高0.93米，庑殿顶，有残损。

西阙通高5.55米，耳阙已无存，腰檐、阙顶与东阙有别，缺细部构件，余形制略同东阙。

2001年，该阙被公布为全国重点文物保护单位。

丁房阙双阙俱存，殊为难得

双阙后侧

西阙、东阙　　　　　　　　　　　东阙侧面　　　　　　　　东阙阙身雕刻

阙二楼和阙顶部　　　　　　　　　　　　　　　　西阙阙身及雕刻

207

(4) 江北盘溪无铭阙

该阙原位于江北区石马街道，嘉陵江岸边盘溪香炉湾。左阙已经塌毁，仅存阙身，现保存于重庆中国三峡博物馆。

右阙通高4.15米，由台基、阙身、楼组成，顶盖已不见。台基素面无刻饰。阙身刻白虎衔璧、伏羲、女娲等图形。楼部由四层石材组成，刻饰仿木结构图案、角神等。左阙阙身刻有青龙、伏羲、女娲等。

综合分析，盘溪无铭阙的年代为东汉晚期。

2000年，该阙被公布为重庆市文物保护单位。

盘溪无铭阙的保护房　　盘溪无铭阙阙身　　盘溪无铭阙基座　　盘溪无铭阙白虎石刻

盘溪无铭阙构件的伏羲石刻，陈列于重庆中国三峡博物馆

盘溪无铭阙构件的青龙石刻，陈列于重庆中国三峡博物馆

2. 重庆古城门、古城墙

重庆古城位于今渝中区，是经历漫长历史发展逐步形成的。

从古文献记载来看，重庆城的修筑有这样几个关键时期：

《华阳国志·巴志》记："巴子时，虽都江州或治垫江或治平都……"江州（治在今渝中区）在东周时期曾是巴国的都城。

秦灭巴蜀以后，张仪修筑江州城。《华阳国志·巴志》称："仪城江州。"江州即今天的重庆，是巴郡的治所。

蜀汉统治时期，蜀后主建兴四年（226年），驻守江州的大将李严修筑仓龙、白虎二门和"周回十六里"的大城。推测这时的城，仍系土城，三面环江，一面接陆。

宋代的重庆，名为恭州。南宋淳熙十六年（1189年），孝宗皇帝第三子赵惇于当年正月被封为恭王，夏天又受内禅当上皇帝，是为光宗。光宗认为这是双重喜庆，遂将恭州升格为府，改名重庆。这是重庆得名的由来。南宋嘉熙三年（1239年），四川制置副使兼知重庆府彭大雅为了抗击蒙古军队，大力修筑重庆城，改筑东南西北四门（一说五门）的砖城。

明代初期，重庆卫指挥使戴鼎修筑重庆城，奠定了重庆古城的基本格局。清乾隆《巴县志》载："明洪武初，指挥戴鼎因旧址砌石城，高十丈，周二千六百六十六丈七尺，环江为池，门十七，九开八闭，象九宫八卦。"此后300余年，不见关于修筑城池的记载，而重庆城"九开八闭"十七城门的格局一直延续。

城市变迁中，太平门逐渐湮没于建筑物底下，门洞被封闭

清代，文献中计有5次关于补筑重庆城的记载：康熙二年(1663年)、乾隆二十五年(1760年)、咸丰二年(1852年)、咸丰九年(1859年)、同治九年(1870年)。这些修理、补筑，并没有改变城池的原布局模式。

今人了解明清时期重庆城的状况，可从《重庆城图》《重庆府治全图》着手。

《重庆府治全图》——太平门　　2015年5月，太平门考古发掘现场，城外侧

2015年5月，太平门考古发掘现场，城内侧

《重庆城图》作于清代乾隆年间。《重庆府治全图》的作者张云轩,史书无载,根据图中内容,推测此图作于光绪七年(1881年)至光绪二十三年(1897年)期间。两图中标出的九开门分别是:朝天门、东水门、太平门、储奇门、金紫门、南纪门、通远门、临江门、千厮门。八闭门是:翠薇门、金汤门、人和门、凤凰门、太安门、定远门、洪崖门、西水门。

九开门是日常使用的城门,体量较大,还建有城楼、瓮城等。八闭门,即"门虽设而常关"。有人认为,设八闭门的目的,只是为了应"九宫八卦"的象数,以图吉利。

重庆古城门,今仅存东水、通远、太平、人和四门及城墙,犹可见当时旧貌。

(1) 太平门

太平门位于渝中区白象街与四方街交会处下方。2013年5月,旧城改造施工时得见天日。

太平门始建于南宋嘉熙年间(1237—1240年)。《元史》载:南宋景炎三年(1278年),元军"复攻重庆太平门,(石抹)不老先登,杀其守陴卒数十人"。由此可知当时已有太平门,极有可能是四川安抚制置副使兼知重庆府彭大雅为抵御蒙军侵略所筑。

目前所见太平门石质拱形(半边)门洞及向两侧延绵上百米的城墙,考其建筑工艺多为明代做法,但上部城墙也见清式工艺。

据清末张云轩《重庆府治全图》及民国史料,太平门原有瓮城。外门朝长江上游的西南向,门额镌"太平门"三字;正门面长江,门匾书"拥卫蜀东"四字。惜因1927年底建码头,将太平门外门拆毁,今残存内门及数百米城墙,而门上已无半点儿字迹。

太平门周边环境

太平门墙体直接建筑于坚实的基岩上

211

(2）东水门

东水门位于渝中区长滨路与朝东路之间，明洪武初年建，是古重庆城繁华地区的城门。

其条石城垛及城门大体如旧，单门，门洞呈拱形，宽3.2米、高5米、厚6.7米，门额上的"东水门"三字已风化。从1902年之前英人阿绮波德·立德夫人拍摄的照片看，原城垛及门楼非常壮观：城垛高大雄伟，门楼外形风格古雅，二重檐歇山顶，木结构抬梁式梁架，正脊中塑有亮丽的宝瓶，脊两端高翘鸥尾，楼面飞檐，檐下四角支雕花撑拱。门楼现已不存。

门前的长石梯道，与城门相连的高6米许、长200余米的老城墙仍蜿蜒屹立，若沿江边眺望此门及墙，仍不失当年雄关威风。

昔日，东水门外是大码头，南来北往的客商不断。城里的人要到南岸去，也多从此门下码头上船，再过江至对门的龙门浩码头登岸。

东水门内是昔日重庆最繁华的地区。这里商贾云集，店铺林立，重庆城内的道、府、县衙与之不远，湖广会馆、江南会馆、广东会馆、江西会馆，长年不断的酬神演戏、庆典活动，更使东水门一带人流不断，热闹非凡。"保路运动"期间，万人参与的"重庆保路同志会成立大会"就在湖广会馆举行。1911年10月13日，为镇压四川"保路运动"而抵渝的两江总督端方不住官府，偏要选在东水门内的江南会馆歇息。当夜，重庆城内的革命者在会馆门柱上贴对联一副："端的死在江南馆，方好抬出东水门。"不久，11月27日，端方在资阳被革命党人杀于福建会馆（即天上宫）前，民间认为应验了此联。

东水门及其城墙，虽历数百年风雨，仍魅力不减，不愧为旧日重庆城的象征。

2000年，东水门及城墙被公布为重庆市文物保护单位。

《重庆府治全图》——东水门

东水门外侧

门洞

东水门内侧

城门内的马面

门洞内城门槽尚存，城门已不存

东水门内侧城垛、门洞

俯视城门内侧及城垛

城门拱顶上方的门额石风化严重

城门内侧城墙

城门外侧城墙、墙基及古树

(3)通远门

通远门位于渝中区七星岗街道的中山一路一侧，明代洪武初年所筑，是重庆陆路通往成都等地的唯一城门。

据清张云轩《重庆府治全图》，此门原为内、外门组成的瓮城。旧时外门北向，门额刻"通远门"三字，惜民国修公路时毁去外门；现存的城门是内门，原刻"克壮千秋"四字，因年代久远字已不存。近年修复通远门时，在内门上改刻"通远门"三字。内门西向，旧貌略存，双层拱形门洞，门洞高5.33米、宽3.5米、深7.41米，两门洞间隔有便于采光的天井；门上的门垛还依稀可见，但重檐歇山顶门楼等建筑已不存，城门两侧还见南北各延伸百米许的高大城墙。

当年，通远门位居重庆城最高的山脊之上，地势最为险要，门前是陡峭的深沟和埋葬死人的坟地，旁无左路可寻，依重庆半岛地形看，恰处咽喉要道，是陆地入城的最后一道军事屏障，素为兵家必争之地，明朝末年张献忠就是从此门攻入重庆城的。

明崇祯十七年（1644年），张献忠于正月克夔州、云阳，二月取万县，五月连下忠州、丰都、涪州等沿江州县，兵锋直指川东重镇重庆城。张献忠先攻长江边的南纪门无果，于是转攻通远门。守城将士顽强抵抗，加之城墙高而坚固，致使张部死伤惨重。后来，在当地人指点之下，张部利用通远门城外坟山多棺木，开棺取木，挡箭矢掘地道，经数日之工挖至城下，用铁皮包裹圆木装上大量的火药及铁砂置于城根。六月二十二日辰时，义军"射以火箭，焰起，地裂如山崩"，通远门转角楼被轰破，十余丈城墙垮塌，守将卞显爵殒命，城门洞开。

1911年，重庆蜀军政府成立也与通远门相关。9月28日，革命党人朱之洪为联系夏之时带领的革命军，密谋重庆独立，即由通远门缒墙出城的。其后的11月22日午时，革命党人况春发等人为配合夏军入城，先伺机卸下通远门城上大炮的保险针。随后，朱之洪率领学生军，手持假炸弹，逼退清兵，破锁开城。下午，数百革命军手执"复汉灭满"等旗与三门火炮一道，列队入城。当晚，重庆蜀军政府宣告成立。

1927年3月31日，震惊中外的"三·三一惨案"，也发生在通远门。今天，通远门城门上还立有"三·三一惨案"纪念碑。

2000年，通远门及城墙被公布为重庆市文物保护单位。

《重庆府治全图》——通远门

门洞内侧　　　　　　　　　　　门洞内侧，城上的城垛是近年复原的

现存的通远门城门为当时的内门　　　城门洞仍是行人通行要道　　　两门洞间隔有便于防守和采光的天井

天井上方俯视　　天井上方俯视

近年维修城门时塑造的攻城场景

215

(4)人和门

人和门位于渝中区储奇门至太平门之间的双巷子南口处,是"九开八闭"中八闭门的唯一见证(《重庆府治全图》写作"仁和")。

明洪武初建此门时,不远处是重庆府、巴县等官署所在地,修门者为祈求"天地人和",故取名"人和门"。现在城门内仍有条巷子称"人和湾",门外原来还有一条街名"人和街",看来均与此门有关系。早年,因人和门地临长江,便于城内的人取水,故为水门。至于后来为什么又成了闭门,推断是由于"阴阳风水"学说的影响。当时人认为"水门洞开,不利克火"。重庆城人口稠密,重屋累居,时有火患发生,风水师认为"水门洞开"造成城内蓄不住水,于是官府将此门及另七道水门一起封闭。

随着城市变迁,人和门城门洞逐渐掩于屋基和老墙之中,人们以为它早已不存在了。2012年元月中旬的一天,因旧城改造,在储奇门至太平门之间拆迁片区的双巷子南口处发现了这座城门,与之同时被发现的还有一段200余米长的明代城墙,从其斑驳的旧貌和条石多"丁"字形砌法看,应是600多年前的旧物,即系明初指挥使戴鼎所筑,真是弥足珍贵。

人和门呈圆形拱券,高约4米、宽2.6米,条石构成。现在看来,该门并没有人们想象的那么高大、雄伟、坚固,但在冷兵器时代,要想从此门攻城并非易事。依托高大坚固的城墙,守城将士可由城墙上向进

《重庆府治全图》
——人和门

废弃的人和门

人和门条石墙及门垛

人和门一侧的城墙

216

攻者发射箭矢,抛掷石块、滚木,进攻者攻克此城极为不易。历史上,没有进攻者直接由此门攻入城中的战例。

(5)重庆古城墙

宋代以前,重庆城的城墙主要是夯土墙。重庆解放初,在太平门附近曾出土一批有纪年的城墙砖,铭"宋淳祐乙巳东(西)窑城砖"字样,说明当时使用了砖砌城墙。淳祐乙巳年,即1245年,是彭大雅筑城之后数年,推测城墙为当时抗击蒙古铁骑的需要而加筑的,当时也许是在夯土外包墙砖。

明代洪武初年,戴鼎修筑的为"石城"。史载戴鼎筑重庆城,"高十丈,周二千六百六十丈七尺",明代丈量土地1尺的长度约为今0.3265米。可知当年的城墙高约3.3米,总长度约为8687.2米。

随着时间推移,城市发展,重庆古城的城门、城墙的功能逐步退出了历史舞台,除了经修复还能看到的太平门、东水门、通远门、人和门及部分城墙外,更多的城墙被湮没于城市重重累累的新建筑下。

2013年,重庆古城墙被公布为全国重点文物保护单位。

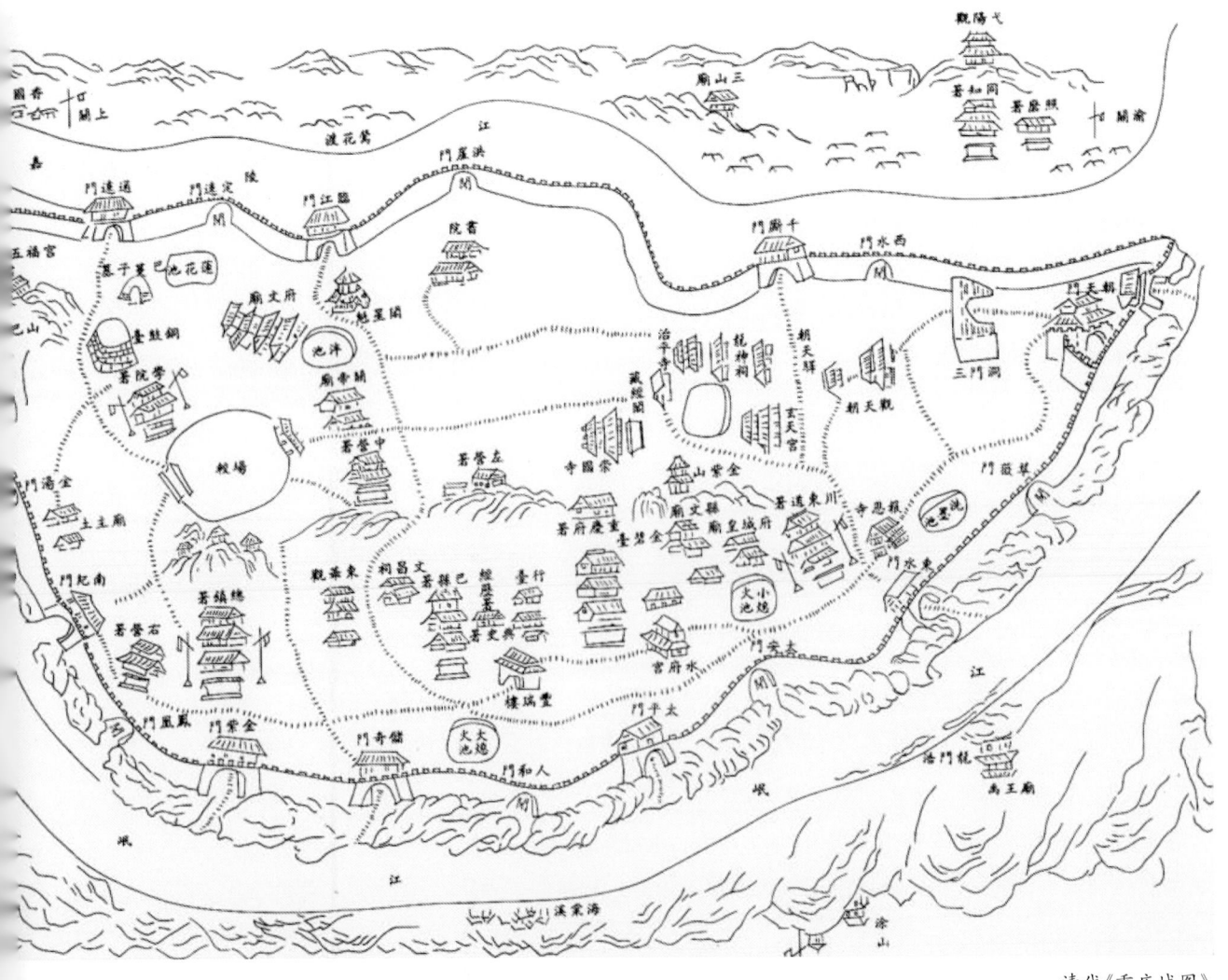

清代《重庆城图》

3. 塔寺庙观

宗教文化是传统文化中的一个重要方面,宗教建筑塔寺庙观是宗教文化的重要载体。

塔为佛教传入我国后的产物,是我国异彩纷呈的各式古建筑中最为高大的一类。重庆现存最早的塔是宋塔,余多明清塔;塔型有楼阁式、密檐式、亭阁式、覆钵式(俗称喇嘛式)等;功能多与佛教佛寺有关,也存风水塔、字库塔、墓塔;用材或石或砖,或砖石混用,或铁;塔平面有方形、八角形、六角形等。本书中收录的塔较有代表性:一是中原失传的以塔为中心布局的北碚塔坪寺宋代三宝塔,二是目前国内塔身佛像保存最多、塔身楼层内外差异极大的大足多宝塔,三是重庆最高的合川清代文峰塔,它们皆为重庆古塔的佼佼者,更是重庆古代建筑大师的不朽杰作。

重庆有记载的佛道两教建筑兴于东汉,斗转星移,没能传承,目前最早的寺庙建筑为潼南元代独柏寺,而大量保存的则是明清之物,主要分布于城镇或景色秀丽的名山之中。潼南元代独柏寺始建于唐,正殿为元代所建,殿上保留不少早期木结构建筑技法特征:梁檩间造型古朴的攀间斗拱,斜栿插入斗拱内,斗拱五铺作双下昂,阑额与普柏枋裁面呈"T"字形,柱端为鼓状木楯复盆式础石等。该寺能在潮湿多雨和多灾多难的环境中幸存七百余年确属不易。渝中区明代东华观是重庆现存最早的道观,观身仍存不少古法式遗构。重庆著名明清寺庙还有:藏有宋代转轮经藏的合川净果寺、北碚缙云寺、北碚温泉寺、九龙坡区华岩寺、梁平双桂堂、南岸涂山寺、丰都鬼城、三国蜀帝留憾处奉节白帝城、云阳张飞庙、璧山文庙、铜梁武庙等。

(1)北碚塔坪寺塔

塔坪寺位于北碚静观镇塔坪村,寺以宋塔闻名。

塔坪寺创于南宋绍兴十六年(1146年),至乾道四年(1168年)告竣,古名小昆仑山古藏寺。明万历四十年(1612年)重建,更名塔坪寺,保留了我国中原地区唐以后失传的塔为中心的布局形式。文物丰富,有宋代石塔、明代石坊、碑刻,清嘉庆二十四年(1819年)建大雄宝殿、藏经楼、后殿等殿宇,并存清道光四年(1824年)铁塔、道光十六年(1836年)石经幢等。

寺占地约2200平方米,坐北向南,四合院布局,中轴线上依次排列:大雄宝殿、三宝塔、藏经楼、后殿,侧存廊房。大雄宝殿悬山顶,木结构抬梁式梁架。藏经楼,重檐歇山顶,木结构,抬梁穿斗混合式梁架。后殿悬山顶,抬梁式梁架。

三宝塔位于大雄宝殿正前面的寺中心,高14.4米,为方形七层空心楼阁式石塔。塔始建于南宋绍兴十六年(1146年),建成于乾道三年(1167年)。塔身逐级内收,外壁浮雕斗拱,第一层浮雕神像5尊;第二层以上塔身均用彩色碎瓷镶嵌各类图案,有动物、花卉等;往上各层檐面四角上翘,以金黄色琉璃瓦覆盖,角下悬铃。塔身各层四面开窗,顶为宝瓶。塔内石阶贯顶,可登临远眺,内壁用料工细,壁面存浮雕佛及观音像。塔上存"宋绍兴十六年"题记和历代游人题留文字多则。

牌坊位于大雄宝殿前,为明万历四十年(1612年)培修寺院时添建,四柱三间三楼重檐歇山顶石坊。牌坊明间脊塑缠枝花草宝瓶,两端翘立鱼吻;檐面刻瓦垄,四角飞檐。明间坊面雕斗拱、卷草图案、"第一

胜境"匾刻、人物故事。次间脊上饰圆雕鱼吻，枋上承大斗两只，龙凤板上分刻"相忘""后我"等字。柱刻对联，夹杆石呈抱鼓状。

清嘉庆年间石华表位于大雄宝殿前的道侧，华表高5米，正方形，柱顶露盘上圆雕一雄狮望天，云板呈鱼状，前头后尾穿表柱而过，柱上刻联。

铁塔在藏经楼内，高6.38米，为六角七层空心楼阁式。塔身外壁镀金，逐层内收，各层挑檐并悬铁钟，每层各面或辟窗或设道教像龛，造像或坐或立，酷肖生者。第二层塔身铸铭文，言塔铸于清道光四年（1824年），还提及石塔修建始末；塔顶六角，宝瓶刹。

2000年，该寺被公布为重庆市文物保护单位。

三宝塔位于寺中心，周围为大雄宝殿等僧房建筑

清嘉庆二十三年（1818年）题记

三宝塔塔身逐级上收

空心楼阁式方形石塔，内有七层

塔顶为宝瓶

佛龛内的雕刻佛像

220

明代石坊位于大雄宝殿前，两侧分别为钟楼、鼓楼　　　　牌坊为四柱三间三楼重檐歇山顶石坊

重檐歇山式坊顶

牌坊夹杆抱鼓石

221

柱顶露盘上圆雕石狮外贴碎瓷片

石华表建于清嘉庆年间，柱上刻联已不见

道教像龛

铁塔

寺内一角

清顺天平间石经幢

寺外环境

(2)大足多宝塔

多宝塔位于大足区城北2公里的北山北塔寺前,与闻名中外的北山摩崖造像隔沟相望,因居北山又名北塔。据塔内造像及培修记知:塔建于南宋绍兴十七年至二十五年间(1147—1155年),北塔修造资金的总募捐人是白亮,主要出资人是冯楫、何正言、刘揆等,主持修建者是邢信道。

多宝塔造型雄伟,高33米,为八角十三层楼阁式砖塔。初看塔形酷似密檐式塔,但细考塔身第一层高度及各层塔檐距离、门窗形制、塔身内部仅七层等特征,该塔形制仍属楼阁式。塔身直立于地面,无塔基,底层南面开券门,塔内梯道盘旋至顶。塔身逐层内收,用砖叠涩出檐,单层施斗拱,双层以牙子砖挑出,外墙间隔一层四面开窗,共28窗,塔刹为宝瓶式。

塔身内外均雕有大量造型优美的造像,是本塔的一大特色,在各地砖塔中极少见。如外墙第一层八角各立一盘龙柱,柱上分立一威武的托塔力士;内壁嵌砌浮雕图案百余幅,内容为佛像、菩萨、人物及各类花木等。塔上还存宋代造塔及明清培修等题记70余则。其中宋绍兴二十二年(1152年),冯楫全家造像及造塔捐款题记:"……冯楫,今于昌州多宝塔内施钱四百贯文,足造第六层塔一级。"说明建塔的时间。另此塔龛存工匠"伏小八镌"等题铭,与北山造像关系密切。

北山多宝塔造型少见,造像内容及题刻丰富,建造时代清楚,保存良好,对于研究大足石刻、佛教艺术、建筑艺术等有重要价值。

1996年,多宝塔与南山、石篆山摩崖造像归入全国重点文物保护单位——北山摩崖造像。1999年,作为大足石刻的一部分,被列入世界文化遗产名录。

北山多宝塔

多宝塔内造像

(3)合川文峰塔

合川文峰塔位于合川区合阳镇的涪江河畔。文峰塔始建于清嘉庆十五年（1810年），由知州董淳集资修建，次年落成，原为九层，初名振兴塔，后改现名。因塔身白色，俗呼白塔。道光十六年（1836年），因当地会考失利，仅二人中榜，本地绅民要求加高文峰塔，以添文气，知州李宗沆顺乎民意，将塔改建为13层。时人朱虎臣为之作《文峰塔成纪事》："南津拥出势超群，学士东山鼎足分。百岁老翁能系日，一支健笔欲凌云。当年根柢先求固，此日流风只在勤。不敢登峰昂首望，回澜如挽障川文。"登临塔顶，俯瞰三江如练，山水与人文景观互相映衬，确有美不胜收之感。

塔为砖石结构八角十三层密檐式，坐西南面东北，通高58米，是重庆现存最高的古塔。塔基条石构筑八角形，每边长4.82米。塔身逐层内收，塔内11层，内径约4米，顶层为通间，内径约2米，有石梯盘旋至顶。各层原设有佛龛，惜已毁。底层边宽4.05米、高5.23米，塔门高1.9米、宽1.1米，弧形顶，门额浮雕八仙人物，门上悬匾，上书"文峰塔"三字，匾周饰"二龙戏珠"及"双凤朝阳"。以上各层砖砌塔檐叠涩出跳，塔身门洞上方嵌青花碎瓷横额，上为四言文句，如"欲穷千里""更上一层""俯瞰嘉涪""扶摇直上""气象万千"等共8组，极具风雅。塔刹有凌云之势，宝瓶顶。

2000年，该塔被公布为重庆市文物保护单位。

夜色下的文峰塔　　文峰塔通高58米，是重庆最高的古塔

牌楼式山门

塔身门洞上嵌青花碎瓷横额,书四言文句

进入此塔门,塔内11层,有石楼梯盘旋可上

青砖叠涩出跳的塔檐与四言文句形成对比

(4) 潼南独柏寺

独柏寺位于潼南区上和镇后沟村，寺庙现为独柏小学。传寺外原独立一参天古柏，刻有佛像，寺因树得名。前人曾为之作诗："巍巍独柏能参天，经历人间数百年。消灾弭祸况济世，雕成古佛立堂前。"原寺旧貌不可考，传唐代建有上、中、下三殿佛刹，殿内供奉佛、菩萨、罗汉像等，今已不知所终。

现存正殿和后殿（观音殿），皆坐北向南。

元代所建的正殿，造型古朴，出檐平缓，有柱侧脚和柱升起等现象。面阔三间12.55米、进深三间12.15米、高7米，台基高0.7米，台前存半圆形月台。木结构，歇山灰瓦顶，抬梁式梁架，梁架施斗拱32朵，另见斜栿插入斗拱内现象，是重庆市现存年代最早的木结构寺庙建筑。

后殿系观音殿，清代建筑，建筑面积246平方米，面阔五间，抬梁式梁架，单檐硬山式顶，檩脊墨书："皇清康熙五十四年乙未岁……"

2013年，该寺正殿被公布为全国重点文物保护单位。

独柏寺正殿　　正殿前檐斗拱

正殿前檐斗拱承重　　正殿转角斗拱

(5) 渝中东华观藏经楼

东华观藏经楼位于渝中区凯旋路。始建于元代，民国二十八年（1939年）《巴县志》记，东华观在东华巷，元至元年间建，明天顺七年（1463年）、正德十一年（1516年）俱重修，有唐宋御制碑赞，清康熙年间再维修。明曹学佺《蜀中名胜记》卷十七："城中有东华观，观后有东华十八洞，皆相通，今土人呼其处为神仙口，相传东华真君于此得道。"估计东华观总体面积曾经达千余平方米。

民国十五年（1926年）十月，东华观失火，毁去两廊房及大殿建筑，仅余灵官、玉皇、邱祖殿。1939年，日机炸毁邱祖殿。1942年，重庆市政府筑凯旋路，公路贯穿东华观，公路上是玉皇殿，公路下是灵官殿。1953年，修建苏式粮库拆毁灵官殿，仅存玉皇殿。

玉皇殿即藏经楼，保留了我国早期木结构建筑部分特征，用材粗大，气势宏伟，风格古朴，犹可见当年东华观盛况。占地面积216.86平方米，建筑面积246.56平方米，坐北朝南，面阔五间、进深四间、通高9.2米。重檐歇山顶，抬梁式梁架，八架椽屋。黄色琉璃瓦盖顶，绿色琉璃瓦饰正脊、垂脊，脊上塑狮、狗等动物圆雕，脊两端饰鸱尾；房面飞檐翘角，瓦垄头饰兽面瓦当等。楼的后部建在石坎上，石坎平面延线与前檐柱离地3.8米的高度平，在此条平行延线上铺有木楼板，据传楼面原供有泥塑玉皇像；楼下是一尊明代铜像，惜已毁。此殿基座梯道等，均因建设而湮没。

《蜀中名胜记》所言"东华十八洞"，因历时久远，环境变迁，已无从查考。近人回忆抗战期间曾于东华观旁的一神仙古洞躲过日机轰炸，并言其洞可容20余人，或许正是当年的"东华十八洞"。

1951年7月14日，重庆市人民政府社会局依照《中华人民共和国土地改革法》第二十一条之规定："名胜古迹、历史文物，应妥为保护。祠堂、庙宇、寺院、教堂及其他公共建筑和地主的房屋均不得破坏。"函告第一区（现渝中区）人民政府："凯旋路东华观藏经楼具有历史价值，应存原样以待整理。"

2000年，东华观被公布为重庆市文物保护单位。

东华观转角斗拱

东华观后檐斗拱

东华观藏经楼布满灰尘、破败不堪，令人担忧

20世纪50年代初的东华观

(6) 合川净果寺

净果寺位于合川区古楼镇净果村。寺始建于北宋雍熙二年(985年),南宋、明、清几度重修、维修,现存殿宇为明、清遗构。

净果寺现占地面积3400平方米,建筑坐北面南,四合院布局,中轴线排列天王殿、大雄宝殿、后殿;左侧为转轮经藏殿,右侧为观音殿。天王殿,面阔21米,木结构,悬山顶,穿斗式梁架,檩上存清光绪"二十三"(1897年)墨款。大雄宝殿系该寺精华,面阔三间,木结构,重檐歇山顶,抬梁式梁架,檐下施斗拱21攒;檩题"维宋朝雍熙贰年岁次甲申正月癸卯初七日己西吉辰本山住持募缘修造……"经核该殿结构与《合州志》载"永乐二年僧道果重修"相符,应为永乐二年(1404年)重修之物。后殿为木结构,悬山顶,抬梁式梁架。

转轮经藏殿为木结构,面阔三间,歇山顶,抬梁式梁架,脊檩书:"大明正统捌年岁在癸亥十有二月辛巳塑二十八日戊申黄道,合州僧正司、僧正道庆、本寺修造僧智晟、智昱、智星重立敬题。"系重建时间。殿内原存南宋乾道五年(1169年)木质铁轴转轮藏(又名星辰车)一具,连底共七层,高5.1米,塔式八角木铁结构建筑,惜毁于"文革"。铁轴座现在合川区文管所,高24厘、径36厘米,轴上铭文"……大宋己丑乾道五年十月二日甲申建立"。

观音殿与转轮经藏殿相对,系晚清重建。

2000年,该寺被公布为重庆市文物保护单位。

山门为近年复建

大雄宝殿

侧殿

壁画

梁架与壁画

配殿　　清道光年间的檩题

(7)北碚缙云寺

缙云寺距北碚城区15公里,位于缙云山国家级风景名胜区内,寺以山名。

古寺历史悠久,创于刘宋景平元年(423年),由寺僧慈应和尚修建,距今约1600年,几度兴废。唐高祖李渊时题名"禅真宫";唐大中元年(847年)宣宗又赐名"相思寺",因寺附近有相思岩;唐乾符元年(874年)僧宏济重修寺庙。宋真宗景德四年(1007年)改"崇胜寺"。明代成祖誉为"缙云胜景";英宗天顺元年(1457年)敕赐"崇教寺";万历二年(1574年)神宗易名"迦叶道场",万历三十年(1602年)再赐"缙云寺"。明末毁于火,现存大殿系清康熙年间重修。1932年秋,太虚大师曾于寺内开办汉藏教理院,培养了大批佛教人才,赵朴初曾于该院学习。

寺宇巍峨,坐西北向东南,占地面积约2000平方米。建筑依中轴线排列:照壁、牌坊、山门、大雄殿、后殿、厢房等,侧存南宋八角池、明《敕赐崇教寺记》等。

山门面阔三间21米、进深8米、高9米,木结构、歇山顶、抬梁式梁架。大雄殿面阔5间、进深11米、高12米,木结构重檐歇山顶,抬梁式梁架,五架梁,下檐周施斗拱,板壁墙,花格窗。

大雄殿左右分立琉璃顶碑厅,造型典雅,厅内一为明天顺六年(1462年)《敕赐崇教寺碑》。碑平首,高2.85米、宽0.95米、厚0.16米,额浮雕龙纹,碑两侧为盘龙柱,上有"敕赐崇教寺记"六字,惜碑面文字风化不清。另一厅内为清代仿前碑。

后殿面阔五间 25 米、进深 16 米，木结构，悬山顶，抬梁式梁架。

山门下的石照壁分外醒目，明万历三十年（1602 年）前后建成，高 4 米、厚 1.5 米、宽 4 米，歇山顶，脊一硕大寿桃，两端鸱吻翘立。檐下为外呈菱角牙子状的拔檐砖数层。壁面三间，明间浮雕芭蕉麒麟图及几何花卉图案，次间分刻四方菱花，两中柱刻瓶花图案，边柱呈抱鼓状，四柱端皆承一斗三升斗拱。莲花须弥座上雕"双狮戏球"、"白象卷草"、花卉等图案。

照壁之后，是建于明万历三十年（1602 年）的石牌坊，四柱三间三楼，歇山顶。主脊顶饰几同照壁，即寿桃、鸱吻等，檐面刻瓦垄，显系同期作品。檐下雕拔檐砖数层。普柏枋上承大斗五只，斗面均浮雕一斗二升斗拱。额枋间存上、下二匾；上匾刻"圣旨"二字，落款"大明二年十月二十九日"；下匾题"迦叶道场"四字，款见"明万历三十年……"。额枋浮雕"双狮戏球"及卷草图案。次间悬山顶，亦刻瓦垄等饰件。檐下结构略同明间，枋上各施二大斗，斗面雕刻同前。小额枋龛内刻卷草。坊背上题"敕谕"，下题"缙云胜景"。柱间存抱鼓式夹杆石，各宽 1.8 米。坊前立明代石狮一对，以示佛地威严。

2000 年，该寺被公布为重庆市文物保护单位。

明代石照壁　　石刻"双狮戏球"　　石刻"白象卷草"

石刻麒麟　　背面次间人物雕刻　　背面次间佛像雕刻

仿木雕刻斗拱　　牌坊夹杆抱鼓石及一侧石狮　　石狮

(8)北碚温泉寺

温泉寺位于北碚区北温泉公园内。这里背负缙云山麓峭壁,前临嘉陵江温塘峡,素以温泉、寺宇、古迹、幽洞、林木茂密、山色秀丽著称,是古今一大名胜。

寺始建于南朝刘宋景平元年(423年),初为缙云寺之下院,南齐时因近地设东阳郡治,香火极盛。但时势多劫,北周武帝宇文邕和唐武宗李炎相继毁佛,寺院不存,至唐乾符元年(874年)僧宏济重修成寺。宋景德四年(1007年)真宗赐名"崇胜禅院",开山祖师为慈应和尚,传承法系为临济宗。南宋进士冯时行《温泉寺》诗中有"借问禅林景若何,半天楼殿冠嵯峨。莫言暑气此中少,自是清风高处多。岌岌九峰晴有雾,弥弥一水远无波",即寺景的写实。

据考证,宋末,踏遍欧亚无敌手的一代枭雄蒙哥大汗于合州钓鱼城外中炮风,辗转来此疗疾并崩于寺,故温泉寺名远扬天下。明宣德元年(1426年),真金和尚主持重建接引殿,真金逝世后,其徒僧祥海续建说法堂、香积堂及前后阶墀、东西两廊、山门(关圣殿)、桥道等。明成化年间,重建大佛殿(大雄宝殿)、观音殿,明末兵乱寺院缺损。清康熙五十三年(1714年),又将大佛殿修缮一新。清乾隆四十七年(1782年),改建四大殿。清同治二年(1863年),将观音殿换成铁瓦石柱,得名铁瓦殿;同年,集他地古石刻于一地建石刻园。

殿宇依中轴线排列,自下而上:关圣殿、接引殿、大佛殿(大雄宝殿)、观音殿。寺内古香园、石刻园、观鱼池、荷花池、乳花洞及古银杏树、罗汉松等天然景观及人文景色互为烘托,整个建筑群气象庄严,巍峨壮观,保存完好。

20世纪90年代温泉寺。从左到右分别是关圣殿、接引殿、大雄宝殿、观音殿

关圣殿，即山门，前有石狮一对，可见昔日风采。接引殿，重檐歇山顶，檐下施风格古朴的七踩斗拱多枚，殿内原佛像已毁，但殿之威仍存。大佛殿（大雄宝殿）庄严雄伟，木结构，重檐歇山琉璃瓦顶，抬梁式梁架，面阔五间、进深两间、高12米，檐下施十三踩斗拱，殿内仍供奉明代如来佛像一尊。殿前的明代双孔石拱桥下仍泉水潺潺，桥身雕饰精美，存麒麟芭蕉图、百鸟花卉图等。观音殿因供观音菩萨得名，在清同治二年（1863年）重修时，因殿顶沟瓦为铁瓦，俗称"铁瓦殿"。观音殿两侧存厢房多间，也是寺中仅存的禅舍。观音殿侧的石刻园古迹甚丰，以摩崖宋代十六罗汉尤为醒目，另宋代摩崖官人像、灵气活现的石猴、景祐二年（1035年）款的阿弥陀佛龛、宋如意天梯及明飞龙图、三鱼交首图等，也极富价值。园内还存明代碑刻一批，是极佳的史料，著名的有明代监察御史卢雍的《合阳八景诗碑》《温泉寺游记诗碑》，明重庆知府朱孟震的《过温泉寺诗碑》，明举人刘道开的《崇胜寺万年灯碑偈》及清人的《重修温泉寺神像碑》《补修温泉寺碑》等。园前左侧一巨石上，北宋年间的13个带浮雕的六角楼阁图案的舍利塔龛说明了古寺历史的久远，同属于历史文物。

历代慕名而来的名人、骚客不绝，唐进士司空图、北宋宰相丁谓、理学家周敦颐、南宋进士冯时行，清代大学士张鹏翮、民国林森、冯玉祥、黄炎培、老舍、田汉等皆于此留有佳篇。1927年，卢作孚等人于寺内创办温泉公园。抗战期间，中华辞典馆、世界百科全书编刊委员会、中华书局编辑所等机构相继入驻，陶行知、邹韬奋、邵力子等一批文化名人在此工作、观光。

2000年，该寺被公布为重庆市文物保护单位。

关圣殿　　接引殿　　大雄宝殿梁架与斗拱

大雄宝殿　　大雄宝殿重檐歇山顶

大雄宝殿脊饰　　　　　　　　　　　　明代双孔石拱桥

石栏杆上雕刻花果禽鸟图案　　　　　观音殿

观音殿"超以象外"匾　　　　　　　　观音殿厢房

石刻园碑亭

宋代罗汉造像

明代碑刻　　石刻承露盘

237

(9) 九龙坡华岩寺

华岩寺位于九龙坡区华岩镇华岩村之大老山。山有华岩，高百丈，形似象笏，上有一洞，传唐宋间有人依洞建寺礼佛，至明万历十五年（1587年）古寺无迹，再由居士杨益出资复建，名"湫隘寺"。至于华岩寺的得名与华岩洞之关系，古文献载有两种说法：一是洞中石髓下滴成水花，故称华岩；二是清初僧人圣可挂锡于此，夜梦五色莲花大如车轮而名之华岩。清康熙七年（1668年）扩建寺庙，定名华岩寺。

该寺自然及人文景观优雅。这里群山如莲，冈峦起伏，松竹修茂，十分幽邃，古有天池夜月、柏岭松涛、远梵霄钟、疏林夜雨、双峰耸翠、古洞鱼声、曲水流霞、寒岩喷雪等八景，被誉为巴山灵境。

寺始建年代无考，清康熙以后多次重修、扩修、修葺，现存建筑为清代所建。该寺占地面积达4.67万平方米，建筑面积8280平方米，由大雄殿、接引殿、华岩洞等几个独立的建筑群组成，共存房舍400余间、天井13个，配以牌坊、放生池、桥梁等，是重庆著名的古刹丛林胜地。

大雄殿建筑群坐北朝南，中轴线上分布着天王殿、大雄宝殿、藏经楼、禅堂，两侧长廊环绕，配以嚼雪堂、法堂、祖师堂、观音殿，周绕以高墙。大雄宝殿面阔五间、进深六间，石木结构，重檐歇山琉璃瓦顶，抬梁式梁架，分心造，梁上承驼峰。大雄宝殿内的十六尊者木浮雕为各寺院所少见，天王殿内的金身韦陀坐像为此寺所独有。

天王殿正门　　大雄宝殿正立面

大雄宝殿重檐庑殿顶　　大雄宝殿正门两侧的石碑之一"念佛"　石碑之二"般若"　说法堂（法堂）

接引殿位于大雄宝殿北面30米处,建于清道光五年(1825年),坐西向东,四合院布局,中轴线上分布放生池、牌坊、前殿(大门)、正殿,四周为夯土墙。牌坊四柱三间三楼重檐歇山顶石坊,通高9米,面阔6.2米。正脊宝瓶顶,鳌鱼吻,檐面雕瓦垄、滴水、飞檐翘角。明间平板枋上承大斗四枚,中为立额匾,上书"接引殿"三字。下横匾刻"大清道光五年岁次乙酉修"。上、下额枋均浮雕戏曲人物群像。正殿面阔五间、进深三间,木结构,歇山顶,抬梁式梁架,梁上承驼峰。

华岩洞位于大雄宝殿西南100米处,始建年代不详,明万历及清同治年间两次重修,现存上、下两殿。上殿依山覆盖华岩古洞,面阔五间、进深五间,木结构,二重檐歇山顶,抬梁式梁架。惜洞内佛像已毁,岩面存有苍劲有力的"有龙则灵"四字。下殿三间,单檐悬山顶,穿斗式梁架。洞园花草、林木葱茂,有洞天福地之感。寺内珍藏有印度玉佛及铜、玉、石、木、泥雕像多尊。

昔日,华岩寺四时游人不断,香烟缭绕,影响极大,只要持有华岩寺度牒,就可云游四方。华岩寺素有"解行相资,学修并进"之寺风,自明圣可祖师始,锤炼学人无数,继之清觉初大师创办华岩佛教小学、川东佛教联合中学、华岩佛学院等。

2000年,该寺被公布为重庆市文物保护单位。

藏经楼　　　　　　　　　　　　　　　　　禅堂

祖师堂(祖堂)　观音殿

接引殿内清代牌坊正面

接引殿内清代牌坊背面

背面刻"法界唯心",下有立坊时间

接引殿正殿立面

华岩洞

清代"有龙则灵"石刻位于华岩洞洞口上方

华岩洞前的清代石牌坊

241

(10) 梁平双桂堂

梁平区西南 10 余公里处的金带镇上，有一座闻名遐迩的禅宗古刹——双桂堂，因开山始祖破山和尚植桂花两株而得名。其地环境优雅，前有清溪环绕，寺内殿堂巍峨，亭台水榭，曲径通幽，古木参天，桂花飘香，修竹茂密，池鱼游弋，四季鸟鸣，是全国重点寺庙。

双桂堂又名"福国寺""万竹山""双桂禅院"，由破山海明禅师于清顺治十年(1653 年)创建，迄今已有近 360 余年的历史。破山(1597—1666 年)，法号海明，俗姓蹇，名栋宇，字懒愚。祖籍渝城(重庆)，明万历二十五年(1597 年)生于四川竹阳(大竹)。《破山禅师年谱》称"本渝州忠定公后裔"。蹇忠定公，即明重臣蹇义。破山十九岁削发出家，明万历四十四年(1616 年)出川，万历四十七年(1619 年)抵湖北黄梅佛教圣地四祖寺、东禅寺参禅，并在破头山结庐，清修苦行，又感于山河破碎，自号破山。明天启二年(1622 年)，他曳杖东游，受法于浙江鄞县(今浙江鄞州区)天童寺高僧密云禅师门下，因他学识渊博，颇得密云禅师的真传。明崇祯五年(1632 年)，破山辞师回川。先后在万县的广济寺、梁平的太平寺、万年寺说法。清顺治十年(1653 年)，挂锡于梁平双桂堂，为开山祖师。其门徒众多，是明末清初开法西南禅宗的领袖人物，对云南、贵州、四川、重庆、湖北、湖南禅宗的影响甚巨。

双桂堂创建以后，虽经清初战乱、民国风云、"文革"浩劫，但至今殿宇完好，佛风不衰，已传十六代之久，实为难得。特别值得称道的是十五代方丈妙谈和尚机灵护寺的那一段佳话。"文革""破四旧"孽风甚嚣尘上，僻处山区的双桂堂也不能幸免。一日，红卫兵冲进寺内欲砸像毁庙，幸好妙谈和尚早有防备，他在红卫兵到来之前，用围席将佛像遮蔽起来，再将殿堂墙壁、门柱等满刷石灰，并在面上书满红色标语、口号，面对寺内满目"红海洋"，无知的红卫兵只得扫兴而归，双桂堂躲过一劫。

双桂堂山门系近年复建

双桂堂布局严谨,建筑规模宏大,建筑面积 1.1 万平方米,占地面积 7 万余平方米,坐北向南,四合院布局。中轴线排列关圣殿、弥勒殿、大雄宝殿、文殊殿、破山塔、大悲殿、藏经楼,两侧有长廊、配殿、厢房、客堂僧寮、天井、莲池、长亭短榭、花圃等点缀其间,共存大小梵舍 300 余间,其建筑风格大气、典雅。

关圣殿位于原山门后,现为首殿,始建于清顺治十年(1653 年),经三次改建,砖木结构,重檐悬山顶。其后的弥勒殿始建于清康熙十二年(1673 年),现殿为道光二十五年(1845 年)复修,规模大于前殿,木结构,硬山顶,脊上的宝塔和鸱尾分外耀眼。大雄宝殿是双桂堂最宏伟的建筑,建筑面积 1386 平方米,始建于清顺治十年(1653 年),现存结构系清光绪十八年(1892 年)重建。大雄宝殿翘角飞檐,蔚为壮观,二重檐歇山顶,抬梁式梁架,脊饰宝珠,三楼面见龙凤浮雕,殿内雕梁画栋,彩饰藻井,并镂雕各型雀替,整个大殿由 52 根重达 2000 余千克的八角石柱支撑,柱底础石圆雕狮、象、麒麟等。殿内存金身佛像、《三藏圣教碑》等。大悲殿始建于清雍正八年(1730 年),历经改建,规模小于前殿,石木结构,硬山顶,抬梁式梁架,脊上的圆雕二游龙和殿内的 108 根石柱是其特色。藏经楼始建于清咸丰十年(1860 年),面阔七间,进深七间,重檐悬山顶,石木砖结构。堂内的铜石佛像、泥塑、石刻、字画、印度写本《贝叶经》、御赐古乐器等,也声名在外。

第十代方丈竹禅是一位佛学、文学、艺术造诣精深的大师,诗书画印闻名于世,曾为慈禧太后传戒、作画。清光绪二十七年(1901 年)的《竹禅熹碑》记述了竹禅大师的生平事迹。

2013 年,双桂堂被公布为全国重点文物保护单位。

山门及围墙

大雄宝殿

大雄宝殿内供奉金身佛像

大悲殿前的破山塔

天井

244　　　大雄宝殿立面侧视　　后园拱形门洞

大悲殿前的桂花树——金桂

大悲殿前的桂花树——银桂

古石碑

双桂堂山门

后园风景

245

(11)南岸涂山寺

涂山寺位于南岸区真武山风景区。这里山峰连绵,古树参天,云岩泉涧,岚光滴翠,传系古涂山族的居所,大禹曾娶涂山氏于此,后世建"禹王祠""涂后祠",以纪念大禹治水之功,《华阳国志·巴志》《水经注》及《蜀中名胜记》等皆有记载。

唐代称涂山寺,白居易作《涂山寺独游》诗:"野径行无伴,僧房宿有期。涂山来去熟,惟是马蹄知。"宋改名真武庙,明万历扩修,后代曾维修。现存寺内建筑为清代所建,占地1.1万平方米,坐东向西,复四合院布局,中轴线排列玉皇殿、韦驮殿、大雄宝殿,殿侧为厢房,建有药师殿。

玉皇殿面阔三间、进深两间,两层楼房,木结构悬山顶,抬梁穿斗混合式梁架。韦驮殿面阔三间、进深两间,木结构歇山顶,正脊装饰同大雄宝殿,垂脊、戗脊浮雕龙头,檐下施斗拱及镂雕戏狮撑弓。大雄宝殿面阔五间、进深四间,木结构悬山顶,抬梁穿斗混合式梁架,脊饰宝瓶,两端鱼吻,下带4.5米卷棚檐廊,檐下镂雕撑弓。药师殿面阔三间、进深三间,木结构,歇山顶,脊饰丰富,檐下施斗拱。

涂山寺前山腹上雕有高阔十丈许的"涂山"二巨字,为清人陈竹波书刻,还并存其题写的"涂山连字水,文峰接海棠。云烟添一色,日月映长江"诗句。

寺后山巅平坝上,存明万历年间重庆总兵刘綎立铁桅杆一根,高10.5米、直径0.17米。杆上铸字,阳文,楷书:"明万历二十三年三月初三日,巴县东里住城新兴铺费大元、刘氏,男费有进、陈氏,男费有成、王氏,男费成、长寿。"

2000年,涂山寺被公布为重庆市文物保护单位。

涂山寺山门　玉皇殿面阔三间,两层楼房

韦陀殿与玉皇殿二层相依，歇山顶　　　　　　　　　　　　　　　　　　　　　　　　韦陀殿檐下斗拱及镂雕戏狮撑弓

大雄宝殿面阔五间、进深四间　　　　　　　抬梁式与穿斗式混合梁架

药师殿后墙嵌着古石碑　　　　　　　　　　　　　　　　　　　　　　　药师殿正面

大雄宝殿前石狮

247

(12) 丰都名山鬼城

丰都鬼城位于长江河畔的名山上（又名平都山），山上林木葱茏，石径萦回，殿宇巍峨。传说汉代方士阴长生、王方平于此山修炼成仙，故道家将其地列为"七十二福地"之一。汉建安二年（197年），张衡于此山设天师治，北魏始有佛寺，西晋建乾竺殿，隋代增建一殿，并绘十仙像。唐初建仙都殿，塑阴长生、王方平像。宋代改名景德观、丰都观、白鹤观。明以后陆续修建了不少与"阴曹地府"相关的寺庙殿宇等，有哼哈祠、报恩殿、奈河桥、玉皇殿、百子殿、无常殿、大雄殿、鬼门关、黄泉路、望乡台、天子殿、二仙楼、城隍殿、九蟒殿等30余座，以鬼城著称。鬼城，即亡灵的归所。历经兴废，现存奈河桥、大雄殿、玉皇殿、天子殿、二仙楼、鬼门关等，皆明清遗物。殿内原塑像丰富，多以虚幻设想仿人间诉讼、法庭、监狱、酷刑、官制作成"阴曹地府"，后遭破坏，塑像多为近人补塑。山上另有苏轼、陆游、范成大等历代名人诗赋的碑刻题咏。

奈河桥位于大雄殿前，是三座并排单孔石拱桥，原系明永乐年间蜀献王朱椿巡视丰都时修建，后人附会通往"阴曹地府"有三座桥的说法，改称"奈河桥"。三桥间距1.28米，桥下石砌水池，深2.7米。桥长7.2米，宽2.1米，拱高2.55米，净跨3.3米。桥面青石铺成，呈弧形，桥栏高0.9米，栏上线雕精美的花卉图案多幅；两端分布踏步2级。侧存桥联："积德修行，奈何桥易过；贪心造孽，尖刀山难逃；三步跨过奈河桥，知尔是善是恶；一气走通金银道，赐汝发福发财。"可见它是人间附会该桥意义的文学解读。

大雄殿原为蜀献王朱椿修建的行宫寥阳殿，明末毁，清初重建，易名大雄殿。占地面积720平方米，依次排列大门、中殿、后殿。大门重檐歇山顶，门楣鎏金"寥阳殿"三字。中殿木结构，重檐歇山顶，抬梁式

丰都"鬼城"山门，位于名山脚下

梁架；殿内塑释迦坐莲台像，侧侍阿难、迦叶，前一卧佛像。后殿神台上供三世佛及观音、大势至、文殊、普贤像，后壁两侧塑十八罗汉像，上壁塑二十四诸天。

玉皇殿位于大雄殿上方，重建于清康熙三年（1664年）。占地面积406平方米，木结构，歇山顶，抬梁式梁架；明间四柱绕彩龙；殿内塑李老君、真武祖师、周公等像。

天子殿位于名山之巅，始建于西晋，唐为"仙都殿"，宋改"景德观"，清康熙壬寅年（1662年）重建，更名为"天子殿"。占地面积2431平方米，有大门、前、中、上殿。山门石质仿木重檐牌楼式，额书"天子殿"，背面书"幽都"。前殿砖木结构，硬山顶，抬梁式梁架，门悬清康熙七年（1668年）"耀灵殿"三字匾；殿侧两廊塑十八层地狱中生死轮回、因果报应组像。中殿砖木结构，硬山顶，抬梁式梁架；殿内塑四大判官、十大元帅，并悬重31千克的明代铜"照妖镜"一面。上殿重檐歇山顶，殿内塑阴天子、娘娘、六曹像。

二仙楼位于天子殿后，相传为汉代王方平、阴长生对弈之所。始建于西晋，唐代修葺，清道光年间重建。八角三重檐木结构攒尖顶楼阁，楼身八角形，每层施回廊窗门，四周置栏杆。每层正中设龛，内供神像：一楼塑光华大帝坐像及清嘉庆忠州知州周景福颜体"五云深处"匾等；二楼塑飘海观音像，有知县崔颐题"水天一色"匾；三楼塑王方平、阴长生对弈，渔樵二夫观局像。

名山宗教建筑群蕴含着丰富的儒、道、佛教文化。然而，经历代渲染，该地作为鬼文化传说中的阴曹地府、天国之城而蜚声中外，游客在面对阎王、判官、小鬼的刺激的同时，可以感受到因果报应、惩恶扬善的教化作用。

2009年，丰都名山古建筑群被公布为重庆市文物保护单位。

在名山之巅，俯视鬼城及长江对面的丰都县城

奈何桥位于寥阳殿(大雄殿)前　　天子殿山门牌楼　　天子殿山门牌楼背面

奈何桥是三座并排的石拱桥　　石拱桥建于明代永乐年间

耀灵殿牌匾书于清康熙七年(1668年)　　天子殿内塑十八层地狱中生死轮回、因果报应组像

东地狱门　　西地狱门

中殿门楣上"乾坤一气"匾，书于清康熙四十七年(1708年)；下悬明代铜"照妖镜"，重达31千克

250

大雄殿正门

大雄殿后殿供奉三世佛、观音、大势至、文殊、普贤菩萨，两侧为十八罗汉塑像

前殿为耀灵殿

二仙楼为八角三重檐木结构攒尖顶阁楼

二仙楼位于天子殿后侧

清康熙十年（1671年）《修平都山二仙楼记》碑

名山古建筑群院墙上，嵌着历代古碑，是名山古建筑群的历史见证

251

(13) 奉节白帝城

白帝城位于长江北岸瞿塘峡口，其地势险峻，东依夔门，西傍八阵图，三面环水，一面靠山，为水陆要津。西汉末王莽篡位，大将公孙述(字子阳)据蜀，他见瞿塘峡口"赤甲城"易守难攻，便于居摄三年(8年)在此筑城屯兵，取名紫阳城。后因城中白鹤井常出状若龙形的白色雾气，公孙述以为"白龙出井"系登基之兆，故于公元25年自称白帝，城亦名白帝城，山名白帝山。公元36年，公孙述被刘秀所灭，城毁于兵火。其后，当地百姓为纪念公孙述，在白帝城址建白帝庙。三国时，刘备兵败退守白帝城，并于永安宫上演"托孤"一幕。西晋武帝泰始三年(267年)，置三巴校尉治所于白帝城内。南朝刘宋明帝泰始五年(469年)，复设三巴校尉府于白帝城。唐武德二年(619年)，又置夔州总管府于此。宋咸平四年(1001年)、元至元十四年(1277年)，均设夔州路治于白帝城。

原城扼川鄂水陆要冲，依清代县志图示，此地由上而下分为紫阳城、下关城、白帝城。紫阳城位于北面马岭山，尚可见片石城门、城墙，城内遗址有皇殿台、洗马池、擂鼓台、较场坝等。南面白帝山下的城称下关城，可见夯土城垣、烽火台遗迹等，多为唐宋遗构，也存部分汉代城垣。再下为白帝城。

白帝城尚有部分城墙留存，明清以前建筑无存。现存主要建筑是白帝庙，其称谓也时有更易，唐或称白帝城，或呼庙、祠，李白诗句"朝辞白帝彩云间，千里江陵一日还。两岸猿声啼不住，轻舟已过万重山"即出自该城。宋名白帝祠。明代分别称为三公祠(祭祀土神、江神、马援)、义正祠(祭祀刘备、关羽、张飞、诸葛亮等)等。虽然供奉的不是白帝，但是民众仍然习称白帝城、白帝庙。

庙占地面积2600平方米，坐北向南，四合院布局，建筑系明清遗构，有明良殿、武侯祠、观星亭等。左院面积最大，中轴线上布列山门、托孤堂、明良殿等。明良殿建于明嘉靖十二年(1533年)，系庙内的主体建筑，内有刘备、关羽、张飞塑像，面阔五间、进深三间，木结构，硬山顶，抬梁式梁架。东、西院建于清代，东院由碑林、陈列室组成，西院由怀古堂和观星亭组成。

白帝庙内，历代的诗文、碑刻甚多，东、西碑林内陈列着70余块石碑，其中尤以隋《龙山公墓志》《金轮寺舍利塔下铭》，唐代经幢和元代韩有邻《加号大成碑》，清代《凤凰碑》《竹叶诗碑》等价值突出。另展出历代文物上千件，并以商末至战国青铜兵器等尤为典型。

白帝城位于瞿塘峡口的白帝山上。长江三峡大坝蓄水后水位抬升，白帝山成为一座孤岛

通过高耸的廊桥，白帝山与陆地相通

白帝城素为名胜，历代名人过境皆登临此城，除前述李白外，杜甫、白居易、刘禹锡、苏轼、黄庭坚、范成大、陆游等也游览过此城，并留下了大量名篇佳作。

　　三峡工程建成之后，水位抬高，白帝城四面环水，更显奇绝。

　　2006年，白帝城被公布为全国重点文物保护单位。

白帝庙大门

白帝庙建筑全景

明良殿正面

明良殿主尊为刘备塑像

东碑林内一角

观星亭，传说诸葛亮曾在此观测天象

西碑林

东碑林及前院

白楼位于明良殿等主体建筑以南，是一座近代仿西式建筑，与白帝庙主体建筑风格迥异

竹枝词碑廊

(14) 云阳张桓侯庙

张桓侯庙，又名武烈公祠、显忠庙、张飞庙、张王庙等，原在旧云阳县城南岸的飞凤山麓，2003年因三峡水库蓄水影响，已整体西移至长江上游32公里外的新县城对岸盘石镇龙安村。

张飞，蜀国名将，谥号桓侯。传说部将范疆、张达密谋害之，取其首投东吴，行至云阳闻吴蜀修好，无奈抛张飞头于长江，幸得渔翁捞获，并葬头颅于县治隔江的飞凤山麓。此即张飞"头在云阳，身在阆中"的由来。

据明嘉靖《云阳县志》载："张桓侯庙，在治南飞凤山隅，汉末建，元顺帝敕修，国朝重修。"清嘉庆遭火灾，道光元年(1821年)重建，同治九年(1870年)水毁，同治十一年(1872年)恢复。

张桓侯庙建筑面积3000余平方米，庙宇、亭台楼阁、黄葛梯道、石桥涧流、瀑潭藤萝、临溪茅亭、峻岩林木浑然一体。庙内建筑结义楼、正殿、旁殿、助风阁、望云轩、杜鹃亭、听涛亭等设计巧妙，特别是山门及门楼方位偏于西侧，正好与近处的山梁错位，可使游人远眺西来的长江和连绵的山景，整个建筑群错落有致、金碧辉煌，系长江古今一大名胜。

结义楼气度不凡，迎江而立，飞宇三檐，门扇、柱间花卉、动物雕刻精湛，面阔三间、进深三间、通高12.7米，木结构，琉璃瓦三重檐四角攒尖顶，楼前部陈设"刘关张三结义"塑像。正殿面阔五间、进深四间、通高7.8米，砖木结构，硬山琉璃瓦面，抬梁式梁架，正脊存"大清道光元年"重建题记。助风阁造型古朴，重檐六角，为清代重修，但建筑有宋代遗风，其得名于清康熙年间大学士张鹏翮所题"助我清风"匾。杜鹃亭原为杜甫客居云阳的纪念建筑，重修于清光绪元年(1875年)，面阔三间、进深三间、通高15.1米，木结构，三重檐庑殿琉璃瓦顶，亭上雕刻精美。望云轩典雅古朴，四合院布局，古为香客投宿之所，客人可推窗隔江观城及江中的行船。庙内还存明代望云桥及汉唐以来的石刻、木刻、字画六百余件。庙中书、画、雕刻，有"三绝"的说法，即"文章绝世、书法绝世、雕刻绝世"，故张飞庙又有"文藻胜地"之盛誉。

2001年，张桓侯庙被公布为全国重点文物保护单位。

迁后的云阳张桓侯庙保持着与县城隔江相望的格局，地貌也与原址接近

结义楼临江面"江上风清"四个大字清晰可见，左侧是六角攒尖顶的助风阁

绿色琉璃顶的杜鹃亭和灰色顶的助风阁

山门因地势而建，呈"歪门斜道"

山门门楣石刻

结义楼临江而建，气势不凡

结义楼戏楼的藻井

结义楼内侧面

左为结义楼，右为"桃园三结义"塑像

结义楼戏楼栏板雕刻，上面还保存着搬迁重建时建筑构件的编号

结义楼底层的黄庭坚书法木刻

结义楼厢房,陈列着张桓侯庙收藏的历代题刻

结义楼木雕建筑构件

望云轩的雕花窗

望云轩

《出师表》石刻

正殿主尊是张飞
戎装塑像

历代石刻

助风阁内景

杜鹃亭后侧配殿中，陈列清《出师表》等著名石刻

张桓侯庙原址中的"大清同治庚午洪水至此"石刻，也搬迁复原在庙内的相应位置，只是海拔已不是原来的数据了

261

(15)璧山文庙大成殿

璧山文庙，位于璧山区中山北路。

文庙是孔圣人所居之庙。璧山文庙始建于南宋绍熙年间，嘉泰四年(1204年)竣工，工期达十余年，后历经兴废，重建于清咸丰四年(1854年)，并经同治三年(1864年)、光绪十二年(1886年)培补。原建筑规模宏伟，四合院布局，有大成殿，崇圣祠，东、西庑，戟门，棂星门，明伦堂，名宦乡贤祠，学署，斋舍及山门前的"礼门、义路"石牌坊等。

文庙是古代祭祀孔圣人的场所。经历代的推崇、弘扬，孔子的学说和儒家理论成为正统学说，文人治学、官府统治，都离不开孔子的学说，孔子成了古代文化的符号。各地兴建的纪念、祭祀孔子的建筑，被叫作"文庙"。每到孔子纪念日、学堂开学、科考开始之际，人们往往来到文庙祭祀、上香。可惜"五四"运动以后，特别是"文革"期间，文庙遭到极大破坏，十不存一，斯文扫地。

现存主体建筑大成殿面阔五间16米、进深三间11米、通高14米。该建筑造型、用材、装饰规格等，均为当时官颁建筑法式的较高档次。殿身立于总高2.6米的双层石台基上，台基栏杆原饰石狮若干，台阶两端各存一石龙，不同于一般民间建筑。重檐歇山式顶，正、戗脊镂雕黄绿琉璃的动物饰件，殿面翘角飞檐等，尽显华丽富贵。抬梁式结构，梁柱用材粗大，柱径达50厘米。上、下檐均施如意斗拱，斗拱间挑出多层龙凤昂头。十余扇隔扇式木门、方格窗等装饰典雅古朴。中檩墨书"咸丰四年甲寅四月二十九日谷旦"。

大成殿后尚存崇圣祠和厢房，保存现状不如大成殿。另见残碑二通，一碑载："始于绍熙所建也，甲子之秋……"字样，是本庙的最早史料。

2000年，璧山文庙大成殿被公布为重庆市文物保护单位。

璧山文庙正门，前方的孔子像是近年新立的

文庙正殿——大成殿

大成殿屋檐雕刻

大成殿前石台基

大成殿正脊清代咸丰四年(1854年)题记

重檐歇山顶主殿

檐角装饰

台基栏板石刻及石狮

清代同治年间的《重修大成殿碑记》。文中提到大成殿为"绍熙所建"

263

(16) 铜梁武庙

中国古代将三国时期的历史人物关羽美化成文治武功兼备的道德楷模、圣人,称为关圣、关公、武圣人等。遍布各地的武庙、关帝庙,供奉的庙主就是关羽。

铜梁武庙原在县城成庆门外,初建年代无考,明万历年间毁于火,清康熙二十九年(1690年)重修,咸丰十年(1860年)又毁于兵火。清同治七年(1868年)迁至县城高处的凤山原文庙旧址,即现在的铜梁县城区民主路,"殿宇幽深,庙貌辉煌,适城中诸庙而上焉",现为重庆最大的武庙建筑。

现存武庙坐南向北,占地面积3300平方米,四合院布局,有前殿(天王殿)、正殿(大雄宝殿)、厢房及观音殿。殿内原塑三国汉大将关羽像。现武庙前殿为天王殿,塑弥勒佛像。正殿为大雄宝殿,供奉释迦牟尼。在主尊的后侧,分别塑关羽和文昌像,两边为罗汉像。观音殿供奉观音菩萨(观音殿为后代增建,建筑风格差异较大)。

前殿面阔三间12米、进深五间7.7米、高7米,台基高0.8米,前存垂带台阶9级。木结构,悬山灰瓦顶,穿斗式梁架。正殿高大巍峨,四角飞檐,面阔三间、进深四间、高13.5米,台基高2米,基座下存垂带台阶7级,石刻围栏;木结构,歇山式琉璃瓦顶,抬梁式梁架,七架梁。厢房面阔七间、进深三间,悬山顶,穿斗式梁架。

2000年,铜梁武庙被公布为重庆市文物保护单位。

铜梁武庙山门

正殿(大雄宝殿)正面

正殿屋檐与厢房屋面

正殿木侧斗拱雕刻仙人但像

前殿正面

正殿木结构梁架

正殿门的木刻雕花

265

正殿前侧基座上的石刻围栏

正殿石刻围栏图案

266　正殿石刻围栏图案

正殿石刻围栏图案

铜梁籍同治进士向时鸣撰写的《重修关庙碑记》，记载了关庙（武庙）几经火毁，在同治年间选址重建的过程

4. 牌坊、书院、会馆、祠堂、民居

在重庆丰富多彩的古建筑类型中，还有一种用于宣扬忠孝节义、科第、德政等封建礼教内容的牌坊。本书列举的几处牌坊是重庆牌坊中的精华，它们是：清代合川尖山节孝牌坊、明代璧山朝元寺牌坊、清代璧山何氏百岁坊。它们的共同特点是：在当地影响极大；坊主人的事迹合乎统治者提倡的道德标准并被作为楷模；坊体均造型宏伟、风格古雅、雕饰精美、文化内涵丰富，保存良好。

书院是为数不多的我国古代教育建筑遗存，对于我们研究古代教育制度、传承弘扬民族文化具有重要价值。涪陵北岩书院历史悠久，是宋代著名理学大师程颐点《易》处，至今点易洞及宋代黄庭坚、尹赙、朱熹、王庶、程遇逊、李吕、陆游等名人题诗等仍存。江津黑石山聚奎书院属巴渝人才辈出的百年名校，昔日院舍还保存如初。

移民文化是重庆文化的重要方面，反映在建筑中就是林立各地的移民会馆，其中最具代表性的会馆是位于重庆城中的湖广会馆群，该会馆是湖南、湖北、广东数省会馆的总称。此会馆始建于清康熙年间，初名禹王庙，其建筑规模宏阔，占地近万平方米，殿宇巍峨、建筑大气、雕饰精美，保留了丰富的原籍文化符号，是长江沿岸城市中首屈一指的会馆建筑。

重庆各地宗祠林立，反映了重庆古代不同姓氏人群的独特文化，其中云阳彭氏宗祠造型较为典型，又兼具防守功能，是一处重要的文化遗产。

(1) 合川尖山节孝牌坊

牌坊是我国古代具有表彰、纪念、装饰、标识和导向等功能的一种特殊造型的建筑物，多立于宫苑、寺观、陵墓、祠堂、衙署、街口等地方，古人将树牌坊视作光宗耀祖、流芳百世的一种崇高追求。

尖山节孝牌坊位于合川区尖山镇南一公里的石板小路上，是道光年间为表彰处士易安藩之妻，由朝廷下旨修建的。坊上题刻表明：节妇母氏出生于合邑名门，她从小立志做一位贤妻良母。嫁为易安藩之妻后，一生矢志不渝严守贞洁，年过七十，四世同堂，果得"白首全贞"之名。清道光二十八年（1848年），母氏儿孙辈"奉旨"修建了这座节孝牌坊。地方当局也对牌坊的修建十分重视，"四川总督布政使司王、提督全省学院蔡、川东兵备道兼管驿传务耿"的题名仍存坊面。该牌坊造型优美、气势宏大、雕刻丰富，是重庆清代牌坊的杰出代表。

该牌坊为四柱三门三楼重檐歇山顶石坊。通高12米、面阔9.2米。正楼刻饰最为醒目：脊上三级圆雕宝塔直插云霄，塔座为鼎形博山炉，塔身两

合川尖山节孝牌坊正面

侧为镂空花枝，脊端分饰鸱吻卷尾吞脊；垂脊、戗脊立若干寓意吉祥的神兽；楼盖瓦垄俱全，翘角飞宇，极富动感。牌坊檐下施大斗四攒，斗中刻"圣旨"额匾。次间楼面略同，亦立鸱吻各一，下承大斗二朵。牌坊面横匾还刻"正气长存""节孝""旌表故处士易安藩之妻母氏孺人之坊"等褒奖文句。坊柱刻联："柏节松筠允秀为三朝淑女，霜帏雪帐卓芳仰千古邦媛"；"雅望隆易水，他年青史扬芬；今名重涪江，此日护帏著美"，书法精道。坊面还存浮雕戏曲人物、山水图案、记事文字近30幅。另在牌坊明间夹杆石的半圆衬鼓上刻有圆雕双狮及两独角兽，造型生动，威风凛凛。

正楼雕刻丰富

正面檐下四大斗正中刻"圣旨"额匾，下面是四川总督等人职名

正面"节孝""正气长存"大字石刻，自上而下分别为四川总督等职官、重庆府职官和"旌表故处士易安藩之妻母氏孺人之坊"

269

正面次间雕刻"冰清"

正面次间雕刻"玉洁"

正面柱下左侧天斗

戏曲人物雕刻

背面横匾雕刻"节孝""坤贞永固"

背面次间雕刻"函光"

牌坊明间夹杆石的半圆衬鼓上
雕刻圆雕双狮及独角兽

戏曲人物雕刻

背面次间雕刻"潜德"

夹杆石半圆衬鼓上的石狮

节孝牌坊侧面

(2)璧山朝元寺牌坊

朝元寺牌坊位于璧山区大兴镇朝元村。

朝元寺始建于宋,殿宇已毁,现存相距10余米的明、清石牌坊各1座。明代牌坊造型古朴,雕刻风格粗犷,线条简练,斗拱等构件大气。清代牌坊则雕饰风格繁复,区别明显。

明代牌坊四柱三间三楼重檐歇山顶,坐西北向东南,通高6米、宽6米。坊上翘角飞宇,明间檐下刻菱角牙子,平板枋雕莲花瓣,枋上承斗拱6攒,斗面仿刻一斗三开图案;明间柱间施象鼻雀替。次间各施斗拱2攒,斗面刻饰同明间,匾刻"欣国太平 万历癸巳年孟冬吉旦立"等。坊上24幅雕工精湛的图案特别引人注目,内容为双狮、二龙戏珠、云凤等。夹杆石为鼓镜式,上雕狮、象等动物,惜多风化,下承红砂石书箱形护脚石。柱面原刻对联,现已剥落不清。

清代牌坊四柱三间五楼歇山顶,面阔6.8米、通高7米,抱鼓形夹杆石。坊面雕饰丰富,有八仙过海、弥勒佛、十八顽童、戏曲人物、农人耕田、牧童、庭院、二龙戏珠、双狮戏球、花卉虫草等52幅浮雕造像,并有"嘉庆四年"字样,惜风化较多。

2000年,该牌坊被公布为重庆市文物保护单位。

明代石牌坊正面

横匾雕刻"欣国太平
万历癸巳年孟冬吉旦立"

背面檐下施六斗，雕刻图案繁杂

背面次间雕刻

背面横匾雕刻

鼓镜式夹杆石

明代石牌坊背面

清代石牌坊正面，为四柱三间五楼

正面檐下饰佛教"卍"字，下方横匾正中为"人天化育"，已有风化剥落

横匾下方题刻落款为清嘉庆四年(1799年)

正面楼间雕刻富于佛教与民间生活气息

坊顶雕刻宝瓶、龙头鱼尾等

清代石牌坊背面

抱鼓形夹杆石

(3)璧山何氏百岁牌坊

何氏百岁牌坊位于璧山区来凤街道安乐村古驿道上。

来凤驿与老成渝道上的龙泉驿、双凤驿、白市驿几大名驿齐名,现为来凤街道安乐村。原地旧存牌坊三道:第一道牌坊坊主为周继盛,第二道牌坊为何氏百岁坊,第三道牌坊为李国孝节孝坊,均建于清代,惜第一、三道牌坊均毁于"文革"。

何氏百岁坊建于清道光二十五年(1845年),是由后人周继盛等奉旨为其祖母即太宜人何氏所建的百岁寿坊,人称"何氏百岁坊"。何氏系奉直大夫周绍熙之妻,早年守寡。因严守妇道,行为举止得体,常做善事,受到乡党尊敬、推崇,被视为女流楷模,适逢她百岁之时又得皇帝圣旨嘉奖,立贞寿牌坊。该坊修造人周继盛系何氏晚辈,他承袭了前辈美德,一生乐善好施,其事在《璧山县志》有载:其于道光十二年(1832年)捐银7000余两修来凤驿"鸣凤桥",道光十九年(1839年)出资复修城隍庙火毁神像,咸丰二年(1852年)又变卖田产筹集白银4000余两重修县文庙大成殿,后来人们为纪念周继盛的善举,也专门为他在百岁坊侧修建了一座石牌坊,即前述第一道牌坊,惜此坊毁于"文革"。

坊坐东北面西南,通高11米、面阔7.8米,石质四柱三间五楼重檐庑殿顶。坊顶存寿字火焰宝珠,脊端鱼龙鸱尾,楼面瓦垄、飞檐。坊面雕刻丰富,工艺精湛,正面横匾存"贞寿之门"四大字,额枋刻"旌表例赠奉直大夫周绍熙之妻何氏百岁坊",中楼两柱,前、后柱面刻饰造型生动的八仙浮雕人物,正门柱间施花牙子雀替。次间楼面翼角起翘,挺拔高昂,底楼正面刻县人翰林院庶吉士刘宇昌作何氏百岁坊序文;反面正中横匾雕"升平人瑞"大字,下为周绍熙职官简历。坊面还存20余幅人物故事图,内容多神话题材,如八仙过海、戏文人物及装饰纹样。前、后夹杆石上也存有大量造型栩栩如生的圆雕狮、象、麒麟及八仙人物等。

日本侵华期间,该坊曾历一劫。当时日本飞机投下的炸弹伤及牌坊西面第一层飞檐的翼角,还好未损主体,否则,我们今天就看不到如此精彩的古牌坊了。

2000年,该牌坊被公布为重庆市文物保护单位。

百岁牌坊正面

百岁牌坊正面横匾正中雕刻"贞寿之门"

百岁牌坊背面

背面正中横匾题刻"升平人瑞"

背面坊额下刻周绍熙职官简历

重檐庑殿顶细部

夹杆石上雕刻生动的狮、象、麒麟、八仙等

石坊及次间皆为重檐庑殿顶

坊顶正中为寿字火焰宝珠,脊端作鱼龙鸱尾

(4) 涪陵北岩书院

北岩书院位于涪陵城长江北岸一处陡峭的山岩下,宋代理学大师程颐在此点《易》。

南宋嘉定十年(1217年),涪州知州范仲武奏请朝廷开办北岩书院。而该院的开办是有前因的。早在北宋绍圣四年(1097年),著名理学家程颐因"党论"谪为涪州编管,其于北岩普净禅院辟堂讲学,并凿一洞潜心点注《易》达数年之久,得著《伊川易传》一书。北宋元符年间(1098—1100年),黄庭坚谪经涪州时,曾两度与程颐切磋学问,时黄庭坚题"钩深堂"三字。南宋诗人陆游也慕名游览北岩,留下了《涪州道中》《涪州》《北岩》等诗篇,其中"文风齐两蜀,仙洞接三都"之咏,是对"涪学"崛起的评价。传程颐四传弟子、被誉为继孔子后的大儒朱熹亦曾至涪州寻根,并题下了"渺然方寸神明舍,天下经纶具此中;每向狂澜观不足,正如有本出无穷"的点《易》之颂。故涪州北岩与"程朱理学"有着不可分割的渊源,为程朱理学的发祥地。南宋绍兴五年(1135年),涪州太守李瞻将钩深堂改建为伊川先生祠堂。嘉定十年(1217年),知州范仲武扩堂建舍,立北岩书院,其后多名学者于此讲学多年。随着宋时理学地位的提高,官宦名流、文人学者,皆来北岩游览、题咏。清乾隆九年(1744年)重修院舍,更名钩深书院,为川东著名书院。清光绪二十八年(1902年),始办新学,又添斋增舍,创办涪州官立师范中学堂。1931年,再修校舍建涪陵县立乡村师范学校。

北岩分布着历代题刻70余处

点易洞，洞高4米，深2.2米，宽3.8米。洞内的塑像是近年安放的

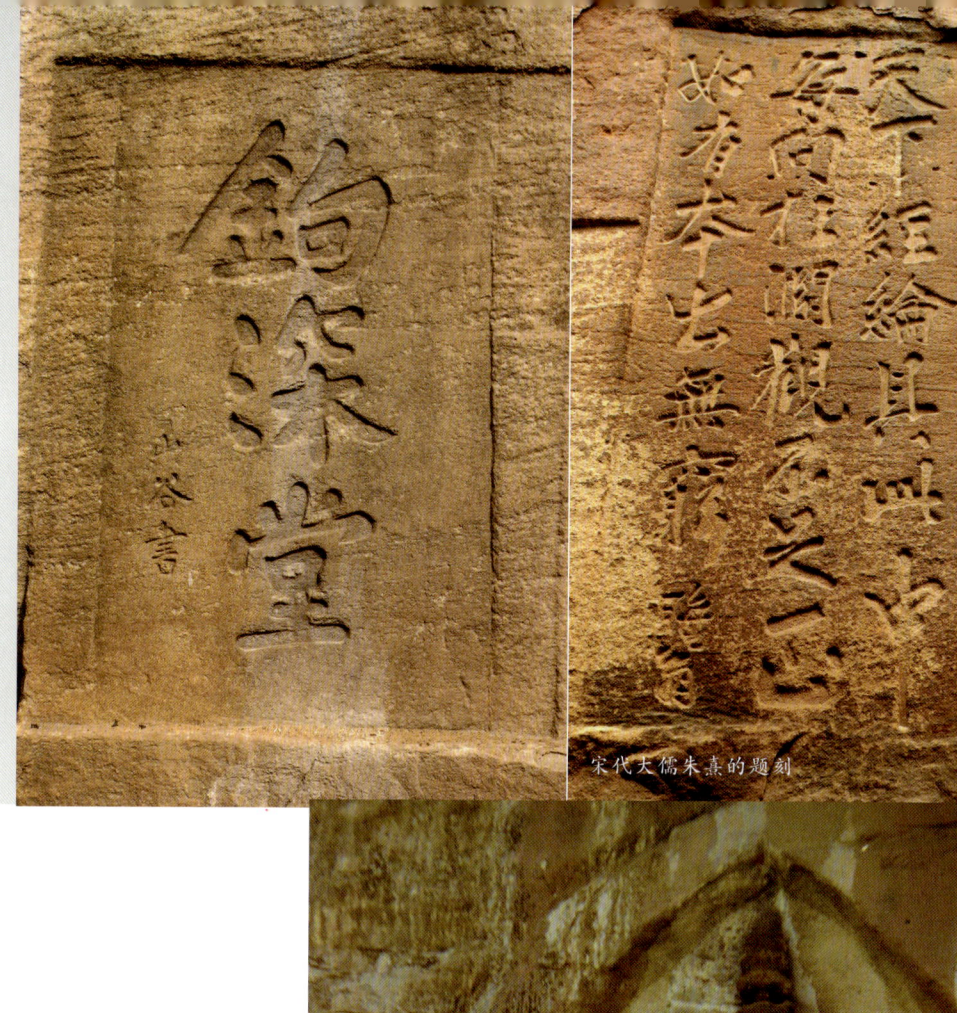

钩深堂是程颐讲学的地方，位于北岩东侧，原为寺庙普净院。"钩深堂"三字为黄庭坚所书

宋代大儒朱熹的题刻

如今，程颐点易洞尚存，洞高4米、深2.2米、宽3.8米。洞上门额镌"点易洞"三楷书大字。原对联"洛水溯渊源，诚意正心，一代宗师推北宋；涪江流薮泽，承先启后，千秋俎豆焕西川"今已不见。余存钩深堂、洗墨池、璧云亭及崖壁上的历代题刻70余处，崖上还见一佛塔及佛龛若干。其中，重要的有宋代黄庭坚、尹焞、朱熹、王庶、程遇孙、李吕、陆游等名人题诗，是研究影响中国近千年的理学文化的重要见证。

282

佛塔

三畏斋，位于钩深堂西侧。南宋时期，程颐的学生尹和靖曾在此辟居，岩壁有"尹子读书处"题刻

碧云亭位于点易洞下方，始建于南宋

清代咸丰元年(1851年)毛震寿题刻

江津聚奎书院大门，现为江津聚奎中学使用

(5)江津聚奎书院

聚奎书院位于江津区白沙镇南郊约 3 公里处的黑石山上,以巴渝百年名校而驰名。

黑石山,因山上满布千姿百态、大小不一、长满铁青若墨苔藓的石头而得名。山上林木葱茏,樟、松、柏、杉古木森森,兰、葡、桃、李四季幽香,群鸟栖息,寺庙烟火不绝,为人文山川灵秀之所。

清同治七年(1868 年),乡人张元富与邓石泉于此首倡办学,并于清同治九年(1870 年)取"奎主文昌"之义,办成"聚奎义塾"。至同治十三年(1874 年),张氏等人再次筹建书院,并经张、邓等二十余人集资,于当年开建聚奎书院,因经费不支,一度停工,后得知县国璋等人支持,光绪六年(1880 年)二月得以竣工,并举行释菜礼(即开学典礼),由程缓仁任斋长,出席者百余人。新建院舍规模宏大,风格肃穆、幽静,大门上石刻"德星长聚五百里,广厦颜开千万间";门内前厅两壁立石碑数座,刻有国璋、宋扬、程德灿等人撰写的《聚奎书院》等碑文四篇;讲学厅侧植有茶花等名木,极利学生养目。

至 1905 年改名止,聚奎书院共存续 25 年。其间,办学成果显赫。前期办学旨在面向科举考试,该院每年考中秀才 10 人左右,约占全县秀才名额的一半,其中,再中举人者有 5 人。后期维新派言论在书院广为流传,注重自由讲学,不少学生因受新思潮影响,远去外地、外国寻求新学的较多。去日本留学的有邓鹤丹、周常昭等;去外地游学的学生更多,如旧民主主义革命烈士卞鼐(1904 年创办四川第一家日报——《重庆日报》)等。1905 年,废书院办新学,书院改名聚奎小学,著名的"聚奎三绝"——吴芳吉、张采芹、邓少琴等,皆出自本学堂。1931 年,更名聚奎中学。抗战期间,冯玉祥、陈独秀、梁漱溟、文幼章、郭沫若、于右任、周光召等前来讲学,如今他们的墨宝石刻多存。书院曾几度易名,现名聚奎中学。

书院占地面积 1787.5 平方米,坐北向南,四合院布局,现存院舍 20 余间。讲学厅居中,面阔 32.5 米、进深 5.5 米,石木结构,悬山青瓦顶。四周为学生宿舍及办公用房。现大门仍存对联:"知国家大事尚可为也,得天下英才而教育之。"学舍及周边山上尚存清至现代各类石刻文字 70 余则。

2000 年,聚奎书院被公布为重庆市文物保护单位。

聚奎书院正门

聚奎书院正门门联　　川主庙始建于明代

陈独秀题刻"大德必寿"　　冯玉祥题刻"黑石山"

鹤年堂建成于1929年,内部仿罗马式歌剧院,近年进行了维修

九曲池建于1910年，保存了大量名人题刻，最能体现聚奎书院园林式建筑群的特色

于右任题刻"奋乎百世"　　"七七"纪念堂

(6) 重庆湖广会馆

湖广会馆位于渝中区东水门,这里是古重庆城最为繁华的地段,"自古全川财富地,津亭红烛醉东风",是长江沿岸规模最大的会馆建筑群。

湖广会馆是禹王宫(湖广会馆),齐安公所,长沙、永州等两湖地区会馆及广东公所(南华宫)等的总称。它是明清时期"湖广填四川"的产物,也是移居重庆的两湖籍人士的同乡会组织的驻所。其功能在"迎麻神、聚佳会、襄义举、笃乡情",主旨在为本籍人员服务。该会馆在昔日重庆城八省会馆中,不论建筑规模还是经济实力,皆居首位。

禹王宫兴建于清康熙初年,乾隆二十四年(1759年)及道光二十六年(1846年)由"楚省两湖十府绅粮士商"捐资重修。齐安公所建于清嘉庆二十二年(1817年),由湖北古齐安郡籍人士创建,光绪十五年(1889年)重建。广东公所始建于清乾隆五十一年(1786年),嘉庆二十三年(1818年)重修。

会馆南倚长江,顺山势而建,气势宏大,占地面积近万平方米,建筑面积6000余平方米,复四合院布局,各院错落有致,虽有高墙之隔,但石阶蜿蜒互通,分设戏楼、天井、厅堂、厢房等。禹王宫最为宏阔,占地面积约5000平方米,中轴线排列大殿、戏楼、看厅等。大殿木结构,重檐歇山灰瓦顶,抬梁式梁架,梁间施驼峰,檐下施如意斗拱,山面施七踩斗拱三攒,雕栏画栋,雕刻精美,右檐额枋浮雕群龙图,明间枋雕"双凤朝阳"等。戏楼造型古朴,木结构,三面外伸式,两边乐楼很短,似为早期楼样。楼面额雕戏曲人物,撑拱镂刻梅花鹿、卷草图案,两厢栏板雕花卉、文字及仿金文"麦文尊"铭、汉瓦当图等。看厅悬山顶,七架梁,檐柱承七踩斗拱二攒,梁柱存如意驼峰和古朴的雀替等,额枋浮雕仙人、戏文故事、夔龙、香炉等图案。在禹王宫后门及下方芭蕉园片区,原为两湖籍的长沙、永州等府、州会馆,抗战期间虽遭日机轰炸,今后门处仍存戏楼、看厅,下方芭蕉园片区也存用材粗大的后殿等,可见昔时雄风。

齐安公所中轴线排列戏楼、看厅、过厅、大殿,并存厢房及侧院,四周环绕高墙。戏楼歇山琉璃瓦顶,抬梁式梁架,楼面飞宇,装饰华丽,刻戏文故事、杂宝及渝城熏风门旧景图等。另乐楼及厢楼面的"二十四孝"人物图尤为醒目。此地曾出土清代重修殿宇碑9通。

广东公所以精雕戏文人物图案等著称,尤显堂皇富丽之气。始建于清乾隆年间,后经修葺。现存建筑面积711平方米,木结构,四合院布局,中轴线上依次为大门、戏楼、看厅,侧为厢楼、砖墙。大门仿徽雕牌楼式,立匾刻"广东公所"四大金字。戏楼木结构,歇山琉璃瓦顶,八角叠涩藻井,角梁圆雕负重力士各一,额枋浮雕"二龙戏珠"。看厅悬山顶,七架梁,枋上浮雕鎏金戏曲人物多幅,且保存完好。

重庆湖广会馆身处城市中心区,又历数百年风雨,仍较完整地保存至今,经保护维修,得以重现昔日繁华。

2006年,湖广会馆被公布为全国重点文物保护单位。

重庆湖广会馆位于长江边,城市建设虽然改变了周边环境,但会馆建筑群因整体保护,仍不失魅力

湖广会馆由禹王宫、齐安公所、广东公所等建筑合组而成

禹王宫建筑群远眺

291

禹王宫建筑群面临长江一侧

禹王宫面临长江一侧的石砌基础

重庆湖广会馆是移民文化的结晶，这是会馆内移民博物馆的复原场景陈列

禹王宫正立面

大禹塑像

禹王宫梁架结构

戏楼雕刻

禹王宫右厅入口，石匾上题刻"奎璧之府"

禹王宫戏楼

293

齐安公所正门　　齐安公所门楣上雕刻有丰富的吉祥图案

齐安公所门檐极富装饰性

位于戏楼下额枋右边的雕刻，表现了唐代诗人杜牧七绝《清明》的意境

位于戏楼下额枋左边的雕刻，表现了江边城墙与人物风景。城门上的"熏风门"是只存在于宋代的重庆府城门

齐安公所戏楼

齐安公所戏楼屋脊装饰

齐安公所屋顶精彩纷呈

广东公所正门　　　　　　　　　　　　　内侧门

戏楼栏板雕刻

296

广东公所戏楼

厢房窗栏雕刻

龙纹木雕

(7) 云阳彭氏宗祠

彭氏宗祠位于云阳县凤鸣镇里市村的冈峦上,是集军事、民居等功能为一体的建筑。

该宗祠始建于清咸丰年间,同治三年(1864年)完工,占地面积3500平方米,建筑面积2651平方米,坐南向北,主体建筑为箭楼和前、后四合院。

该宗祠的主要功能是乱时用作防御性避难场所,所以又名彭家楼子。彭氏宗祠所处地势险要,三面为陡壁,北面坡地为仅存的通道,在军事上可谓易守难攻。设有内外二道墙体作为防线,外墙厚达2米,条石构筑,非常坚固。内院中的箭楼和围墙四角的碉楼,军事作用也很明显。

平时,此地作为同族人聚会、祭祀等场所使用。

石质大门高大厚实,门上方存清同治三年"彭氏宗祠"立匾;门为平顶,门孔高2.5米、宽1.3米、厚0.5米。入门绕影壁向西入前院,主房面阔三间、高三层,明间向天井凸出建成戏台。内墙以内为后院,系宗祠的中心区。箭楼位于后院天井的前部,方形,宽10.5米、高30米许,共9层(原11层,清光绪时,因风水之说拆去2层),下6层用条石砌筑,墙体厚1.3米。第三层以上开有用于瞭望敌情及射出箭矢的方形及圆形孔36个;第七至九层为木结构,亭阁式,三重檐四角攒尖顶。后有享殿,两边为厢房。享殿高三层19米、面阔五间28米、进深三间22米,硬山风火墙,抬梁式梁架,明间设享堂,供祖先牌位。前、后院厢房依地形而建,前厢房低于后厢房2米,均高三层,面阔三间或五间,每层面向天井,并用台阶和走廊连接。祠内存近代著名书画家彭聚星书画石刻13通。

2013年,彭氏宗祠被公布为全国重点文物保护单位。

云阳彭氏宗祠始建于清咸丰年间

彭氏宗祠正立面

彭氏宗祠戏楼

石质大门上方"彭氏宗祠"石刻立匾非常醒目

彭氏宗祠背依陡坡，三面临崖，易守难攻

祠内建筑基本为穿斗式梁架

祠内建筑为砖木结合

(8) 黔江张氏民居

张氏民居位于黔江区黄溪镇，始建于1911年，主人为当地大户张合卿。总建筑面积1071平方米，占地面积3287平方米。

建筑坐东向西，复四合院布局，典型的巴渝地区民居建筑风格。前左右厢房配以吊脚楼，系土家族民居常见的样式。四周封以土墙。共有房屋28间，一楼一底木结构建筑，单檐歇山顶，穿斗式梁架。以5个大小天井为中心，整个院落被分隔成5个小四合院，布局井然，结构紧密，由前厅、正厅、左右厢房、地下室、绣楼、碉楼、门楼、厕所、阶梯踏道、后花园、内围墙、外围墙、石拱桥等组成。屋基由细纹条石砌成，细纹板石和三合泥铺地，条石砌堡坎，夯土筑围墙。花窗多以卷草、卷云、飞鸟、走兽、鱼类、蔬菜、水果等纹饰出现。前厅廊道柱础镂雕雌雄狮子和大象，浮雕二龙戏珠、双牛醒春、野鹿衔花等。该建筑面临黄溪河，背靠大山，松竹环绕，环境幽静，保存完好。

张氏民居整体布局井然合理，功能设施完备齐全，石刻镂雕艺术精妙绝伦，民族风格特色十分鲜明，是古代土家族民居建筑的典型代表，对于研究清末民初渝东南地区土家族民居建筑形制、民风民俗、民族工艺具有十分重要的价值。

2009年，张氏民居被公布为重庆市文物保护单位。

黔江张氏民居全景

绣楼　　　　　　　　大门正面踏道　　　　　　中天井

前厅廊道　　　　　　后花园

右天井

朝门石刻

朝门(大门)正面　　　　碉楼局部

301

花窗

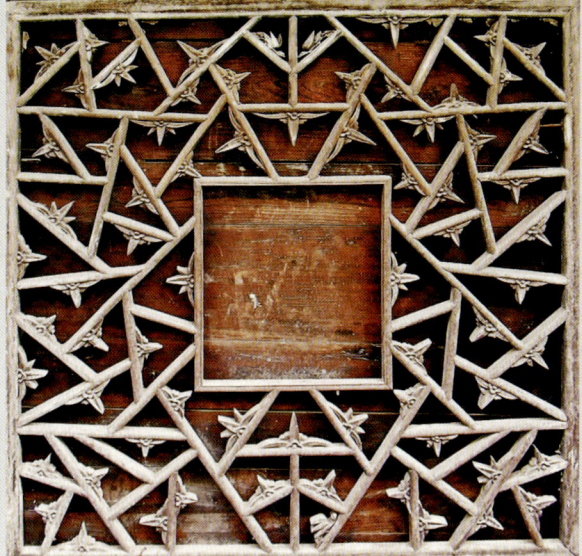

前厅廊道柱础　柱础

水井

前厅大门

303

5. 桥寨

重庆古桥众多,这与溪流密布、大江大水的自然环境分不开。巴渝先民们为了生存,不畏险阻,遇水搭桥、逢山开路,世代不息地为我们留下了异彩纷呈的各式古桥,以桥式分有石拱桥、石墩石梁桥、石墩木梁桥、石墩桥、木梁桥等,尤以石桥多见。重庆现存年代最早的桥为合川岩溪桥,始建于宋代。重庆石拱桥中最长的桥为涪陵清代龙门桥,该桥长173.5米,为三孔石拱桥。被中外桥梁专著收录的万州清代陆安桥也颇有特色。重庆东南民族地区常见石墩木梁廊桥,民间习呼"风雨桥",其中以秀山龙凤乡土家族"客寨桥"建筑最为壮观。该桥始建于元代,现存遗构为清代建筑,为六孔石墩木梁廊桥,桥长58.2米,桥廊造型古朴典雅,砖木结构,三重檐硬山顶木廊桥,至今仍是当地民众聚会、纳凉、交易的好去处。

重庆民间建筑中,还存不少造型奇特的大型建筑,忠县石宝寨即其代表之一。石宝寨十二层飞檐木阁,是目前国内现存木质穿斗式楼层建筑层数最多、高度最高的古建筑,加之地处长江之畔,景色天设地造:孤峰突起、陡峭飞阁、山巅古庙、苍松翠竹、江水环抱,宛如长江上的一颗耀眼明珠,数百年来一直吸引着游客驻足观赏。

(1) 合川岩溪桥

桥梁出现很早,四川汉代的画像砖上就有木梁桥。重庆河流密布,山涧溪流上,常见造型各异的古桥,但多系明清以后的桥,现存时代最早的桥仅为南宋桥,且存世者寥寥无几。

岩溪桥位于合川城边岩溪与嘉陵江的交汇处,是目前重庆时代最早、证据最为充分的石拱桥。始建于南宋庆元元年(1195年),距今已有800余年。此桥为单券石拱桥,南北走向横跨岩溪。桥身长21.5米、宽2.18米、高5.80米。拱券纵联砌置,平式叠砌,拱石之间无榫卯,系用无绞拱造法建构,拱券收分明显,拱顶窄于拱脚12厘米,拱高4.66米,拱跨5.6米,矢跨比约为1:2。实腹式桥身,桥身两端与原生石壁相连,桥基落于石质溪床上,无护底石及桥台,桥身西侧拱券石中部残存一圆雕石龙。桥面平铺石板。

桥身东侧下方存一摩崖《张氏建岩溪桥记》,其上凿有防水患的走水槽,以护碑面。碑高1.08米、宽0.76米,碑文楷书、阴刻,计343字,惜风化较重。但所存"张君彦远,遂悯人之□□□□伐石而……可以久远,□捐兴于庆元乙卯孟春"等文字,为我们判定该桥的确切修建时间、主人是谁等问题,提供了直接证据,也是重庆先民独资修桥补路、行善积德、造福乡民美德的真实写照。

清道光七年(1827年),里人朱氏在宋桥一侧加修一石拱桥,两桥处在同一水平线上,桥身拼合,桥面宛若一体,但从桥身观察又是各自完整、独立的,新桥自铭"古今桥"。同时,还培补了张君老桥。其《新桥碑志》对此次培补有以下描述:"内添石磴,行条上加海墁。"从该段桥身现状与上述记述文字看,基本一致。合川岩溪桥对研究地方交通史及建筑史等具有较高价值。

2000年,岩溪桥被公布为重庆市文物保护单位。因受到草街航电枢纽工程抬升嘉陵江水位的影响,2010年,岩溪桥被迁建于嘉陵江畔嘉滨路上段,可供参观。

位于原址的合川岩溪桥旧桥正面

搬迁到新址的岩溪桥宋桥一侧

宋代岩溪桥碑记

岩溪桥清桥一侧

搬迁后的桥面

清代古今桥记

(2)涪陵龙门桥

龙门桥位于涪陵区蔺市镇，原址是渝涪（重庆—涪陵）公路必经的要道、梨香溪与长江交汇处，现址位于原址上游约300米处，是重庆现存最长的石拱桥。

龙门桥始建于清光绪元年（1875年），动工后颇多不顺，逾三年而未完成，光绪四年（1878年），由南川人陈永恩主其事后，方有所进展，用工上千，用料2万余立方米，耗制钱10万余缗，经十年劳作终得竣工。在行踩桥典礼时，除四邻乡里百姓外，州、府官员皆来桥贺彩，一时间热闹非凡。

该桥造型宏大，结构合理，装饰繁华，为三孔石拱桥，东西走向，横跨梨香溪，桥长173.50米、宽8.75米。桥墩一端有数层石砌尖状分水墙，背面金刚墙也由条石叠砌收成下大上小状，以减少外力对桥墩的冲击。拱用纵联法砌置，桥孔不等距，中券矢高18.30米、净跨31.10米，拱顶存造桥题刻"大清光绪元年建"。拱券龙门石上方存镂空龙头、龙尾等雕刻，龙头长3.50米、高2.85米，龙尾长3.98米、高2.15米；还见寓意平安、造型硕大的雕花"日月"二字葫芦瓶两只等。桥面平坦，石板铺成，两边有石栏，桥面中部南、北栏板上分刻楷书、阴刻"龙门""龙门桥"字样。桥端望柱有圆雕青狮、白象各一对。

桥上原存高大的四柱三间五楼石牌坊三座，桥东为涪州知州濮文升的德政坊，中为李舒氏节孝坊，西为鲁姚氏节孝坊。桥、坊雕饰精美，有戏曲人物、花卉、鳌、鱼龙、蟾蜍、石人等雕像，可惜均未逃脱被毁坏之厄运。

受三峡库区蓄水影响，此桥被淹没，2006年被整体搬迁至梨香溪上游300米处的周家河沟重建。

2009年，龙门桥被公布为重庆市文物保护单位。

龙门桥原位于长江与梨香溪交汇处

龙门桥

龙门桥按原貌复原，但是已不能通车

龙门桥是重庆现存最长的石拱桥，原桥可以通车

搬迁至蔺市镇川主庙街的龙门桥，位于原桥上游约300米处

圆雕石狮　　　　　　　　圆雕石象

寓意平安的"日月"
葫芦瓶石雕

风化剥落的龙头石雕 　　　龙头上立一官员石雕

龙尾石雕

龙尾石雕

龙头石雕

桥身中段"龙门"石刻栏板

龙头石雕细部

309

(3)万州陆安桥

陆安桥位于原万州区老城天德门外陆家街道西侧。该桥采用木架拱模,用砂岩细料石、糯米、石灰浆砌成马鞍形拱跨,在工艺及造型上堪称一绝。

桥建于清同治十年(1871年),由县人余茂枝独立捐银5000两修建。为单券石拱桥,东西走向,横跨苎溪河,全长41米、宽9米。拱券纵联砌置,矢高15米、净跨32.4米。桥面中高两端低,形若彩虹,桥栏高0.9米,栏上存"陆安桥"三字,两端共存48步石阶供人上下。桥建成时,四川学政夏子阳亲临踩桥,题名"陆安桥",并赠"从善如流"匾一块,以示表彰。清同治十二年(1873年),知县张焜撰《万州陆安桥记》。

陆安桥搬迁到万州青龙瀑布下方复建

由于此桥工艺精湛，结构科学合理，单孔跨度大，外形美观，历史悠久，具有较高的科学、历史、艺术等价值，被收入英人李约瑟《中国科学技术史》和茅以升《中国古桥技术史》。

受三峡水库影响，该桥被整体拆迁，复建于万州区青龙瀑布下方的峡谷中，古桥与青龙瀑布交相辉映，形成一道独特的风景线。

2009年，陆安桥被公布为重庆市文物保护单位。

原陆安桥，桥两端各有48步石阶

(4)秀山客寨桥

秀山客寨桥位于秀山县清溪场镇景色秀丽的平江河上。始建于元代，经历代维修，清光绪年间添建长廊，成为廊桥。原名永兴桥、钟灵桥、板板桥。板板桥的得名，是因桥面铺的全为木板和石板。

客寨桥为六孔石墩木梁平式三重檐硬山顶木廊桥，南北走向。桥长58.20米、宽6.35米，廊面阔21间、进深6.25米、通高4.55米，木结构穿斗式，三穿用七柱，三重檐硬山顶，廊道用93块青石板铺通，两端为马头式青砖山墙，墙面各开一门，一端门侧存古青花瓷片嵌制的对联一副。门侧有石台，台下拾阶可上，一为七级、一为十级。桥西头系客寨村，东头系民房。

2000年，客寨桥被公布为重庆市文物保护单位。

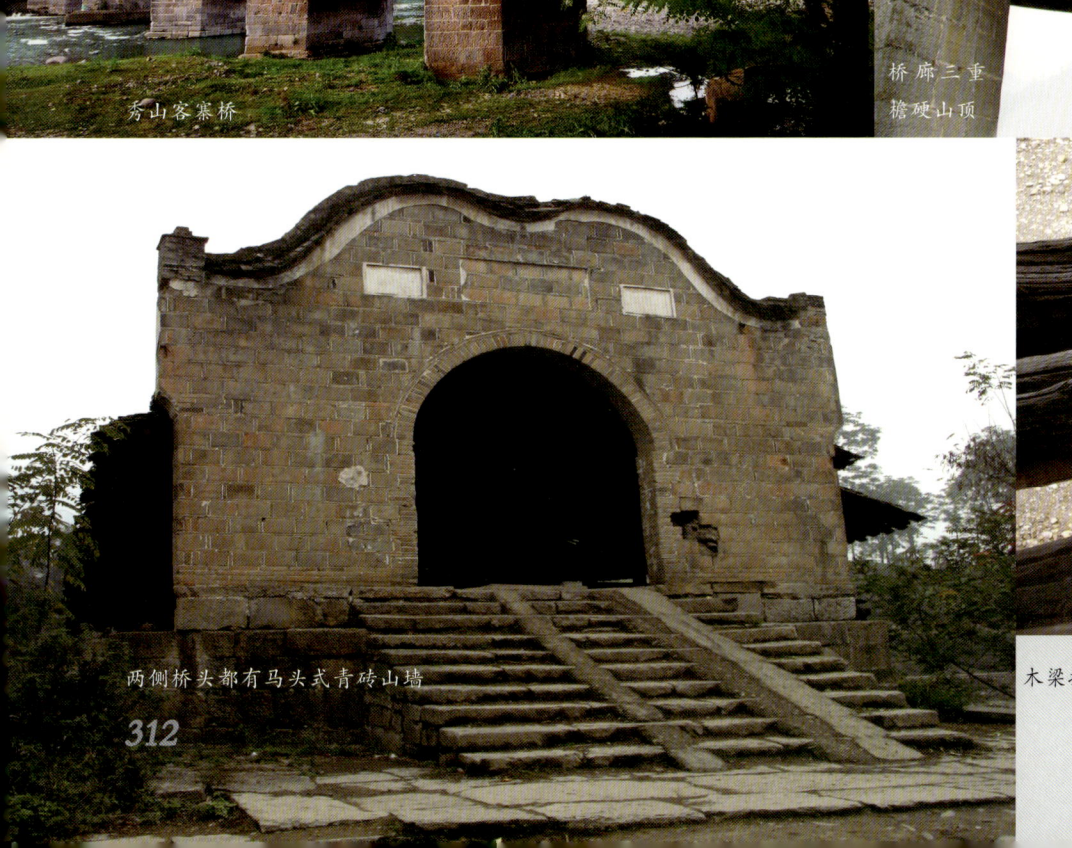

秀山客寨桥

桥廊三重檐硬山顶

两侧桥头都有马头式青砖山墙

木梁接头处

六孔便于涨水时顺利排水

客寨桥文物保护标志位于桥头的青砖山墙下

桥面青石板铺设于木梁上，供人行走

(5)忠县石宝寨

石宝寨是目前国内保存的木质穿斗式楼层建筑中层数最多、高度最高的古建筑,被誉为世界八大奇异建筑之一。2000 年,被公布为重庆市文物保护单位。

石宝寨位于忠县东部长江北岸石宝镇玉印山。玉印山临江兀立,高十多丈,四周如削,陡壁孤峰,峰顶平削,形似玉印,名"玉印山"。古人认为玉印山是女娲补天所遗的一尊五彩石,又称"石宝"。明末谭宏自称武陵王,据山为寨,石宝寨因此得名。

玉印山山形奇异,山水相傍,中唐时已成为赏景游乐佳地。山巅天子殿(又名绀宇宫),明代始建。据清道光六年(1826 年)《忠州直隶州志》载:"天子殿在玉印山,前明知州尹愉建。康熙中、乾隆初重修。有钟,万历建庙铸。"故知天子殿始建于明万历年间。现存建筑多为清代修建,至今天子殿尚存清咸丰年间重修大殿记。

寨楼建筑布局自下而上依次为:"必自卑"石坊、二百余米长的石板大道、"梯云直上"山门、十二层飞檐木阁、天子殿等。寨楼壁面另存摩崖题刻多则、清代修寨碑数通、造像两尊、线刻岩画一幅等。

石宝寨造型雄伟典雅,却是分期建成的。《忠州直隶州志》载:"玉印山……形如累累之印,无路可上。乾隆初年土人创建岑楼,凿石若谷,贯铁索于壁,攀援而跻,历年久远。"可知乾隆年间土人所建岑楼未达山巅。清嘉庆二十四年(1819 年),贡生邓洪愿等依南崖建九层木阁直达山顶,解除了游人上山攀登之苦,时"游人轳转螺旋,不事依附之劳,直达最高顶上"。1956 年,改建山巅原两层木亭为三层奎星阁,与原九层寨楼上下相衔,合为十二层塔形楼阁,通高 56 米。寨楼紧连山崖,建筑面积 537 平方米,分为下九层、上三层。下九层楼阁一面依崖,三面悬空,石木相衔,木结构,穿斗式,各层设檐,逐层收分,并辟有圆形或方格窗,楼内木梯盘旋至顶。上三层位于山顶,四角攒尖式,南面与下九层紧连,西、北、东三面独立。远观此楼上下状若一体,依山峭立,极显壮观。

受三峡水库影响,玉印山被江水环抱,寨楼一层以下低于水面。为此,围绕玉印山修筑了护坡挡墙围栏,使其远观若一巨型天然盆景。

石宝寨全景——修筑挡墙围栏后,玉印山和石宝寨如一座巨大的盆景

"必自卑"石坊门　寨楼下的山门,门楣上横匾"梯云直上"　石宝寨寨楼正立面,是石宝寨的标志性景观

木结构建筑　寨楼木阁内的石刻"直方大"　寨内一层内景

十二楼阁内部,由这样的木梯攀援而上　寨楼依靠榫卯结构架设在岩石上

天子殿位于玉印山顶

天子殿后门

天子殿内天井

天子殿内石拱桥

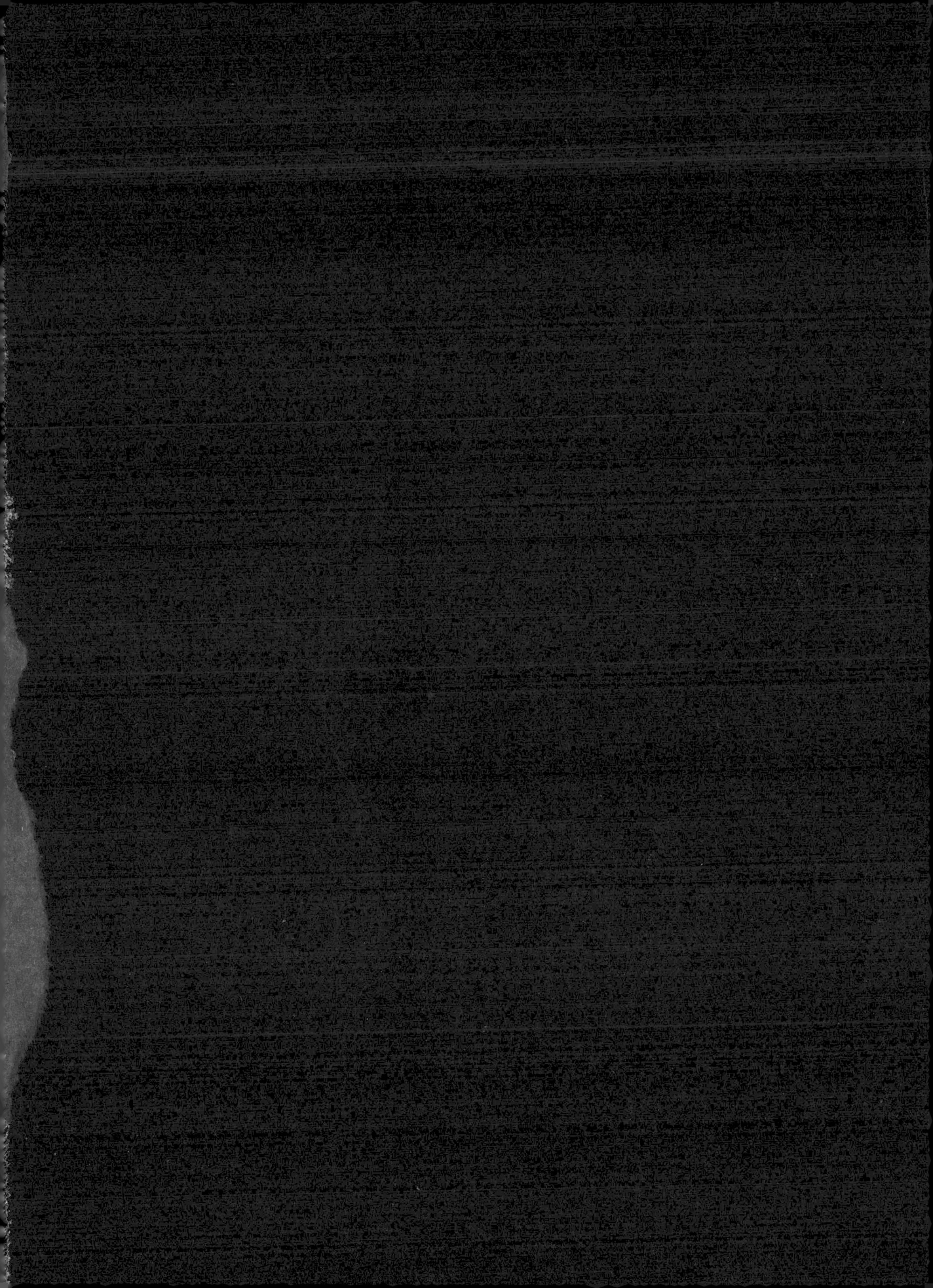